한국인이 꼭 읽어야 할

오정윤 한국통사

고려시대부터 조선시대까지 2

■ 일러두기

1. 역사 인물은 괄호 안에 생몰 연대를 표기하고, 왕의 경우에는 재위 연도를 표기했다.
2. 1895년 갑오개혁으로 태양력을 사용한 이후의 사건은 양력 일자를, 그 이전은 태음력 일자를 표기했다.
3. 외국어는 소리 나는 대로 우리말로 표기했으며, 다만 필요한 경우에 한자나 외국어를 괄호 안에 넣었다.
4. 1910년 이전의 한자어와 외국의 인명과 지명 가운데 관용적으로 굳어진 용어는 우리식 발음으로 표기했다.
5. 본문의 좌우의 한국사 기출 문제 출전은 다음과 같이 줄여서 표기했다.

- (수) 2008 : 2008년도 수능 국사
- (검) 1-6 : 한국사능력검정시험 1회 6급
- (검) 2-고 : 한국사능력검정시험 2회 고급
- (수국) 2013 : 2013년도 수능 국사
- (수한) 2021 : 2021년도 수능 한국사
- (검) 51-기본 : 한국사능력검정시험 51회 기본(4, 5, 6급)
- (검) 52-심화 : 한국사능력검정시험 52회 심화(1, 2, 3급)

한국인이 꼭 읽어야 할

오정윤
한국통사

고려시대부터 조선시대까지 2

오정윤 지음

한국인이 꼭 읽어야 할 한국통사!

역사는 미래를 안내하는 길잡이이다!

역사가는 통사(通史)를 세상에 내놓는 게 가장 보람 있고 행복한 일이라 말할 수 있습니다. 게다가 세상에 선을 보이는 많은 역사책 가운데 좋은 인연을 만나 독자들의 관심을 듬뿍 받으면 이보다 더한 즐거움도 없을 것 입니다. 《오정윤 한국통사》는 대한민국을 사랑하는 한국인에게 자긍심이 가득한 한국사, 자부심이 넘치는 한국사를 드리고 싶은 소망을 담았습니다.

이 책을 쓰면서 지난 기억을 떠올려 봅니다. '세계는 넓고 할 일은 많다'로 널리 알려진 대우에 입사하여 기획실에서 주로 해외전시, 연설문(PI), 광고, 언론홍보 등의 일을 하면서 어느 때보다 역사 공부의 중요성을 느꼈습니다. 한국인의 정체성을 가지면서 세계시민으로 당당하게 살아가기 위해서는 역사가 주는 동력과 통찰의 힘이 무엇보다 필요하고, 이것이 현재와 미래의 삶을 더욱 당당하게 만든다고 믿습니다.

역사는 내향성과 외연성을 지닙니다. 한 국가, 한 민족이 살아온 과정, 그들이 쌓은 문화적 성과를 배우는 일은 나를 자성하고, 자기의 정체성을 강화하는 내향성에 속한다면, 주변의 세계를 이해하는 것은 인식의 지평을 넓히는 외연성에 속합니다. 이 두 개의 가치를 균형 있게 가지려면 과학적 태도와 철학적 관점이 필요합니다. 구체적이고 사실적인 근거에 의해 역사를 보는 과학적인 사고와 더불어 그 역사의 사실이 얼마나 진실에 가까운지, 그 역사의 사건이 오늘의 우리에게 어떤 의미를 주는지 질문하고 해석하는 철학적 시각이 중요합니다. 그래야 실증적인 역사와 비판적인 역사가 통합적인 인문으로 수렴된다고 봅니다. 이는 거시적인 역사가 미시적인 개인에게 선물하는 미덕이라고 생각합니다.

한국사는 우리가 만든 역사 경험의 축적이고, 주변의 세계와 함께 이룬 공동의 지적 소유물입니다. 따라서 한국사에 관심을 기울이고 한국사를 배우는 것은 오늘의 나를 알아가는 지름길이며, 주변의 세계를 확대하여 배우고 인식하는 소중한 기회입니다. 역사의 효용성은 과거의 역사를 배우고, 현재의 역사를 살고, 내일의 역사를 만드는 것에 있습니다. 역사는 이렇게 과거와 현재와 미래를 중첩적으로 연결하여 주는 인문의 보고이며, 미래학입니다. 그래서 역사를 배우고 알고 활용하는 지성이 필요합니다.

지금 이 시대의 한국은 정치적 민주화와 경제적 국부가 가장 높은 시대를 지향하고 있습니다. 한국의 문화, 예술, 음식, 노래 등은 한류라는 이름으로 세계인의 열정적인 관심과 선망의 대상으로 떠올랐습니다. 이것은 하루아침에 이루어진 성과가 아닐 것입니다. 역사는 과거의 경험체이고 내일을 준비하는 길잡이입니다. 우리가 이룩한 역사의 축적은 이 시대에 한류라는 이름의 격랑이 화려하게 꽃을 피우도록 한 자양분이 된 것입니다. 당대를 사는 우리들은 가장 자긍심과 열정이 넘치는 한국사의 현장에서 숨을 쉬고 있다는 사실을 피부적으로 느끼고 있습니다.

《오정윤 한국통사》는 자랑스런 한국사를 지면에 담고자 노력했습니다. 한국사를 통시적이고 입체적으로 이해할 수 있도록 많은 장치들과 요소들을 준비했습니다. 《오정윤 한국통사》는 시대 구분에 따라 총 12장으로 나누고, 각 장마다 한 시대를 통찰하는 '역사를 보는 눈'과 '시대의 특징'을 서술하였고, 세계사와 연계하여 생각하는 '세계 속의 우리 역사'와 '주요 연표'를 제시하였습니다. 또한 각 장은 4절로 나누어 모두 48개의 항목에 따라, 각 절마다 '한 줄로 읽는 역사'와 본문의 역사를 심화시킨 '역사 지식 플러스'와 생각하는 힘을 키우는 '논술 생각나무 키우기', 그리고 공부를 더하고 싶은 독자들을 위해 '주요 참고서적'을 더하였습니다.

그리고 《오정윤 한국통사》가 준비한 가장 큰 덕목은 본문의 좌우에 배치한 '작은 설명(팁)'과 주요한 '한국사시험 기출문제'의 예시입니다. 1천여 개가 훨씬 넘는 역사 '팁'은 본문의 내용을 보충 설명하는 자료이자 역사 이해의 비타민이라면, '기출문제 예시'는 역대에 출제된 한국사능력검정시험과 수능한국사의 출제방향과 중요도 등을 한눈에 체득할 수 있도록 만든 역사공부의 열쇠입니다. 본문의 한국사 흐름을 이해하면서 좌우에 있는 역사 팁과 기출문제 예시를 친구처럼 여기면 어떤 시험에도 자신감이 샘솟고 도전의식도 높아질 것입니다.

《오정윤 한국통사》는 저의 4번째 통사입니다. 이 책은 제가 세상에 내놓은 《청소년 한국사》, 《단숨에 읽는 한국사》, 《기업이 원하는 취업한국사》 등에서 보여드린 역사적 관점을 그대로 지키면서, 여러 책들에게서 독자들의 관심을 받은 역사 사실, 지면에 다 담지 못한 역사 사건, 부족하고 아쉬웠던 일부 내용 등을 보완하고 정리하여 추가한 것이기에 더욱 보람 있고 뿌듯한 한국사 통사라고 자부합니다. 이 책은 독자 여러분들이 들고 다니기 편하면서 시대별 특징을 고려하여 〈선사시대부터 삼국시대〉를 제1권, 〈고려시대부터 조선시대〉를 제2권, 〈근대시기부터 당대까지〉를 제3권으로 분권하여 세 권으로 나누어 발행하는 〈분권형 한국통사〉와 함께 애장서로 곁에 두고 싶은 분, 서가에 늘 소장하고 싶은 분을 위해 선사시대부터 당대까지를 한 권에 담은 〈통권형 한국통사〉 등 2종 4권으로 세상에 선을 보입니다.

시중에는 많은 한국사 책들이 있습니다. 모두 제각기 장점과 미덕이 있습니다. 그래도 욕심이라면 이 책은 교양인문의 눈으로 역사책을 읽고 한국사를 배우고 싶은 독자를 지향하면서, 한국사능력검정시험, 수능한국사 등을 준비하는 청소년, 초중고 학생, 입사를 준비하는 취업준비생, 공무원시험을 준비하는 공시생 등의 필요성도 고려하였습니다. 아울러 세계시민으로 살아가는 자랑스런 한국인의 역사지식과 역사의식에 보탬이 되는 한국사를 담고자 하였습니다. 그리고 《오정윤 한국통사》의 지면에 다 담지 못한 역사는 영상공유 포털인 유튜브, 카카오TV, 네이버TV 등에서 제가 개설하여 운영 중인 한국사TV, 미래학교TV를 통해 지속적으로 소개하고 안내해 드리고자 약속합니다.

이 책이 나오는 과정에서 많은 분들이 용기를 북돋아 주시고 격려하고 애를 써 주셨습니다. 제게 역사의 의미를 깨우치고 역사가의 길을 가도록 이끌어 주신 한암당 스승님, 대학에서 치열한 역사정신과 현실감각을 일려주신 박창희 교수님은 늘 제 삶의 사표입니다. 도서출판 창해의 전형배 전(前) 대표님은 한암당 문하의 사형으로 한결 같이 필자를 응원하고 보듬어준 보배로운 인연이며, 황인원 현(現) 대표님은 역사인문에 관한 깊은 관심과 더불어 물심양면으로 저술지원을 해주시었고, 심정희 편집실장님은 세상에서 가장 멋진 책을 만들어 주셨습니다. 정말 감사한 일입니다 또한 학문의 동반자이며 인생의 반려자인 홍수례 님은 늘 뒤에서 밀어주고 앞에서 끌어주는 삶의 지표 노릇을 해주고 있습니다. 지면을 빌어 이분들께 고마움의 인사를 드립니다.

이 책 《오정윤 한국통사》는 대한민국을 사랑하는 청소년, 학생, 학부모, 기업인, 정치가, 문화예술인, 일반시민 여러분들께서 많이 애독하시고 주변에 선물하며 꼭 읽기를 권하는 국민필독서가 되기를 기대하고 있습니다. 서가에 꽂힌 채 오랫동안 책등만을 보여주는 역사책, 책머리에 먼지만 쌓이는 역사책이 아니라, 여러 사람들의 손에 손을 거치면서 책표지가 낡아 떨어지는 그런 역사책이기를 소망합니다.

끝으로 이 땅에 태어나 한국사의 일원으로 살아가는 것을 한없이 기뻐하며, 같은 세상을 살아가는 선한 인연의 모든 분들께 고마움의 인사를 전합니다.

2021년 7월 15일
환궁재에서 오정윤 드림

·········· **2권   고려시대부터 조선시대** ··········

· · · · · · · · · · 1권 선사시대부터 삼국시대 · · · · · · · · · · ·

5장
고려시대의 시작

고려는 왕건을 중심으로 한 지방 호족들의 연합 왕조이다. 따라서 초기 지배 세력은 호족이었고, 태조 왕건은 호족 포용 정책을 실시했다. 광종은 과거제와 노비안검법을 실시하여 왕권을 강화했으며, 성종은 최승로의 〈시무28조〉를 바탕으로 중앙집권적 유교국가를 지향했다. 아울러 고려는 대외적으로 고구려 계승을 표방하고, 북진 정책을 추진했다. 이후 고구려의 옛 땅에서 건국한 거란족의 3차에 걸친 침략을 막아낸 고려는 안정적인 정치 질서를 바탕으로 문종 시기인 11세기 중반부터 100년 전성기를 열었다.

그러나 고려는 전성기를 지나며 문벌귀족이 성장하고 사회는 점차 문약에 빠져든다. 이 시기에 여진족이 급성장하여 12세기 중반에 정치적인 독립에 성공하고, 고려의 100여 년에 걸친 경제·문화적 번영은 여진 사회에 다양하고 지속적인 자극을 주었다. 거란은 왕위 쟁탈전으로 내부 혼란에 빠지고, 동아시아는 여진족이 세운 금나라가 주도권을 장악하는 시대로 접어든다.

역사를 보는 눈

고려는 왜 이상을 버리고 현실을 선택했는가

고려는 후삼국 통일과 발해를 포용하고 고구려의 계승을 표방했지만,
이후 고구려의 영광을 되찾으려는 이상과 신라 지향의 현실이 충돌했다.
여요전쟁, 여진 정벌은 우리 역사의 지향점이 대륙이냐 반도냐를 결정하는
중요한 계기였다. 고구려 최고의 전성기를 재현하려는 묘청의
서경 천도 운동이 현실을 택한 반도 지향의 개경파에게 패하고
고려는 점차 이상을 잃어갔다.

| 11~12세기경 세계 |

　11세기에 고려는 전성기를 구가했다. 북중국은 북송·거란·서하가 균형을 이루며 발전했고, 티벳은 분열하여 옛날의 영광을 잃었다. 중앙아시아와 북인도는 투르크계 이슬람 세력이 진출하여 여러 나라를 세우고 인도양과 동아시아의 해상 교역을 주도했다.

　아랍 지역은 셀주크투르크와 파티마 왕조가 2강 체제를 구축했다. 셀주크투르크는 바그다드를 점령하여 아랍 동부를 차지했고, 이집트에서는 시아파 세력이 세운 파티마 왕조가 서부를 장악했다.

　서유럽에는 독일 지역의 신성로마제국이 성장하여 로마의 정통성을 계승했으며, 동유럽에서는 동로마제국이 쇠퇴하고 러시아의 기원이 되는 키예프 공국이 들어섰다. 이로써 유럽은 오늘날 서유럽과 동유럽의 역사 지형이 형성되기 시작했다.

우리나라 ▼	주요 연표	▼ 세계
고려의 후삼국 통일	936년	
태조 왕건, 《훈요십조》를 남김	943년	
	962년	아프가니스탄에 가즈니왕조 창건 오토 1세, 신성로마제국 황제 즉위

가즈나왕조의 인도
원정 승전비

고려 청자

우리나라 ▼	주요 연표	▼ 세계
제1차 여요전쟁 발발, 서희의 외교 담판으로 강동6주 확보	993년	
	999년	중앙아시아에 카라한왕조 건국
제2차 여요전쟁 발발	1010년	
강감찬, 귀주대첩에서 거란 격퇴 (제3차 여요전쟁)	1018년	
	1044년	미얀마에 버마족 통일국가 파간왕국 건국
	1055년	셀주크투르크, 이슬람 종주국이 됨
	1066년	영국에 노르만왕조 건국

신성로마제국 왕관

강감찬 동상

우리나라 ▼	주요 연표	▼ 세계
문종, 경정전시과 시행	1076년	
	1096년	이슬람과 유럽의 십자군전쟁(~1270)
대각국사 의천, 천태종 세움	1097년	
윤관, 여진족 정벌과 동북 9성 건립	1107년	
	1115년	여진족의 금나라 건국
이자겸의 난	1126년	
묘청의 서경 천도 운동	1135년	
	1143년	엔리케시, 포르투갈왕국 건국
김부식, 《삼국사기》 저술	1145년	
	1148년	북인도에 고르왕조 건국

제세지보살좌상(고려 말)

십자군 전쟁을 주도한
사자왕 리처드

1

태조와 광종의 개혁 정책

한 줄로 읽는 우리 역사

태조 왕건은 혼인 정책·기인 제도·사성 제도·사심관 제도 등 호족 연합 정책을 추진했다. 광종은 과거제와 화엄종을 통해 왕권을 강화했다. 경종과 성종은 전시과를 제정하여 유교적 관료 사회의 기초를 닦았다.

후삼국을 통일한 뒤 태조 왕건●(918~943)에게 닥친 문제는 왕권 강화와 중앙집권화를 이루는 것이었다. 궁예를 추종하는 환선길, 임춘길 등의 반란을 겪은 왕건은 호족과 백성들의 동요를 막고자 태봉국의 관제를 크게 바꾸지 않고 당나라와 신라의 관제를 일부만 받아들여 호족과 중앙 귀족들을 안심시켰다. 또한 926년에 발해가 거란에게 망하자 고려와 발해는 같은 고구려의 후예이자 동족이라 하면서 발해 유민을 받아들였다.

부석사 무량수전 | 봉정사 극락전과 함께 우리나라에서 가장 오래된(13세기 중반) 목조 건축물의 하나이다. 무량수불인 아미타여래를 본존으로 봉안했다. 배흘림기둥 위에 공포를 올려지었다.

아울러 고려*가 고구려를 계승한 나라임을 대내외에 표방하기 위해 수도인 개경(평양) 이외에 평양을 서경(西京)이라 하고, 아우 왕식렴에게 10만 군사를 양성하게 하여 주둔시켰다. 이후 서경은 고구려계 후손들의 정신적 구심체로 기능했고, 945년 정종과 광종이 정변을 일으킬 때 군사적 기반이 되었다.

태조 왕건의 호족 연합 정책****

고려는 호족 연합 국가이다. 왕건은 호족을 인정하고, 연합을 통해 왕실의 안녕을 유지하며, 지역 통치를 위임하여 반란이나 이탈을 방지하고자 노력했다. 왕건은 이를 위해 혼인 정책, 기인 제도, 사성 제도, 사심관 제도 등 호족을 포용하는 여러 정책을 실시했다.

혼인 정책은 여전히 세력을 갖고 있는 지역 호족들과 혼인하여 국가 경영에 동참하도록 유도하고, 왕실 가족 수를 늘려 불안정한 왕권을 튼튼하게 만들며, 지역에 대한 통제권을 유지하는 것이 목적이었다. 그래서 왕건은 29명의 부인(6황후 23비)을 두었으며, 자녀는 25남 9녀에 달했다.

기인 제도는 호족의 반란이나 이탈을 막고자 지방 호족의 자녀들이 개경에 와서 공부하고 궁궐을 지키게 하는 인질 정책으로, 신라의 상수리 제도와 비슷하다. 또한 호족 자녀들이 왕족이나 중앙 귀족의 자제들과 어울려 공부한 뒤, 지역으로 돌아가서 중앙의 정책을 지역에 홍보하고 정착시

●고려 건국 왕건
작제건, 서해용녀, 용건, 금성태수, 도선 국사, 유천궁, 오다련
(검) 51-심, (검) 52-기본, (수한) 2021

●코리아(Corea, Core)의 기원
우리나라를 뜻하는 코리아(Corea)는 티벳의 역사서인 《홍사》와 《청사》가 가장 이른 기록이다. 티벳은 7세기경에 이미 고구려를 '뷔클리'라 하였고, 이것이 8세기 후돌궐 '퀼테킨 비문'의 뷔클리로 이어진다. 그리고 고구려를 계승한 고려에 이르러 아랍인에 의해 널리 세계에 전파되었다. 외국 기록의 알파벳도 대부분이 씨(C)로 시작하는 코리아(Corea), 꼬레(Core), 꾸리(Coree) 등이다. 아울러 영문 국호는 C로 시작되는 Corea가 역사적 근거가 있는 표기라고 할 수 있다.

●●왕건의 호족 연합 정책
혼인 제도, 기인 제도, 사심관 제도, 사성 제도, 역분전 실시
(검) 1-5, (검) 1-6, (검) 2-5, (검) 4-4, (검) 3-2, (검) 49-심화, (검) 51-기본, (수한) 2020

●●호족 연합 정책의 주요 내용
1) 혼인 정책 : 6황후 23비, 혈연 동맹과 권력 분점
2) 기인 제도 : 호족 자제들을 개경에 인질로 두는 제도
3) 사성 제도 : 유력 귀족이나 호족에게 왕씨를 하사하는 제도
4) 사심관 제도 : 지역 호족을 그 지방의 장관으로 임명
5) 역분전 지급 : 호족의 경제적 지원

키는 긍정적인 효과도 있었다.

사성 정책은 중앙정부에 항복한 호족이나 전공을 세운 장군들에게 왕의 성인 왕(王)씨를 내려주는 것을 말한다. 이는 왕실 가족이 되는 것으로 재산과 명예, 사회적 지위의 보장을 의미했다. 명주의 호족 김순식, 청주의 호족 이가도, 광해주의 박유, 발해 태자 대광현 등이 왕씨를 받았다.

사심관 제도는 호족을 출신지 장관으로 삼아 지역의 동요를 막고 풍속이나 부역, 신분제 등을 감독하는 제도이다. 이 제도는 935년 고려에 항복한 신라 경순왕을 경주의 사심관으로 임명한 데서 비롯되었다. 고려 중·후기에 이르면 사심관은 지역 탐관오리로 변신하여 백성들의 원성의 대상이 되며, 결국 고려 말 논밭에 관련한 제도를 개혁할 때(전제 개혁) 혁파되었다.

청주 호족 용두사 당간 명문
왕건은 고려를 세우자 지난날 궁예의 지지 기반이었던 청주 호족들을 우대했다. 이때 세워진 사찰이 용두사인데 철제 당간에 새겨진 명문은 청주 호족의 위세와 권력을 말해준다.

940년에는 후삼국 통일에 기여한 신하, 군사 등에게 인품과 공로에 따라 직접 세금을 걷을 수 있는 역분전을 지급했다. 역분전은 경종 시대에 전시과 제도가 마련될 때까지 유지되었다.

왕건의 호족 연합 정책은 기본적으로 군사력과 경제력이 미약한 고려 왕실의 현실을 그대로 인정하고, 건국 초기 불안정한 권력 기반을 어떻게든 유지하려는 연대 정책의 일환이었다. 호족 연합을 통해 건국 초기의 불안정성을 어느 정도 극복한 왕건은 서서히 왕권을 강화했다.

《훈요십조》, 고려 500년 역사의 초석

왕건은 후삼국 통일 직후인 936년, 관리들이 지켜야 할 규범인 《정계(政戒)》와 《계백료서(誡百僚書)》를 발표했다. 943년 4월에는 대광의 관직에 있던 박술희에게 《훈요십조(訓要十條)》를 내리고 후손들로 하여금 통치의 거울로 삼으라는 유훈을 내렸다.

왕건이 남긴 《훈요십조》는 대체로 불교 중시 사상●과 고구려 계승 의식●●을 담았다. 서경을 중시하고 중국과 거란의 풍속을 배격하며 고구려의 풍속을 이어받은 팔관회와 불교 행사 연등회를 강조하는 항목들은 고려가 고구려의 후예이자 계승 국가임을 보여주는 확실한 증거이다.

한편 몇몇 항목은 조작되었을 가능성이 제기되고 있다. 세 번째 항목은 이후 장자 혜종이 왕위를 계승했는데도 불

●**고려 초 불교 문화**
철제 불상 유행(춘궁리 철불), 크기의 대형화(은진미륵), 소박한 지역적 특색, 미륵불과 마애불 대량 조성, 탑의 중요성 약화(선종)
(검) 1-3, (검) 7-4, (검) 47-심화, (수) 2006

●●**고려의 고구려 계승의식**
발해 유민 흡수(대광현 등), 《훈요십조》의 서경 중시, 고려라는 국호, 역대 왕들의 북진 정책, 고구려 옛 영토의 거란에 대한 반감
(검) 2-3, (검) 5-고, (검) 3-6, (수) 2005

광주 춘궁리 철불과 경주 석굴암 본존불 | 고려 초기의 춘궁리 철불은 통일신라 시대 석굴암 본존불의 양식을 충실히 모방했으나 이후 내면적인 정신미는 점점 사라지고 소박하고 거대한 불상이 나타난다.

파주 용미리 미륵 입상

나말려초의 불상은 뚜렷한 지역색과 내세에 대한 기원을 특징으로 하는데, 은진미륵이나 용미리 석불처럼 바위에 미륵불을 새기거나 거대한 불상을 만들어 호족의 위세를 드러냈다.

● **태조 왕건의 《훈요십조》**

1) 불교를 진흥시키되 교파들이 다투지 않게 경계하라.
2) 사원이 많아지면 국가 경제가 어려워짐을 생각하라.
3) 적자로 왕통을 잇지 말고 덕망 있는 왕자를 추대하라.
4) 중국의 풍속이나 거란의 풍속을 굳이 따르지 마라.
5) 서경을 중시하여 일 년에 100일 이상을 머물러라.
6) 팔관회와 연등회 등 국가적 행사를 게을리하지 마라.
7) 요역과 부세를 낮추고 어진 정치를 하고 상벌을 잘하라.
8) 차현 이남과 공주강 바깥사람은 관리 등용에 조심하라.
9) 백관의 녹봉을 증감치 말고 무예 있는 병사들을 우대하라.
10) 경전과 역사서를 늘 보면서 통치의 거울로 삼으라.

구하고, 반드시 적자가 왕통을 잇지는 않아도 된다는 내용을 담고 있기 때문에 의심받고 있다.

이 항목은 차남 정종과 3남 광종의 왕위 계승을 정당화하기 위한 후대의 개작일 가능성이 높다. 또한 차현(차령 산맥) 이남의 후백제인들을 등용하지 말라는 여덟 번째 항목도 혜종, 왕규, 박술희 등 후백제계를 제거했던 정종과 광종이 조작했을 가능성이 높다.

하지만 이를 떠나 〈훈요십조〉●는 이후 왕건의 유훈 통치 기능을 하면서 고려 500년 사직을 지켜낸 강령이자 법칙이었다.

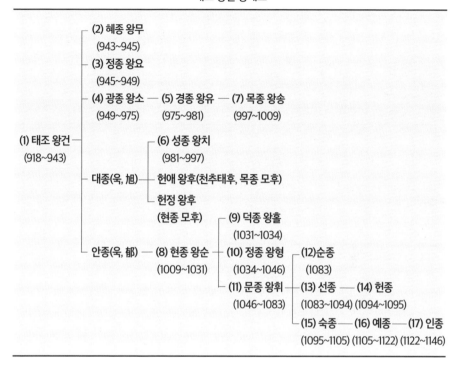

혜종과 정종, 왕위를 둘러싸고 대결하다

혜종(943~945)의 이름은 왕무이며 왕건의 첫째아들로, 왕건의 대부인에게 아들이 없어서 왕위를 계승할 수 있었다. 그는 921년 박술희의 도움으로 태자가 되었으며 후백제를 정벌할 때 많은 공을 쌓았다.

혜종의 즉위는 무장 세력 중심의 고구려계 후예들이 세운 고려에 해상 세력을 중심으로 하는 후백제계 세력이 전

고려의 군사 조직

구분		조직	군역과 역할
중앙군	2군	왕의 친위 부대	직업 군인으로 편성 – 군적에 오름 군인전 수수, 직역을 자손에 세습
	6위	수도 경비와 국경 방어 담당	
지방군	주진군	양계에 주둔	상비군, 국경 수비
	주현군	5도의 일반 군현에 주둔	외적 방비, 치안 유지, 노역에 동원

● 백제계(혜종)와 고구려계
(광종)
고려는 초기에 혜종(박술희, 왕규)의 백제계와 광종(왕식렴, 정종)의 고구려계가 경쟁하였는데 그 결과물이 《훈요십조》였고, 중기에는 개경파인 신라계와 서경파인 고구려계가 고려의 정통성과 서경 천도를 놓고 대결하였다.

면 등장하는 것이어서 고구려계를 바짝 긴장시켰다.

혜종●은 권력 기반이 약했기 때문에 고명대신이자 후백제 세력을 대표하는 예산의 박술희, 광주의 왕규 등에게 많이 의탁했다. 박술희와 왕규는 경쟁 관계였지만, 왕권에 가장 위협적인 왕건의 둘째아들 왕요와 넷째아들 왕소를 제거하려는 목표는 같았다. 왕요와 왕소는 충주·황주·서경을 기반으로 하는 호족의 지지를 받고 있었다. 하지만 혜종은 이 배 다른 두 동생을 아꼈으며, 자신의 딸을 동생 왕요에게 시집보내 그를 보호했다.

왕규는 혜종에게 왕요와 왕소가 반역을 꿈꾼다고 몇 번이나 고했지만 혜종은 끝내 받아들이지 않았다. 그러자 왕규는 왕건의 열다섯째 부인 광주원 부인의 아들이자 자신의 외손자인 광주원군을 왕위에 올리려 준비했다.

947년, 차기 왕위를 놓고 내부 다툼이 격렬하던 시기에 혜종이 갑자기 세상을 떠났다. 왕요와 왕소는 숙부인 서경 장군 왕식렴의 군대와 함께 군사 정변을 일으켜서, 왕규와 그의 일당 300여 명을 죽이고 박술희는 갑곶(강화)에 유배시킨 뒤 제거했다.

왕요는 무력으로 왕위를 빼앗고 정종(945~949)으로 즉위했다. 947년 정종은 자신의 권력을 지탱해주던 왕식렴의 세력 기반인 서경(西京)으로 도읍을 옮기려 했지만, 호족들의 반대로 뜻을 이루지 못했다. 같은 해 최언위의 아들로 중국 후진에 유학하다가 후진을 침략한 거란에 포로로 붙들려 있던 최광윤이 거란이 고려를 침략하기 위해 준비하고 있는 것을 탐지하고 고려에 밀서를 보냈다.

고려는 거란을 막기 위해 예비군에 해당하는 30만 광군을 조직하고 개경에 광군사를 설치하여 통솔하게 했다. 광군은 왕의 친위대인 2군(응양군, 용호군)과 수도 경비를 전담하는 6위(좌우위, 신호위, 흥위위, 금오위, 천우위, 감문위)의 중앙군, 양계에 주둔한 주진군, 5도의 일반 군현에 있는 주현군 등이 함께 거란의 침략에 대비했다.

949년 3월 정종이 병으로 세상을 떠나자 군사 정변의 한 축이었던 왕소가 고려 4대왕 광종으로 즉위했다.

광종, 왕권 강화와 과거제 도입

광종●(949~975)은 어린 시절에 《정관정요》를 즐겨 읽었다. 《정관정요》는 당태종 이세민과 신하들이 나라를 다스리는 방법, 왕권의 강화, 제왕의 도리에 관해 토론한 것을 오긍이 기록한 제왕학의 기본서이다. 광종의 구상은 《정관정요》를 바탕으로 왕권을 강화하여 유교적 제왕 통치를 구현하는 것이었다.

광종도 정변을 일으킨 공신들의 추대로 왕위에 오른 만

● **광종의 개혁**
과거제 시행, 노비안검법 제정, 백관의 공복 제정, 주현 공부법 제정, 황제를 칭함, 광덕·준풍 등 독자연호 제정, 개경을 황도라 지칭, 화엄종을 통한 왕권 강화
(검) 1-3, (검) 1-4, (검) 2-3, (검) 4-3, (검) 5-고, (검) 3-4, (검) 48-기본, (검) 49-기본, (검) 51-기본, (수) 2008

큰 왕권이 취약했고, 호족 세력은 경제력과 군사력을 바탕으로 왕권을 위협할 정도로 강했다.

광종은 호족을 안심시키고자 4단계 예식(例食)을 통해 공신들의 등급과 예우법을 정하는 동시에, 연호를 광덕으로 정해 왕의 권위를 세웠다.

어느 정도 왕권이 안정되자 광종은 즉위 7년 뒤인 956년에 유신성, 장평달, 최지몽, 서필 등의 도움으로 왕권 강화 정책을 조심스럽게 추진했다. 먼저 호족들의 경제력과 군사력을 약화시키기 위한 노비안검법●을 실시했다.

노비안검법은 호족에 예속된 사노비를 해방시켜 양민으로 삼는 제도 개혁이었다. 이것은 군역과 부역, 조세가 증가하고 왕의 지지 세력을 확대시키는 대표적인 왕권 강화 정책이었다.

958년에는 후주 사람 쌍기의 건의를 받아들여 과거제도●●●를 실시했다. 과거제도는 유학 경전 시험을 통해 문인을 선발하는 인재 선발 제도로, 무력 기반을 지닌 공신들의 세력을 약화시키고 선발된 신진 인사들을 왕의 친위 세력으로 포섭하여 왕권을 강화하려는 목적이 다분했다.

사상적인 통일도 중요한 왕권 강화 정책의 하나였다. 고려는 선종 계열인 구산선문의 지지를 받아 후삼국을 통일했다. 하지만 선종은 지역 호족들의 재정적인 지원으로 성장한 종파였기 때문에, 호족을 지지하는 지방적인 색채가 무척 강했다. 광종은 화엄종 승려 탄문을 왕사로 초빙하고 승려를 선발하는 시관으로 균여를 임명하여 화엄종 중심의 사상 통일을 꾀했다.

사회 분위기와 제도적인 측면에서 왕권 강화 정책이 성공했다고 판단한 광종은 즉위 11년째인 960년 왕을 황제라 칭

● 노비안검법
광종의 대표적인 개혁 정책으로 억울하게 노비가 된 양인을 본래의 신분으로 환원하는 조치이다. 1) 세금을 국가로 환원하여 재정을 키우고, 2) 노비를 평민으로 전환해 군역과 부역의 숫자를 늘리며, 3) 호족의 경제력과 사병을 약화시켜 왕권을 강화하려는 포석이었다.

●● 과거제도
과거제는 천거제와 음서제에 이어 등장한 가장 합리적인 인재 선발 방식이다. 호족들의 세력을 견제하고, 새로운 지배 계급 사대부를 양성하여 신구 세력의 교체를 꾀한 정책이었다.

● 고려의 과거제
제술과(문학 재능, 정책 시험), 명경과(유교 경전 능력), 잡과(실용 기술), 승과(승려 시험), 무과는 고려 말 1390년에 실시, 음서제는 귀족 우대 정책, 귀족 사회에서 관료제 사회로 변하는 단초 (검) 2-3, (검) 2-5, (검) 7-4, (검) 6-3, (검) 4-4, (검) 5-고, (검) 50-심화, (수) 1998

하고 독자적인 연호를 사용하는 칭제 건원을 실시하고, 4등급의 공복 제도를 실시하여 관리들의 위계질서를 세웠다.

군주가 거주하는 개경은 황도라 이름 붙이고 서경은 서도로 했으며 연호를 준풍(峻豊)으로 바꾸었다. 963년에는 빈민들을 치료하기 위한 의료재단인 제위보를 창설했으며, 빈농을 보호하고 토지 개간을 장려하기 위해 조세율을 조정했다. 왕권 강화는 이처럼 제도 개혁과 백성의 지지가 어우러져 이룩되었다.

호족들은 광종의 왕권 강화 정책에 조직적으로 반발했다. 광종은 대상 준홍, 좌상 왕동이 역모를 꾸미자 제거하고, 이를 기회 삼아 임희, 박수경, 박영규 등 서경 호족들을 대대적으로 숙청했다. 그리고 군제 개혁을 실시하여 순군부를 군부로, 내군은 장위부로, 물장성은 보천으로 개편했는데, 이것은 호족의 무력 기반을 제도적으로 소멸시키는 조치였다.

월정사 8각 9층 석탑 | 강원도 평창 소재, 신라의 탑은 4면에 3층, 5층탑이 특징인데, 고려의 탑은 다양성과 지역색이 특징이다. 월정사 석탑은 다층 다각의 고구려의 양식을 계승한 고려 초기 불탑이다.

광종의 개혁●은 고려 초기의 불안정한 사회와 민생을 안정시키고, 호족과 공신의 세력을 약화시켰다. 그리고 과거제도를 통해 중앙집권적 유교국가로 가는 토대를 만들었다.

훗날 고려가 북중국의 패권을 차지한 거란의 침략을 세 차례에 걸쳐 막아내고 국토를 보전할 수 있었던 것도 광종의 개혁이 성공했기 때문이다.

경종과 고려의 관료 사회화

광종에 이어서 경종(975~981)이 왕위를 이었다. 경종은 호족을 숙청할 때 겨우 명맥을 유지했던 경종의 외가인 황주계, 처가인 충주계와 경주계 등 여러 개국공신계 호족들의 건의를 받아들여, 광종 시기에 억울하게 죽은 자의 자손에 대한 복수할 수 있도록 하는 복수법을 시행했다.

이때 광종 시기에 진출한 신진 관료 세력이 일정한 타격을 받으면서, 중앙 정계는 공신계와 신진 관료계가 어느 정도 세력 균형을 이루게 되었다.

그러나 경종은 복수법이 사회 분열을 가져온다고 여기고 곧 금지시키고, 공신계와 신진 관료계의 통합을 추진했다. 이를 위한 조치가 976년에 제정한 전시과였다. 전시과●●●는 지위와 인품에 근거하여 문신과 무신 모두에게 일정한 땅에서 세금을 걷을 수 있게 하는 수조권을 주어 관료들의 경제적 안정을 이루게 하는 토지 제도를 말한다.

등급에 따른 지급을 보면 공신전시과와 관료전시과의 성

격이 짙었다. 이는 공신계와 관료계를 모두 체제 안으로 흡수하여 통합하려는 포석으로, 고려가 점차 관료 사회로 진일보하는 계기가 되었다.

성종●의 중앙집권적 유교국가

경종이 죽은 뒤 아들 왕송(목종)이 왕위를 계승하지 못하고 신라계가 추대한 성종●(981~997)이 즉위했다.

성종은 최승로, 최량 같은 신라계 호족 출신 유학자와 과거제도를 통해 성장한 이양, 김심언 같은 신진 유학자들을 중용하여, 고려를 중앙집권적 유교국가로 만드는 일에 착수했다.

982년 최승로는 성종에게 태조부터 경종까지의 정치를 논한 〈오조치적평〉과 성종이 추진해야 할 정책에 대한 건의인 〈시무28조〉●●를 담은 상소를 올렸다.

최승로의 〈시무28조〉는 《고려사》에 22조가 전해진다. 그 요점은 과다한 불교 행사를 줄이고 승려의 횡포를 금할 것, 백성의 공역을 균등하게 하고 민생 경제에 힘쓸 것, 강력한 왕권에 반대하는 지방 토호들의 전횡을 막기 위해 지방관을 상주시킬 것 등으로, 유교 사상에 기반한 중앙집권적 귀족 정치를 주창했다.

성종은 최승로의 건의에 따라 불교 행사인 연등회와 전통 행사인 팔관회를 폐지했고, 992년에는 개경에 유학 사상을 가르치는 국립대학인 국자감●●●을 개교했다. 그리고

● 성종(981-997)의 중앙집권적 유교국가
1) 최승로의 〈시무28조〉를 받아들여 관제개혁(3성 6부제), 서무를 분장(分掌)한 7시(寺),
2) 언론(言論) 기관인 사헌부(司憲府), 군국(軍國) 기밀기관 중추원(中樞院) 설치
3) 983년에 12목(牧), 995년에 10도(道)·3경(京)·5도호부(都護府)·8목(牧)·양계(兩界) 설치

● 성종의 개혁
중앙기구(3성 6부제), 지방 행정(5도 양계 12목 설치), 3경제(개경, 서경, 동경), 유교 정치 강화
(검) 7-3, (검) 5-고, (검) 3-2, (검) 52-기본, (수한) 2018

●● 최승로의 〈시무28조〉
유교의 민본 이념, 불교의 폐단 비판, 팔관회와 연등회의 축소, 중앙집권적 귀족 정치 실현
(검) 1- 5, (검) 2-1, (검) 2-4, (검) 2-6, (검) 5-4, (검) 3-6, (검) 47-기본, (검) 47-심화, (검) 50-심화, (수) 2005, (수) 2006

●●● 고려의 교육 제도
국자감(국립), 향교(지방), 사학 12도(사립), 성균관(고려 후기 국립), 양현고(장학재단)
(검) 7-3, (검) 4-3, (검) 5-3, (검) 3-1, (검) 48-기본, (검) 48-심화, (수) 2005,

고려의 중앙 정치 조직

2성 6부	2성 : 중서문하성(문하시중이 국정 총괄), 상서성(6부 총괄) 6부 : 정책 집행(이, 호, 예, 병, 형, 공부)
중추원	군사 기밀과 왕명 출납 담당
삼사	화폐와 곡식의 출납에 대한 회계
도병마사 식목도감	국방 문제 담당 임시 기구, 후에 도평의사사(도당)로 개편, 최고 정무기관 법의 제정이나 각종 시행 규정을 다루던 임시 회의기구
대간	어사대(법률 시정, 탄핵, 사정 기관)와 중서문하성 낭사로 구성 간쟁, 봉박, 서경권 행사 - 정치 운영의 견제와 균형 추구

●고려의 중앙 관제
중서문하성(국정 총괄), 중추원(왕명 출납), 상서성(6부 관장), 삼사(곡식 출납·회계 담당), 어사대(비리 감찰), 도병마사(국방·군사 회의 기구), 식목도감(법 제정)
(검) 2-2, (검) 2-4, (검) 6-3, (검) 4-3, (검) 4-고, (검) 3-3, (검) 3-1, (검) 48-기본, (검) 50-기본, (검) 52-기본, (수) 2008

●●고려 중앙 관제의 특징
송의 관제 모방(중추원, 삼사), 고려의 독자적 관제(도병마사, 식목도감), 무신 집권기(중방, 교정도감), 삼사는 곡식 출납과 회계(조선시대는 간언, 탄핵)
(검) 1-3, (검) 1-4, (검) 6-고, (검) 4-3, (검) 5-4, (검) 5-3, (검) 3-2, (검) 48-심화, (수) 2007

지방 12목에는 경학박사와 의학박사 1인씩을 파견하여 지방 교육에도 힘썼다. 또한 개경, 서경, 12목에 물가 조절 기구인 상평창을 두어 민생경제 안정에도 힘썼다.

성종은 정부 조직도 개편했다. 중앙기구●로 당나라 율령 체제를 따라 3성 6부를 두었는데, 이 가운데 중서성과 문하성은 중서 문하성(내사문하성)으로 통합되었으므로 실제로는 2성 6부 체제였다. 중서문하성은 최고 의정기구이며, 행정 실무를 담당한 상서성 밑으로는 집행기관인 6부가 있었다. 여기에다 역사 기록을 담당하는 춘추관, 화폐와 곡식의 출납에 대한 회계를 맡은 삼사를 두었다. 대간(관료의 감찰 및 탄핵) 업무는 어사대와 중서문하성의 낭사들이 맡았다.

또한 송나라 제도를 본받아 군사 기밀과 왕명 출납을 맡는 중추원을 설치했으며, 고려의 독자적인 중앙 조직으로 국방 문제를 다루는 최고의 정무기구인 도병마사(도평의사사)와 법률 제정이나 각종 시행 규정을 다루는 식목도감도 설치했다. ●●

지방 행정 조직은 전국을 5도 양계 12목으로 나누고, 신라계의 요구에 따라 서경, 개경에 이어 경주를 동경으로 격상시켜 3경제를 실시했다. 핵심적인 행정 조직인 12목에는 지방관을 파견하여 지역 호족들이 차지했던 향직을 대체했다. 이는 성종 시기에 고려가 호족 사회에서 중앙집권●적 관료 사회로 이행하고 있다는 것을 보여주는 사례이다.

● **고려가 조선보다 중앙집권제가 약하다고 보는 이유**
1) 지방관이 없는 속현이 지방관이 다스리는 주현보다 많았다.
2) 지역에 토착 기반을 지닌 향리가 지방의 행정 실무를 담당했다.

전시과 제도가 시행된 배경

고대 사회에서 토지는 소유권에 따라 국가나 관청이 소유한 국유지와 귀족이나 백성이 소유한 사유지로 나뉜다. 그런데 왕토 사상에 따라 모든 토지는 형식상 왕의 소유이므로 토지세를 내야 하는데, 이를 전세(조세)라고 하며 기본적으로 생산량의 10분의 1을 낸다. 조세를 수취할 권리, 즉 세금을 받을 권리는 수조권이라고 한다.

삼국시대에는 보통 귀족이 녹읍을 소유하여 수조권과 소작료를 독점했고, 대신 대부분의 귀족이 국가에 일정한 세금을 납부했다. 따라서 농민에 대한 수취와 지배는 왕보다 귀족이 직접적이었다.

고려 광종은 과거제를 시행하여 귀족을 누르고 관료를 우대했으나, 토지가 없는 관료들은 경제적 기반이 취약했다. 이를 해결하기 위해 976년에 경종은 전직·현직 문무 관료에게 개경 근교의 땅을 대상으로 한 수조권과 함께 들이나 산에서 나오는 생산물(시지)을 취득하게 했는데, 이를 시정전시과라고 한다. 998년에 목종은 군인에게도 전지와 시지를 주는 개정전시과를, 1075년에 문종은 현직 관료에게만 주는 경정전시과를 시행했다.

경종의 시정전시과는 관료의 경제적 안정을 꾀하여 왕실의 친위 세력으로 포섭하려는 정책이었고, 목종의 개정전시과는 거란과의 전쟁으로 성장한 무신들을 우대하려는 정책이었다. 그리고 문종의 경정전시과는 수조권의 대상이 되는 토지가 부족해져서 시행한 정책이었다.

고려 후기에 토지 겸병(대토지 소유)과 사원전, 대농장이 출현하고 하나의 토지에 여러 개의 수조권이 생기면서 전시과 체제는 무너졌고, 조선시대의 과전법이라는 토지 개혁으로 이어졌다.

고려 광종의 과거제 도입은 고려 사회에 어떤 영향을 주었을까?

Point 1 고대 사회의 인재 선발 방식인 세습제, 천거제 등을 살펴보고, 그 방식이 갖는 장점과 단점을 알아보자.

Point 2 과거제의 선발 과목과 시험 내용은 주로 무엇인지 살펴보고, 그것이 갖는 특징을 찾아낸다. 이를 통해 광종이 과거제를 도입한 이유가 무엇이었을지 생각해보자.

Point 3 과거제의 시행으로 고려 사회가 어떻게 변했는지 알아보자. 과거제가 오늘날 어떤 형식으로 존속해 있는지도 알아보자.

공부를 더 하고 싶다면

《태조 왕건》(김갑동 지음, 일빛)
사극이 만든 인물상은 역사적 사실과 거리가 멀지만 오히려 역사 속의 진실보다 친근하게 다가온다. 역사적 사실에 바탕하지만 소설적인 재미를 줄 수 있게 구성하여, 실제 역사 속 태조 왕건에 흥미롭게 접근할 수 있다.

《광종의 제국》(김창현 지음, 푸른역사)
태조 왕건이 고려를 세웠다면, 광종은 고려 500년 역사의 기틀을 마련했다. 왕권과 호족, 백성을 놓고 벌이는 개혁과 갈등의 서사시가 장중하게 그려진다. 과거제, 노비안검법을 도입하고, 태양의 제국을 구축한 광종의 인물상이 새로운 시각으로 그려진다.

《고려 건국기 사회동향 연구》(이재범 지음, 경인문화사)
한국사에서 가장 치열하고 역동적이었던 9세기에서 10세기 초반의 발해와 후삼국 시대에 후고구려를 세운 궁예, 후백제를 건국한 견훤, 고려를 개국한 왕건과 함께 지역에 기반을 둔 여러 호족 세력의 역사를 조명한다.

2

고려와 거란의 전쟁

한 줄로 읽는 우리 역사

고려는 고구려의 고토를 회복하는 북진 정책을 추진하면서 발해의 땅에서 건국한 거란과 고구려의 정통계승을 놓고 3차에 걸쳐 여요전쟁을 치렀다. 1차 전쟁에서는 서희의 외교술로 강동6주를 차지했고, 3차 전쟁에서는 강감찬의 귀주대첩으로 100년 전성기의 기초를 닦았다.

고려는 광종과 경종, 성종으로 이어지는 개혁 정책의 성공으로 초기의 불안한 국내 정세를 안정시키는 데 성공했다. 또한 지방 세력인 호족의 힘을 누르고 중앙정부의 권한을 강화하면서, 국가 재정과 군사력이 요나라(거란)와 맞대응할 수준이 되었다.

구성 진남루
평북 구성 소재. 국보 44호의 고려 초기 건축물로 994년(고려 성종 14)에 세워졌다.
거란의 침입을 방어하는 강동6주 구성의 정문이며, 1979년에 복구했다.

한편 960년에 북송이 북중국에 건국된 사건은 거란*과 고려에 충격을 주었다. 고려는 거란을 견제하는 세력으로 북송을 주시했고, 북송은 통일 전쟁의 명분을 반(反)거란 투쟁과 지난날 후진이 거란에 내준 연운 16주 회복에 두었기 때문에, 거란의 배후에 위치한 고려와 우선 협력 관계를 맺어두어야 했다.

이런 국제 정세에서 고려 경종과 성종은 신라계 유학자들의 건의에 따라 유교적 중앙집권 국가의 초석을 다지기 위해 유교 국가인 북송과 더욱 긴밀한 유대 관계를 맺는 한편 거란은 오랑캐라고 배척했다.

왕건이 혜종에게 남긴 《훈요십조》에 담긴 거란을 배척하라는 유훈은 친송 반거란 정책을 내세우는 데 일정한 명분을 주었다. 거란은 고려와 북송의 긴밀한 관계를 끊지 않고는 북중국을 도모할 수 없다는 판단 아래, 고려를 침략할 시기를 기다렸다.

● 북방민족 1,000년 전성기
(907-1911)
10세기는 동아시아에서 당나라의 천하가 무너지고 북방의 유목-수렵민족이 천하질서를 주도하는 이른바 북방민족 1,000년 전성기가 시작되었다. 거란족의 요나라(907~1125)부터 시작하여 여진족의 금나라(1115~1234), 몽골족의 원나라(1206~1268), 오이랏트와 타타르의 북원(1268~1635), 그리고 만주족의 청나라(1616~1911)로 이어진다.

제1차 여요전쟁*과 서희의 외교 담판

고려와 거란의 전쟁이 벌어지기 직전, 거란과 북송은 두 차례에 걸쳐 전쟁을 벌였다. 송태조는 5대10국**의 분열을 통일했고, 동생 송태종은 연운 16주를 탈환하고자 두 차례 북벌 전쟁을 일으켰다.

제1차 북벌 전쟁은 979년에 벌어졌다. 송태종은 직접 군대를 이끌고 유주에 이르렀으나 고량하(북경)전투에서 요나

●● 여요전쟁의 원인
1) 거란의 북송 침략을 위한 고려 견제
2) 고려의 친송 정책과 북진 정책
3) 고려의 발해 유민 수용

●●● 5대10국이란?
중국의 통일왕조인 당나라(618~907)가 망하고 수도인 장안을 중심으로 세워진 5국(907~960)과 주변에 세워진 10국(902~979)을 종합하여 5대10국이라고 부른다. 후주의 장군 조광윤이 세운 북송(960~1127)이 979년에 재통일을 이루었다.

라 대장군 야율휴가의 반격으로 대패했다. 982년, 요나라를 중흥시킨 군주 경종이 죽고 열두 살의 성종이 즉위했다.

성종의 어머니 소태후는 군사를 동쪽으로 돌려 983년 발해 유민이 압록강 유역에 세운 정안국을 무너뜨리고, 985년에는 압록강변의 여진을 복속시켰다. 이것은 고려를 침공하기 위한 사전 포석이었다. 북송은 이때 고려에 사신을 보내 거란을 협공하자고 제안했으나, 고려는 전쟁에 휘말리지 않기 위해 거절하고 정세를 지켜보았다.

제2차 북벌 전쟁은 옹희 북벌이라 이르며, 986년에 일으켰다. 하지만 북송의 대군은 기구관에서 야율휴가의 기병에게 다시 대패했다. 북송을 연달아 격파한 거란은 배후에 있는 고려를 그냥 두고서는 북송을 응징할 수 없다고 판단해, 993년 8월 고려를 침공했다. 이른바 고려와 거란의 제1차 여요전쟁이 벌어진 것이다.

동경유수 소손녕이 이끄는 거란군은 동경요양부를 출발

▶ **고려와 거란의 전쟁**

3차에 걸친 여요전쟁은 형식상으로 고려가 패배하고 실제로는 승리했다. 고려는 강동6주를 확보하고 문예 부흥을 일으켜 100년 전성기를 이룩했다.

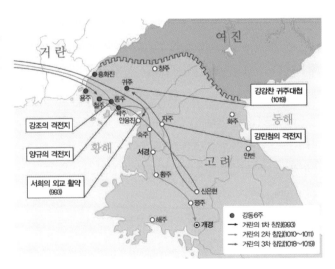

제1차 여요전쟁에서 벌어진 고구려 정통 계승 논쟁

거란(요나라) 소손녕의 주장	고려 서희의 주장
① 고려는 신라의 땅에서 일어났고, 거란은 고구려의 땅에서 일어났다. 그런데 고려가 고구려의 영토를 침식했다.	① 우리는 고구려의 고토에서 일어났기에 국호를 고려로 했으며, 평양에 도읍하여 서경이라 부른다.
② 고려는 거란과 국경을 맞대고 있으면서 적대하고, 도리어 바다 건너 북송과 교류한다.	② 영토를 논한다면 거란의 동경(요양)도 오히려 고구려의 영토에 속해 있다.
③ 영토를 바치고, 국왕이 입조를 하면 왕실을 보존하도록 약속한다.	③ 거란과 국교를 맺고 싶어도 압록강변의 여진족이 가로막아서 교류하지 못하고 있다.

하여 의주를 지나 고려 주력군이 주둔하고 있는 청천강 남안의 안북부(안주)를 공격 목표로 삼았다. 이곳을 교두보로 삼아 서경을 점령한 뒤 개경을 공격하려는 전략이었다.

거란군은 10월에 압록강을 건너 귀주에 있는 봉산성을 공격하여 함락시키고 지휘부를 설치했다. 이때 고려에서는 주로 신라계가 땅을 떼어주고 항복하자는 할지론(투항론)을 주장했고, 고구려계는 거란에 맞서 싸워야 한다는 주전론을 내세웠다. 거란의 의도를 간파한 서희는 먼저 거란과 맞서 시간을 끌면서 협상을 통해 해결하자는 외교론을 주장했다.

서희의 외교론이 받아들여지고 고려는 안북부에 사령부를 설치했다. 고려군*을 지휘하는 상군사 박양유는 중군사 서희에게 봉산성을 탈환하도록 했다. 거란군은 고려의 군세가 만만치 않다고 판단하고는 전면전을 피하고 먼저 화의를 제안했다. 그러면서 협상에 유리한 조건을 갖추고자 안북부를 협공하기 위해 별동대를 서쪽으로 우회시켜 영변 쪽으로 이동시켰으나 연주성에서 고려 군민들의 완강한 저항을 받아 패퇴했다.

거란군은 다시 선발 부대를 안북부 동쪽인 안융진으로

● **고려의 군사조직**
고려의 중앙군은 왕의 친위군인 2군과 수도 및 국경을 수비하는 6위로 구성되었으며, 지방군은 5도에 주둔한 주현군과 양계에 설치한 상비군이 있다.

이동시켰다. 청천강을 건넌 1만 거란군은 안융진을 공격했으나, 발해의 후예인 중랑장 대도수와 낭장 유방이 이끄는 500명의 결사대에 막혀 패전했다. 연주성과 안융진에서 승리한 고려군은 전열을 정비하고 협상의 유리한 고지를 차지했다. 거란의 소손녕은 전투 양상이 뜻대로 되지 않자 매우 당황하여 급히 강화 교섭을 매듭지으려 했다.

거란군의 전쟁 목적을 알고 있었기 때문에 먼저 공세를 막고 뒤에 시간을 끌면 고려가 승리할 것으로 확신했던 중군사 서희는 강화 교섭에 응했다. 서희는 협상에서 소손녕과 어느 쪽이 고구려의 정통성을 지니는가를 두고 논쟁했다.

서희는 고려라는 국호나 도읍을 평양으로 정한 것이 고려가 고구려의 후계자인 사실을 증명한다고 주장했고, 결국 협상을 승리로 이끌며 소손녕의 외교적 양보를 얻어냈다.

거란은 고려로부터 북송과의 관계 단절과 거란의 연호 사용, 고려 왕의 입조(入朝) 등을 약속받았다. 반면 고려는 여진족이 점거한 압록강 동쪽 강동6주●에 대한 영유권을 인정받고, 고려 영내에 있는 거란군의 즉각적인 철군을 보장받

● 서희의 강동6주
거란과의 강화 조건, 북진 정책의 실현, 고구려 계승 의식의 확인, 거란 등 북방과 교류 활성화
(검) 1-3, (검) 1-4, (검) 2-5, (검) 2-6, (검) 5-초, (검) 5-3, (검) 3-3, (검) 49-기본, (수) 2009

서희 장군 묘
경기도 여주 소재. 거란과의 1차 전쟁 때 외교술로 강동6주를 확보한 서희의 무덤이다.

았다. 이로써 제1차 여요전쟁은 고려의 외교적 승리*로 막을 내렸다.

● **서희의 외교적 성공 요인**
1) 국제적인 정세를 분석하고 이용하는 안목
2) 고려의 중립을 요구하는 거란의 의도 파악
3) 할지론(투항론)을 잠재운 논리와 의지
4) 탁월한 언변과 정통성 주장으로 담판에서 우위 확보

거란의 전연지맹과 북중국 지배

고려는 성곽을 수리하는 한편, 병력을 보충하고 군사 훈련을 하면서 거란의 재침입에 대비했다. 거란은 비록 고려를 굴복시키지 못했으나 고려의 중립을 이끌어내어 후방의 안전을 보장받았고, 공격 방향을 서남으로 돌려 북송 침략 준비를 했다.

고려에서는 거란과의 1차 전쟁이 끝난지 얼마 지나지 않아 어린 목종(997~1009)이 즉위했다. 목종의 어머니 헌애왕후는 천추전에 거주하며 섭정을 시작한 뒤 천추태후라고 불렸다.

천추태후는 서경을 정치적 기반으로 삼고 불륜 관계였던 김치양과의 사이에 두 아들을 두었는데, 이들을 목종의 후계자로 삼고자 왕위 계승이 유력한 12세의 대량원군 왕순을 숭경사에 출가시켰다.

고려의 내정이 혼란스러운 때, 거란의 성종과 그의 어머니 소태후는 1004년 9월에 20만 군대를 이끌고 북송에 대한 응징을 시작했다. 거란군은 파죽지세로 정주·기주·낙주를 함락하고 11월에는 전연에 이르렀다. 송진종은 반격군을 이끌고 전연(하남 박양)에서 거란과 대치했다.

송진종은 거란의 군세에 눌려 강화조약을 맺었다. 송은 거

란과 형제국의 맹약을 맺고 매년 거란에 은 10만 냥, 비단 20만 필을 조공하기로 했다. 역사에서는 이 사건을 전연지맹●이라고 부른다. 거란은 이제 고려를 완전하게 항복시킨 뒤 북송을 멸망시킨다는 전략을 짜고, 고려를 침략할 명분을 찾았다.

● 전연지맹
1004년에 전연에서 맺은 북송과 거란의 화평조약으로, 그 내용은 1) 북송이 요나라에 군비를 제공하고, 2) 송나라가 요나라를 형님으로 부를 것, 3) 현재의 국경을 유지할 것 등 3개조로서 이후 북중국의 패권은 거란이 차지했다.

그러던 중 1009년, 고려에서 강조의 정변이 일어났다. 천추태후와 김치양이 여러 차례 자객을 보내 목종의 당숙인 대량원군 왕순을 죽이려고 하니, 목종이 서경 도순검사 강조에게 그를 보호하도록 했다.

이때 강조는 채충순, 채항, 황보유의, 문연 등과 모의하여 군사를 일으켜서 천추태후를 내쫓고 목종을 폐위시켰다. 그리고 충주로 호송하는 길에 목종을 죽였다. 이어서 대량원군 왕순이 왕위에 오르니 그가 현종(1009~1031)이다.

거란은 고려에 내준 강동6주를 돌려받고 고려와 북송과의 관계를 끊고자, 강조의 정변을 침략의 명분으로 삼아 제2차 여요전쟁을 일으켰다.

강조 정변과 제2차 여요전쟁

1004년 북송의 막대한 배상금으로 국부를 축적한 거란의 요성종은 드디어 1010년 10월 직접 40만 대군을 이끌고 고려를 침공했다. 제2차 여요전쟁은 흥화진에서 서막이 올랐다. 이곳에서 고려군은 서북계 도순검사 양규와 흥화진사 정성의 분전으로 거란군을 격퇴했다.

요 성종은 20만 군대를 빼내 귀주와 통주를 공격하였다. 30만 군사를 이끈 행영도통사 강조는 통주에서 거란에게 패하여 포로로 잡혔고, 고려군은 대패했다. 거란군은 곽주, 안북부를 지나 12월에 이르러 서경을 공격했다. 서경에서 승부가 쉽게 나지 않고 공방전이 길어지자, 거란군은 주력 부대를 개경으로 보냈다. 결국 현종은 양주를 거쳐 나주로 피신했고, 이듬해 1월 개경이 함락되었다.

고려 정부는 거란군이 물러나면 국왕이 거란에 입조한다는 강화 조건을 내걸었다. 거란의 성종도 전쟁이 길어지면 승산이 없는데다, 각지에서 고려군이 유격전을 펼치고 있어 자칫 퇴로가 막힐까 염려하여 강화를 받아들였다.

거란군은 압록강을 건너 다급하게 철수했고, 고려는 국왕이 거란에 입조한다는 약속을 지키지 않았다. 고려와 거란 어느 쪽도 승리하지 못하고 제2차 여요전쟁은 끝이 났다.●

제3차 여요전쟁과 귀주대첩

요나라는 강화 조건이었던 고려 국왕의 입조를 계속 요구했지만, 고려는 거부했다. 거란은 전략을 바꾸어 강동6주의 반환을 줄기차게 요구했다.

거란은 강동6주를 빌미로 외교적 압박을 가하는 동시에, 1012년부터 1017년까지 끊임없이 소규모 전투 부대를 보내 고려를 공격했다. 고려는 거란의 침략을 막아내고 서경과 개경의 성곽을 보수하는 한편, 무기와 식량을 비축하고 군사 훈련을 하며 병력을 보충했다.

거란 성종은 1018년 가을부터 동경요양부에 총병력 10만을 주둔시키고 소배압을 총대장으로 삼아 전쟁 준비를 시작했다. 같은 해 12월 1일 전쟁을 선포한 거란군은 동경요양부를 출발하여, 열흘 뒤 12월 10일에 의주에 당도했다.

거란군의 동태를 파악한 고려 정부도 이미 9월에 20만 8천여 명에 달하는 방어군을 소집하고 물자와 무기를 점검했다. 10월에는 평장사 강감찬*을 상원수로 삼고, 부원수 강민첨, 판관 박종검, 병부낭중 유삼 등과 함께 강동6주의 서북 지방에서 거란군에 맞서 방어하게 했다.

거란군이 삼교천, 내구산, 마탄에서 패배하면서 진출 속도가 늦춰지긴 했지만, 주력군은 한 달 만에 강동6주의 방

●**낙성대(落星垈)**
고려와 거란의 제3차 여요전쟁을 승리로 이끈 강감찬이 태어난 곳이다. 어느 날 북두칠성 가운데 문장을 관장하는 문창성이 이곳으로 떨어졌다고 해서 낙성대란 이름이 지어졌다. 현재 서울시 관악구 봉천동에 위치한다.

낙성대 안국사 | 낙성대는 강감찬 장군이 태어난 곳으로, 사당인 안국사 안에 영정이 있다.

개성의 성곽 | 고려 초에 궁예 시기의 발어참성 자리에 개성의 도성으로 증축하였다. 송악산을 끼고 내성, 외성, 궁성으로 이루어졌는데 정문은 광화문, 궁성은 만월대라고 한다.

어망을 뚫고 1019년 1월 개경 북방의 신계에 이르렀다. 강감찬은 통주의 기병 1만 기를 개경으로 보내 방어력을 보강했다. 여러 차례 소규모 전투를 치른 거란군은 개경 공략이 쉽지 않다는 판단에 따라 철수를 시작했다.

고려군은 연주와 위주에서 거란군에게 심대한 타격을 가하면서 귀주 지역으로 거란군을 몰았다. 거란군은 귀주[●]에 이르러 강감찬의 포위 작전에 걸려들어 주력군이 모두 궤멸되는 참담한 패배를 당했다. 결국 거란군은 수천 명의 병력만 살아남아 삭주를 거쳐 본국으로 철수했다. 이로써 제3차 여요전쟁은 고려의 일방적인 승리로 끝났다.

● **귀주대첩**
제3차 여요전쟁, 강감찬, 낙성대, 강민첨, 귀주성, 청천강, 소배압, 거란 성종
(검) 47-기본, (검) 50-심화, (검) 51-기본

여요전쟁 이후의 국제 정세

여요전쟁이 끝나고 동북아의 패권은 형식상 거란국이 차지했다. 하지만 속빈 강정처럼 거란에게는 실익이 없었다. 거란은 성종 이후 흥종과 도종으로 이어지는 70여 년 동안 벌어진 왕위 쟁탈전으로 내부 혼란이 극심해져 국력이 급격하게 약해졌다.

북송은 거란과의 세 차례에 걸친 전쟁(979, 986, 1004)에 이어 황하 중류의 은천에 도읍을 정하고, 실크로드를 장악한 당항족의 서하국과 다시 네 차례(1034, 1040, 1041, 1042)에 걸쳐 전쟁을 치렀으나 패전했다.

북송은 거란에게 배상금을 주고 평화를 구한 전례에 따라 서하국에도 막대한 경제적 배상을 하는 조건으로 전쟁을 마무리했다. 이에 따른 전란의 피해는 모두 농민에게 전가되었고, 그것은 훗날 북송이 금나라에게 멸망당하는 원인이 되었다.

여진족은 거란의 동북방에 있으면서 전쟁의 피해를 가장 적게 받았다. 이 시기에 여진족은 발해의 역사와 문화를 그대로 흡수했으며, 주변의 고려·거란·북송·몽골 지역과 교역을 통해 경제적인 발전을 이루고 선진 문물을 받아들일 수 있었다. 12세기 말 여진 완안부는 부족을 통합하여 서서히 만주 지역의 신흥 강국으로 부상했다.

거란의 침공을 물리친 고려는 이른바 100년 전성기라 불리는 번영의 시기를 맞이했다. 고려는 거란, 여진, 북송, 회회(고창) 등과 외교 관계를 맺고 문물 교류를 했다. 특히 북중국의 강자로 군림한 거란과는 불교 문화●도 교류했다.

원효의《대승기신론소》가 거란에 전해졌고, 거란의 대장
경이 고려에 전해져 대각국사 의천이《속장경》을 간행하는
데 많은 영향을 끼쳤다.《용감수경(龍龕手鏡)》이라는 불교 자
전도 거란에서 수입되었다.

이로써 11세기는 고려·거란·서하를 잇는 북방계 국가와
중국계 국가인 북송이 서로 공존하는 4강 체제가 형성되었
고, 100여 년에 이르는 평화 시기가 도래했다.

수덕사 대웅전 | 충렬왕 때인 1308년에 지어졌다. 봉정사 극락전, 부석사 무량수전과 함께 고려시대를 대표하는 3대 목
조 건축물 중 하나이다.

고려가 100년 전성기를
누릴 수 있었던 이유는 무엇일까?

고려와 거란의 여요전쟁이 끝나고 동북아에는 모처럼 평화 시대가 열렸다. 북중국을 차지한 거란은 고려와의 전쟁에 패배한 후유증으로 결국 서북방의 서하, 서남방의 북송을 완전히 굴복시키지 못했다. 이로써 11세기 동아시아의 국제 정세는 고려, 거란(요), 북송, 서하가 서로 견제하고 공존하는 4강 체제가 구축되었다.

4강 체제를 바탕으로 한 고려의 100년 전성기(1046~1146)는 과거제와 노비안검법을 통해 왕권 강화를 성공시킨 광종의 개혁 정책, 중앙집권적 유교국가를 추구하는 개혁 정책을 추진한 경종과 성종의 치적, 그리고 거란의 침략을 막아낸 고려 민중이 만들어낸 시대였다. 이는 고구려의 150년 전성기(400~551), 남북국의 100년 전성기(8세기 초~9세기 초)에 이은 우리 역사의 세 번째 전성기였다.

100년 전성기에 문종의 경정전시과 체제가 완성되고, 경제적 기반을 갖춘 문벌귀족이 성장하여 상품경제가 급속하게 발전했으며, 예성강의 벽란도가 국제항으로 발돋움하여 고려는 '코리아'라는 이름으로 서방에 널리 알려지게 되었다.

대각국사 의천은 천태종을 통해 교종과 선종을 통합하여 사회 안정을 꾀했으며, 청자 기술은 비색과 상감 기법을 창안하는 수준에 이르렀다. 11세기부터 12세기에 화려하게 꽃핀 고려의 100년 전성기 풍경이다.

중군사 서희의 외교 전략이 성공한 요인은 무엇일까?

Point 1 10세기 말 동아시아의 국제 정세를 살펴보자. 고려, 북송, 거란과 함께 주변의 당항족, 여진족 등의 변화도 알아보면서 거란이 전쟁을 일으킨 목적이 무엇인지 생각해보자.

Point 2 거란족의 침입에 대한 고려 조정의 주전파와 주화파의 주장과 각각의 전략과 전술을 비교해보자. 그리고 서희가 외교 전략을 선택하게 된 요인이 무엇인지 살핀다.

Point 3 서희의 외교 담판 기술과 능력을 알아보고, 양국의 이익이 합치되는 사안이 무엇이었는지도 살펴보자. 이를 통해 외교 협상으로 전쟁이 마무리될 수 있었던 이유를 찾아보자.

공부를 더 하고 싶다면

《서희, 협상을 말하다》(김기홍 지음, 새로운제안)
여요전쟁에 관해 다루는 기존 역사서와 달리, 외교의 의미, 내용, 심리적 기술의 측면에서 외교의 달인 서희의 진면목을 캐는 책. 그 속에서 오늘날 국제 사회에서 외교에 필요한 덕목과 교훈을 찾고자 노력한다.

《고려의 황도 개경》(한국역사연구회 지음, 창비)
고려의 멸망을 슬퍼하며 망국의 비애를 읊조린 원천석과 길재의 길을 따라 개경의 오늘을 밟아본다. 개경의 풍수, 관청과 사찰, 주거와 시장 등 개경에서 벌어지는 사람과 문화의 향연을 마치 천 년 전으로 돌아가 직접 보는 듯이 펼쳐 놓은 훌륭한 안내서다.

《거란제국사연구》(서병국 지음, 한국학술정보)
중국의 정복 왕조라는 관점에서 거란의 역사·정치·문화 등을 다룬다. 중국을 지배한 여러 북방 민족 가운데 처음으로 2원 통치 체제를 통해 성공적으로 북중국을 지배한 거란의 성공한 요인을 밝힌다.

3

고려의 문예 부흥과 경제 진흥

한 줄로 읽는 우리 역사

여요전쟁의 승리로 고려는 100년에 걸친 문예 부흥을 맞이했다. 문종 때 상감청자가 만들어지고 사학인 12공도가 성행했다. 중앙에 진출한 관료들은 학맥과 혼맥으로 문벌귀족을 형성했다. 이때 고구려 계승론의 서경파와 신라 계승론의 개경파가 대립했다.

고려와 거란의 전쟁은 끝났지만, 동아시아는 여전히 전쟁의 불길이 그치지 않았다. 북송 서쪽에 혜성처럼 등장한 서하는 북송과 네 차례 전쟁을 치렀고, 거란과도 세 차례 전쟁을 치렀다. 북중국의 패권을 놓고 다투었던 북송, 거란, 서하는 국력이 급속도로 약해졌다.

선암사 대웅전 | 남북국 시대에 도선이 창건하고 고려시대에 대각국사 의천이 크게 중건한 절로, 천태종의 본거지로서 번창했다.

고려는 문종 때부터 인종 때까지 100년(1046~1146)에 걸친 전성기를 누렸다. 이 평화시대는 상감청자● 출현, 대외 무역● 활성화, 불교 통합 운동을 특징으로 한다.

고려청자는 한 단계 발전하여 비취색 도자기에 무늬를 새겨 넣은 상감청자가 나타났다. 예성강의 대외 무역항인 벽란도는 북송, 서하, 회회(고창국), 거란, 왜, 아랍(이슬람), 동남아의 여러 상인들이 드나드는 국제항으로 기능했다. 그리고 대각국사 의천이 수입한 천태종●●은 선종, 화엄종, 법상종을 누르고 불교계를 통합하여 사회 안정에 기여했다.

여진족도 비교적 전란에 휩쓸리지 않고 부족의 통합과 발전을 이루었다. 발해 유민의 문화를 수용한 여진족은 발해국의 국정에 참여한 경험을 바탕으로 점차 동북아의 강자로 떠올랐다. 거란족에게 압박당하던 실위족, 해족, 철리족과 연합하고 거란, 몽골, 북송, 고려 등과 교역하면서 12세기 말에는 새로운 국가를 세우는 단계까지 이르렀다. 이에 따라 동북아 국제 정세는 거란(요)과 북송의 쇠퇴, 여진족 성장이라는 새로운 국면을 맞이했다.

● **청자 이름 붙이는 법**
청자의 이름은 시대-종류-기법-무늬(문양)-형태의 순서에 따라 정해진다. 예를 들어 아래 청자의 이름은 고려-청자-상감-운학문-매병이다.

● **고려의 대외 무역품**
청자, 종이, 금, 은, 인삼, 나전칠기, 부채, 화문석, 예성강의 벽란도, 고려라는 이름이 서방에 알려지는 계기
(검) 2-5, (검) 7-고, (검) 4-초, (검) 5-고, (검) 3-6, (검) 48-기본, (검) 52-기본

●● **의천의 천태종**
교관겸수, 왕실의 후원, 교종과 선종을 통합, 경전 편찬
(검) 1-3, (검) 7-초, (검) 5-3, (검) 48-심화

문종, 문예 부흥의 시대를 열다

문종(1046~1083)은 고려 11대 왕으로 고려의 100년 전성기를 열었다. 그는 유교적 관료 체제, 법과 제도에 의한 왕조국가를 만드는 데 노력한 왕으로 평가된다. 문종은 즉위하자마자 해동공자로 칭송받던 최충을 시켜 경정전시과, 연

재면역법, 고교법, 삼원신수법, 삼복제 등을 시행했다.

1069년에 제정한 양전보수법은 전답의 세율을 바르게 정해 백성의 부담을 공평하게 하고 세금 징수를 원활하게 했다. 그리고 민생에 관심을 기울여 농사의 피해에 따라 세율을 면제해주는 연재면역법을 제정했다. 또한 농사의 작황을 관에서 조사하여 피해 정도에 따라 세금을 조절하는 답험손실법도 마련했다. 그러나 답험손실법은 고려 말, 지방에 대한 통제가 느슨해지면서 지방 관리들이 농민들을 수탈하는데 이용하는 대표적인 악법으로 변질된다.

문종은 관료 중심의 유교 정치 체제를 수립하고자 경종이 처음으로 제정한 시정전시과와 목종의 개정전시과를 바탕으로 1076년 경정전시과(양반전시과)를 시행했다.●

경종의 시정전시과는 문무 현직, 전직 관료에게 모두 토지와 임야를 지급하는 제도였고, 목종의 개정전시과는 지급 대상에 군인들을 추가한 조치를 말한다. 문종의 경정전시과는 현직 관료에게만 지급하여 관료 조직의 경제적 안정을 보장했다. 또한 공신과 5품 이상 관료에게 전시를 주는 공

전시과 제도의 변화

역분전	시정전시과	개정전시과	경정전시과
태조(940)	경종(976)	목종(998)	문종(1075)
공신에게 지급 논공행상의 성격	품계, 인품에 근거 지급 문무 전현직 관료에게 지급	관직 고하에 따라 18과 구분 문무 양반 관료, 군인에게 지급	문무 현직 관료에게 지급 전시과 체제 완성
포인트	- 역분전은 태조 왕건이 호족을 회유하고 정국을 안정시키고자 시행한 토지 제도 - 전시과는 관료의 경제적 안정을 꾀하여 왕실의 친위 세력으로 포섭하려는 정책 - 무신 정변 이후 귀족들의 토지 토지 독점과 세습으로 전시과 체제 붕괴		
토지 개혁	- 농장 확대와 사원전의 증가로 분급할 토지의 절대 부족 - 고종의 급전도감(녹과전), 충선왕의 전민추쇄도감, 공민왕의 전민변정도감, 공양왕의 과전법		

음전시과를 두었는데 이는 문벌귀족●을 형성하는 물적 기반이 되었다.

죄수를 심문할 때 공정한 판단을 위해 형관 세 사람이 입회하는 삼원신수법을 제정했고, 사형수를 판결할 때 인명 존중과 실수 방지를 위해 세 번에 걸쳐 심판하는 삼복제●를 실시했다. 이때 1심은 지방관, 2심은 형부, 3심은 국왕이 직접 판결했다.

개경에 동대비원과 서대비원 등 의료기관을 설립하여 백성들을 무료로 치료했고, 향리의 자제가 아닌 사람도 개경에 인질로 둘 수 있는 선상기인법을 제정했다. 국방에도 힘을 기울여 예비군의 일종인 광군의 일부를 빼내 특수군인 기광군을 신설했다.

아울러 지방의 균형 발전을 추진하고, 개경의 문벌귀족을 견제하기 위해 오늘날 서울에 해당되는 양주를 남경(南京)으로 삼아 개경, 서경과 함께 3경 제도를 운영했다. 신라계의 지원으로 왕위에 오른 성종이 동경(금성)을 중시하여 개경, 서경과 함께 3경으로 삼았다면, 문종은 한강변의 교통 요지이자 물산이 풍부한 남경을 3경●●으로 삼은 것이다.

●고려 지배층의 성격
호족(고려 초, 지방 장악), 문벌 귀족(고려 전기, 과거와 음서제), 무신 세력(고려 중기, 중방이나 도방 등), 권문세족(고려 후기, 첨의부와 도평의 사사), 신진사대부(고려 말, 성리학과 토지 개혁)
(수) 2003

●3복제
3복제는 고려 문종(1046~1083) 시기에 실행된 형법의 하나로 사형수에 대해 3번의 심사를 거치는 3심제도를 말한다. 삼심제는 생명존중사상, 왕권의 강화, 법률집행의 공정성을 기본으로 하는 발달된 형벌제도이다.

●●고려 3경 제도의 목적
1) 중앙과 지방의 균형 발전
2) 중앙 권력의 비대화 견제
3) 북방 세력 침공에 대비

최충과 의천, 구재학당과 천태종

문종의 정치적 스승 최충은 관직에 있을 때부터 개인적으로 귀법사의 승방을 빌려 학교를 열고 유학 사상을 널리 알리는 데 힘썼다. 1053년 벼슬에서 물러난 최충은 송악산에 사숙을 열고 제자들을 양성했다. 최충의 시호를 따라 이 학교와 제자들을 문헌공도라고 했다. 또한 유학 사상을 9개 학과로 나누어 가르쳤기에 구재학당이라고도 불렀다.

문종의 유학 진흥 정책에 따라 과거에 뜻을 둔 젊은이들이 시설과 교육 수준이 떨어지는 국자감●보다는 권위 있는 학자들이 가르치는 사학으로 몰렸다. 당시 개경에 있는 사학으로 문헌공도를 포함한 정배걸의 홍문공도(웅천도), 노단의 광헌공도, 김상빈의 남산도, 김무체의 서원도, 은정의 문충공도, 김의진 양신공도, 황영의 정경공도, 유감의 충평공도, 문정의 정헌공도, 서석의 서시랑도, 설립자 미상인 귀산도 등의 십이도가 있었다.

십이도의 설립자는 대부분 과거 시험을 주관하던 지공거 출신으로, 학문 수준이 높고 출세를 보장받는다는 점에서 인기가 좋았다. 십이도는 조선시대의 서원처럼 유학을 공부하거나 과거를 준비하는 학생들을 위한 예비학교 성격을 지녔던 것이다.

문종 때에는 불교 사상도 크게 발전했다. 고려는 초기에 지역 호족의 지지를 받는 구산선문의 선종을 받아들여 후삼국을 통일했다.

하지만 통일 이후에는 혁명적 성격과 지역분권의 성격을 갖는 선종이 부담스러웠다. 이에 따라 광종은 화엄종 계통의 승려인 균여와 탄문을 끌어들여 왕권 중심의 불교이자 통일국가에 맞는 화엄종으로 사상 통일을 추진했다.

당시 고려는 거란과의 전쟁, 유학 사상을 주창하는 관료의 증가, 고구려계와 신라계의 대

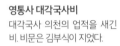

● 국자감(國子監)
국자감은 992년(성종 11)에 설립된 고려의 국립대학이자 중앙 최고의 교육기관으로 학과는 국자학(3품 이상의 자제 입학), 태학(5품 이상의 자제 입학), 사문학(7품 이상의 자제 입학) 등 3개 문과와 율, 서, 산, 의학과 같은 잡학(8품 이하 및 서민의 자제 입학)으로 구성되었다.

영통사 대각국사비
대각국사 의천의 업적을 새긴 비. 비문은 김부식이 지었다.

불교 통합 운동

구분	시기	주장 및 활동	후원 세력	계승관계
천태종 (의천)	고려 중기	1) 화엄종 중심으로 교종 통합(흥왕사 창건) 2) 교종을 중심으로 선종 통합(국청사 창건) 3) 교리 : 교관겸수(이론 연마와 실천 강조)	왕실	의천 사후 종파 분열
조계종 (지눌)	고려 후기	1) 신앙 결사 운동(수선사) : 독경, 선, 노동 강조 2) 선종 중심으로 교종 통합 3) 교리 : 정혜쌍수와 돈오점수	무신 정권	혜심으로 전승
포인트		1) 화엄 사상 : 화엄종으로 통합, 나말려초의 선종 사상을 고려 광종 때 화엄종으로 통일 2) 유불일체론 : 고려 후기 혜심(성리학 수용의 사상), 무학과 조선 중기 보우로 이어짐		

립 등으로 내부 분열이 심각한 수준에 이르렀지만, 화엄종은 통합의 역할을 제대로 하지 못했다. 법상종과 선종은 여전히 지역에 뿌리를 둔 문벌귀족의 이익을 대변했다. 문종이 즉위한 뒤 왕권이 안정되고 사회 불안이 해소되면서 고려 사회를 이끄는 불교의 통합이 필요하다는 공감대가 형성되었다. 이에 따라 부각된 불교 종파가 천태종이다.

문종의 넷째아들인 대각국사 의천은 11세 때 승려가 되었으며 영통사에서 난원에게 화엄학을 배웠다. 그리고 1085년에 북송으로 건너가 계성사의 유성법사에게 천태종의 교리를 공부하고 1086년에 귀국했다.

의천은 흥왕사에 머물며 교장도감을 설치하고 불경의 주석서를 모아 《속장경》을 간행했다. 그리고 수년에 걸쳐 원효의 화쟁 사상, 화엄의 연화장 사상, 천태학의 교판 사상을 정리하여 불교 통합을 추진했다.

의천은 불교 이론에 대한 정리가 어느 정도 이루어지자 천태종을 기본으로 선종의 교리를 융합하는 교관겸수(지관겸수)를 내세우고, 숙종 2년(1097)부터 국청사에서 천태종의 교리를 강론했다. 또한 승려를 위한 시험인 천태승선을 실시하여 많은 승려를 배출했다. 천태종은 이 시기에 선종과 법상종을 압도하며 크게 번성하여 고려의 중흥을 이루는 바탕이 되었다.

숙종과 예종, 중앙집권적 경제 정책

헌종(1094~1095) 시기였던 1095년 문벌귀족을 대표하는 이자의가 자신의 누이동생인 원신궁주와 선종 사이에서 태어난 한산후 왕윤을 옹립하려고 반란을 꾸몄다.

당시 계림공이던 왕희는 평장사 소윤보에게 진압을 요청하여 이자의 세력을 타도하고, 조카 헌종에게 선양 형식으로 왕위를 빼앗아 숙종(1095~1105)으로 즉위했다. 그는 신라 지증왕이나 조선 세조처럼 조카를 밀어내고 왕위에 올랐기 때문에 고려의 수양대군이라고 부르기도 한다.

숙종은 아우인 대각국사 의천에게 북송에서 추진했던 왕안석의 신법(新法)에 대해 전해 듣고 고려식 신법 개혁을 추진했다. 왕안석은 북송 신종에게 천거되어 1069년부터 1076년까지 내정 개혁과 부국강병, 왕권 강화를 목적으로 균수법, 청묘법, 모역법, 보갑법 등을 추진했다.

1096년, 숙종은 의천의 건의를 받아들여 문벌귀족의 경제 기반을 약화시키고 국가가 유통을 장악하고자 화폐● 은병을 유통시켰다. 그리고 이어서 해동통보, 삼한중보, 동국통보 등의 화폐를 만들어 사용했다.● 그렇지만 고려는 지방의 자립 경제를 기반으로 하는 경제 구조였기에 유통이 발달하지 못했고, 현물화폐가 주류를 이루었기 때문에 화폐

●**고려의 화폐**
고려는 지방중심의 자립경제를 중앙정부에서 관리하고자 여러 화폐를 발행하였는데, 대표적인 것으로 996년(성종 15)에 고려 최초의 화폐인 건원중보(철전)를 발행하였고, 998년(성종17)에 동국중보와 동국통보, 1097년(숙종3)에 삼한중보와 삼한통보 1101년(숙종7)에 은병, 1102년(숙종8)에 해동중보와 해 동통보를 발행하였다.

●**고려시대 화폐 발행**
성종(건원중보), 숙종(삼한통보, 해동통보, 해동중보, 활구), 공양왕(저화)
(검) 3-2, (검) 47-기본, (검) 49-심화, (검) 50-기본, (검) 51-심화, (검) 52-심화, (수) 2005, (수한) 2020

고려시대의 화폐
고려는 지역에 기반을 둔 문벌
귀족의 경제적인 힘을 약화시키
고, 국가가 유통과 시장을 지배
하고자 여러 화폐를 발행했다.

유통도 널리 시행되지 못했다. 숙종은 실천보다 글만 숭배
하는 방향으로 가던 고려를 바꾸는 데 심혈을 기울였다. 팔
관회와 연등회를 국가적인 차원으로 크게 열었고, 개경을
기반으로 하는 문벌귀족의 세력을 약화시키고자 남경으로
도읍을 옮기려 했다. 그러나 귀족들의 반대로 뜻을 이루지
못했다. 하지만 숙종은 거란(요)과 여진(금)의 세력 교체기에
고려를 중흥시킨 개혁군주였다.

숙종의 아들 예종(1105~1122)은 신법을 계승하여 고려를
개혁했다. 1109년 국자감에 칠재(七齋)라는 전문 강좌를 두
었는데, 그 가운데 무인들을 위한 강좌인 무학재를 신설했
다. 이는 거란, 여진 등 북방 민족과의 갈등이 격화되는 정세
에서 무인들을 우대하는 정책이었다. 1119년에는 학생들이
안정적으로 공부할 수 있도록 양현고라는 장학재단도 설립
했다.

예종은 국자감 진흥과 더불어 전통 풍습도 계승하려고
노력했다. 고구려와 신라를 부흥시킨 화랑 선풍을 되살리고
자 했으며, 서경 분사 제도를 두어 북방 경영에도 눈을 돌렸

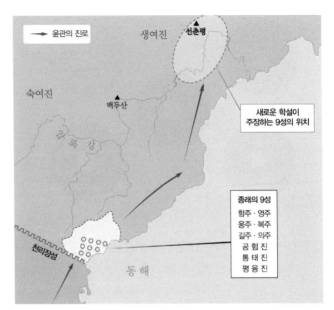

▶동북 9성의 위치
윤관이 개척한 동북 9성은 옛날의 동부여 땅이었고, 현재는 연변 조선족 자치주이다. 일제는 간도협약을 맺으면서, 동북 9성을 함경도로 묶고 간도를 청나라에 넘겼는데 이는 역사 왜곡이다.

다. 특히 숙종의 여진 정벌 정책을 이어 1107년 윤관에게 제2차 여진 정벌을 단행하도록 하여, 동북 9성을 쌓고 고구려 옛 땅을 되찾고자 하는 꿈을 실천했다.

윤관의 여진 정벌과 동북 9성

숙종 말년, 여진족이 부족을 통합하고 새로운 강자로 떠올랐다. 1104년 1월, 여진족 완안부 추장 오아속은 고려 국경을 자주 침략했다. 이에 맞서 고려는 판동북면 행영병마사 임간을 대장군으로 삼고 이위와 김덕진을 부장군으로 삼아 2월에 여진을 공격했다. 이것이 제1차 여진 정벌로, 전투는 정주성에서 벌어졌다. 그러나 보병을 위주로 하는 고려군은 기병 중심의 여진족에게 대패했다.

　고려는 추밀원사 윤관을 동북면 행영병마도통으로 삼아 반격에 나섰다. 윤관은 3월에 여진족을 공격했으나, 여진족이 이미 천리장성 북쪽으로 퇴각해 5월까지 큰 성과를 거두지 못했다. 6월에 여진족 추장 오아속이 고려에 강화를 요청하여 전쟁은 싱겁게 끝냈다.

　윤관은 고려군이 패배한 원인을 보병 위주의 군대 구성에서 찾았다. 여진족과 맞서기 위해서 새로운 군제가 필요하다고 판단한 윤관은 중앙정부에 건의하여 별무반°을 신설했다. 별무반은 여진족의 기병 부대에 맞서기 위해, 일부 특수병과를 제외하고 대부분 기병인 신기군, 보병인 신보군, 승병인 항마군을 주축으로 만든 특수 부대였다.

　1105년 숙종이 세상을 떠나고 예종이 즉위하자, 고려는 유자유, 오연총, 김기감, 임신행, 임언 등으로 여진 공격 부대를 재편성했다. 여진 정벌 분위기가 무르익은 1107년 10월, 고려는 윤관을 대원수로, 오연총을 부원수로 삼아 17만 병력을 이끌고 여진 정벌에 나섰다. 여진 정벌군은 12월에 정주성을 출발하여 갈라전의 여진 부족을 공격했다. 이를 제2차 정주성전투라고 부른다.

　윤관의 원정군은 동음성, 석성에서 여진족의 저항을 가볍게 제압하고 여진족 본거지인 두만강 이북을 향해 총공세를 펼쳤다. 이위동에서 여진족에게 타격을 입힌 고려는 두만강 북쪽의 공험진, 선춘령까지 진격했다. 고려는 1109년에 이르러 동북 9성을 구축하고, 3남 백성을 옮겨 살도록 했다.

●윤관의 여진 정벌
별무반(신기군, 신보군, 항마군) 신설, 17만 군대로 9성 개척, 문신과 개경파의 반환론, 무신과 서경파의 사수론, 여진족에 9성 반환
(검) 1-4 , (검) 1-6, (검) 4-고, (검) 3-6, (검) 50-기본, (검) 50-심화, (검) 51-심화, (검) 52-기본

윤관 장군 묘소
동북 9성을 개척한 윤관 장군의 묘소는 파주 광탄면에 소재한다.

금나라 건국과 동북 9성의 반환

여진족은 발해의 후손들이다. 발해가 멸망하고 거란이 요동을 지배하면서 거란에 예속된 여진족을 숙여진이라 하고, 백두산 이북에서 독립적인 생활을 한 여진족은 생여진이라고 한다.

여진족 가운데 완안부가 11세기 초에 두각을 나타냈다. 완안부의 시조는 김함보●(김행 또는 김준)인데, 《금사》와 《고려사》에 의하면 마의태자의 아들이다. 여진족은 자신들의 뿌리가 고려에서 비롯되었다고 여기고, 고려를 아버지의 나라로 받들었다.

완안부의 오고내는 1040년 여진족을 규합하여 오고내연맹을 수립했고, 그의 둘째아들 핵리발은 1074년 핵리발연맹을 이끌었다. 오고내의 넷째아들인 파랄숙은 형을 도와 여진족의 국상을 맡아 외교 전략을 짜고 주변의 들에 살던 여진족을 통합했다. 오고내의 다섯째아들인 영가는 1094년 영가연맹장이 되어 여진족의 부족장을 임명하는 제도를 만들고 건국의 기초를 세웠다.

핵리발의 첫째아들 오아속은 1103년 영가연맹장이 되어 여진족 통일에 나서 대부분을 흡수했다. 1104년에 고려의 국경을 넘보았지만, 1107년 윤관의 반격으로 많은 근거지를 빼앗기고 말았다. 이에 맞서 오아속은 1108년 1월부터 2만여 명의 보기병을 이끌고 영주성에서 무력시위를 벌였다. 2월에는 수만 명의 여진족 병력을 이끌고 웅주성을 포위했다.

고려군은 여러 번 전투에서 패배했고, 오아속은 배후의 거란이 언제 공격할지 모르는 불안한 상황에서 무력 시위

● **여진족 완안부와 김함보**
여진족 완안부가 주체가 되어 세운 금나라의 시조는 고려, 또는 신라에서 건너 간 김함보이다. 김함보는 전라도 부안 김씨인 김행으로 본래 신라 마의태자의 아들로 알려져 있다. 중국의 《금사》와 《대금국지》 등의 기록에 따르면 완안부 여진족은 신라, 또는 고려에서 왔으며, 주몽의 후예라고 하였다.

동북 9성을 둘러싼 포기론과 사수론

동북 9성 포기론	동북 9성 사수론
평장사 최홍사, 간의대부 김연(김인존)	예부낭중 박승중, 호부시랑 한상, 우간의대부 이재
9성 유지에 많은 경비가 소요된다. 여진족에게 돌려주고 평화 관계를 맺자. 국력의 내실을 추진하는 것이 유리하다.	막대한 인력이 희생되었다. 물적 자원이 많이 쓰였다. 여진족이 계속 도발 중이다.

와 외교 전략을 적절하게 구사하며 고려 정부에 9성 반환을 요구했다.

고려 정부는 동북 9성을 돌려주자는 문벌귀족 중심의 포기론(환부론)과 돌려줄 수 없다는 고구려계와 무신들의 사수론이 팽팽히 맞섰다. 그러나 문신들이 주축을 이룬 개경파는 서경을 기반으로 하는 고구려계의 성장과 무신들의 발언권이 커지는 걸 원치 않았다. 결국 동북 9성은 1109년 여진족에 반환되었다.

여진족은 동북 9성을 돌려받고 고려에 입조하여 충성을 다했으나, 내부적으로 독립을 추진했다. 1113년, 여진족의 오아속이 죽고 동생 아구타가 완안부를 계승했다.

아구타는 1115년에 금나라를 세우고, 1117년에는 고려에 사신을 보내 형제국 관계를 요구했다. 1125년에는 북중국의 거란(요)을 멸하고 고려에 군신 관계를 요구했다. 10년 전에 고려의 공세에 다급해하던 여진족이 이제는 황제국 위치에서 고려를 압박하는 역전극이 시작된 것이다. 고려 정부가 북방 정세를 너무 안이하게 여긴 결과였다.●

금나라는 이후 중앙정부에 고구려계 발해인과 여진인, 신라계 여진인을 참여시켜 연합국가의 성격을 지닌 북방계 국가로 발돋움하는 데 성공했다.

● 여진족의 성장과 발전
1) 여진 성장 : 거란의 내분으로 여진족이 주변과의 교역 등을 통해 성장
2) 여진 대책 : 거란의 압박으로 여진이 고려 경내 이주, 윤관 건의로 별무반 편성
3) 별무반 : 신기군(기병), 신보군(보병), 항마군(승병)
4) 여진 정벌 : 1007년 윤관의 여진 정벌, 윤관 9성 축조, 문신 개경파의 9성 환부
5) 여진 강성 : 1115년 금 건국, 1125년 요 멸망, 1127년 북송 멸망, 고려에 군신 요구

금나라를 건국한 금태조 아구타는 한국인인가?

여진족은 고구려와 발해의 주민이었다. 10세기에 거란이 요동을 지배하면서 예속된 여진을 숙여진이라 하고, 독립적인 생활을 한 백두산 이북의 여진을 생여진이라 한다. 생여진 가운데 완안부가 11세기 초에 두각을 나타냈다.

《금사》《대금국지》《고려사》와 부안 김씨 족보 등 여러 기록에 따르면 이들 완안부의 시조는 고려(신라)에서 건너온 김함보(김준 또는 김행)이며, 일설에 따르면 그는 신라 마의태자(김일)의 아들이라고 한다. 김함보의 7대손이 바로 금나라를 건국한 태조 아구타이다.

11세기부터 완안부는 오고내, 핵리발, 파랄숙, 영가, 오아속에 의해 발전을 이어갔고, 아구타에 이르러 여진족을 통합하고 1115년 금나라를 건국했다. 그의 아우 태종 오걸매는 여세를 몰아 1125년에 요나라를 멸하고, 1127년에는 북송을 멸해 북중국을 지배하는 강국이 되었다. 고려는 금나라의 위력에 굴복하여 사대의 예를 취하고 황제국으로 받들었다.

그렇다면 아구타가 세운 금나라는 한국사 영역에 속할까? 문제는 여진족을 어떻게 볼 것이냐에 달려 있다. 고조선과 고구려, 발해의 주민으로서 여진족을 본다면 한국사의 부분으로 보아도 무방하지만, 여진족이 북방의 독자적인 세력으로서 중국을 지배했다면 중국사의 일부로 볼 수 있을 것이다. 그리고 완안부의 주류가 한국인의 후예라는 사실에 방점을 둔다면 교민사의 영역에서 다룰 수도 있다.

고려 숙종이 의천의 건의에 따라 많은 종류의 화폐를 발행한 이유는 무엇일까?

Point 1 고대 경제에서 화폐가 갖는 의미를 살펴보고, 고조선부터 남북국 시대까지 어떤 종류의 화폐들이 사용되었는지 연표를 만들어보자.

Point 2 숙종 때를 전후하여 고려에서 발행한 화폐의 종류를 알아보고, 숙종 때에 특별히 많은 종류의 화폐를 발행하게 된 역사적 요인을 살펴보자.

Point 3 의천이 건의한 경제 개혁의 목적을 살펴보고, 이를 통해 화폐 발행을 추진한 이유를 알아내자. 그리고 화폐 발행의 성패가 어떠했는지도 살펴보자.

공부를 더 하고 싶다면

《고려시대 사람들은 어떻게 살았을까》(한국역사연구회 엮음, 청년사)

고려는 고구려보다도 알려진 것이 적은 미지의 나라다. 《고려사》와 여러 문헌을 뒤져 농사, 풍수, 의료, 호적, 불교, 무당, 여성 등 다양한 주제와 시각으로 고려의 속살을 찾아내서 우리 앞에 보여준다.

《의천 대각국사》(차차석 지음, 밀알)

문종의 아들로 태어난 의천은 왕족의 신분을 던지고 깨달음의 세계로 들어섰다. 전체적으로 천태종을 세우고 고려불교를 통합하고자 노력했던 의천의 일대기를 따라가다 보면, 넓고 깊은 화엄경의 세계와 불교 사상을 조금씩 이해해가는 자신을 발견할 수 있다.

《송도인물지》(김택영 지음, 현대실학사)

개성 출신의 한학자이며 한문학사(漢文學史)에 커다란 발자취를 남긴 소호당주인 김택영 (1850-1927)이 쓴 개성(송도)의 고려 인물, 조선 인물 등을 엮은 단행본으로 지역 인물사의 표본으로 꼽힌다.

4

문벌귀족과 묘청의 서경 천도 운동

한 줄로 읽는 우리 역사

묘청을 대표로 하는 서경파는 서경 천도, 칭제 건원, 금국 정벌을 주장하며 반란을 일으켰으나 개경파인 김부식에 의해 진압당했다. 이때《삼국사기》가 편찬되어 고려는 신라를 계승했다는 논리가 일반화되었다.

고려 중기에 이르러 전시과 제도 시행, 국가수취 제도 안정, 무역 성장, 경제 발전, 과거제도와 유학 사상 활성화는 새로운 지배 계층이 등장하는 계기가 되었다. 거란과의 전쟁이 끝나고 고려 사회의 정치·경제적 안정은 100년 전성기를 가져왔다.

이때 고려 사회는 문벌귀족이 등장하여 격렬하게 권력 투쟁을 벌였다. 문벌귀족은 출신 지역과 성향에 따라 유교와 불교, 개경파와 서경파, 문신과 무신, 신라계와 고구려계, 기존 세력과 신진 세력 등 다양한 형태로 얽혀 있었다.

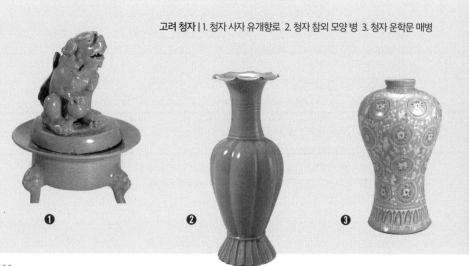

고려 청자 | 1. 청자 사자 유개향로 2. 청자 참외 모양 병 3. 청자 운학문 매병

❶ ❷ ❸

1095년에 이자의가 일으킨 반란, 1126년의 이자겸의
난, 1135년 묘청의 서경 천도 운동, 1170년의 무신 정변은
모두 문벌귀족 사이에서 벌어진 노선 투쟁이자 권력 투쟁
이었다.

고려 전기, 문벌귀족의 사회

문벌귀족●에는 고려 초기의 호족 집단이 과거를 통해 중
앙관료로 성장한 계통과 신라 6두품 출신으로 유교적 소양
이 깊은 유학자 계통이 있었다.

이들은 정치적으로 과거와 음서제를 통해 고위 관직을
독점하고, 전시과 체제를 통해 관료전을 받는 것은 물론 세
습이 가능한 공음전도 가지고 있었기 때문에 경제적으로
안정되었다. 그리고 사회적으로 문벌끼리나 왕실과 혼인을

● **고려의 문벌귀족**
과거를 거친 관료층, 공음전
의 세습, 가문 간의 통혼, 학
문을 통한 사제 관계, 후기에
좌주문생 제도로 관직 생활
유리
(검) 2-2, (검) 2-3, (검) 6-고,
(검) 4-3, (수) 1998

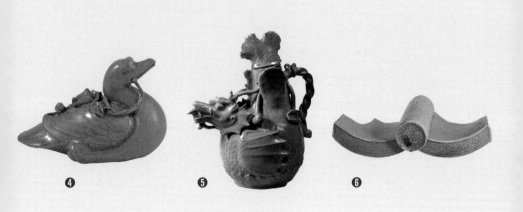

4. 청자 오리형 연적 5. 청자 어룡형 주전자 6. 청자 당초문 기와

❹　　　　❺　　　　❻

문벌귀족과 권문세족 비교

구분	문벌귀족	권문세족
대표 인물	이자겸	기철
대두 배경	지방 호족, 귀족간 통혼, 왕실과 결혼	원의 간섭 심화, 부원파, 무신 세력
관직 진출	과거, 음서	음서가 주요한 진출 방법
세력 유지	가문의 권위와 학문적 사제 관계, 귀족의 특권을 이용한 세력 유지	경제적 부와 현실적 정치 기구를 통한 권력 장악
경제 기반	공음전, 과전, 농장	광대한 농장 소유
몰락 요인	무신 정변	신진사대부

●귀족사회와 문벌귀족

고려는 고구려계 무신들과 지방의 여러 호족들이 연합으로 세운 나라이다. 초기에는 이들 호족들이 귀족사회를 이루었는데 광종의 과거제도 시행과 신라계 문신들의 성장으로 중기에 이르면 혼맥과 학맥으로 연결된 문벌이 형성되었다. 조선 중기는 문벌귀족의 시대라 하겠다.

하여 중앙 권력을 장악하고 서서히 문벌귀족층을 형성했다.

문벌귀족●은 경종과 성종 시기에 싹 터서 문종 시기에 형성되었다. 해주 최씨의 최충, 경주 김씨의 김부식, 경원 이씨의 이자겸, 언양 김씨의 김취려, 파평 윤씨의 윤관은 고려 전기에 이름을 드날리던 문벌귀족이었다. 특히 문벌귀족 가운데 이자겸과 경원(인주) 이씨는 문종 때부터 인종 때까지 100여 년에 걸쳐 번성했다.

경원 이씨를 문벌귀족의 반열에 올린 인물은 이자겸의 할아버지 이자연이다. 이자연은 세 딸과 세 손녀, 조카손녀 한 명을 왕비로 만들면서 가장 강력한 문벌귀족이자 왕실 외척이 되었다.

이자연의 권세는 손자 이자겸에게 이어졌다. 이자겸의 둘째딸 문경 왕후는 예종의 왕비가 되어 인종을 낳았으며, 셋째딸 연덕 궁주와 넷째딸 경비는 인종의 부인이 되었다. 인종은 결국 이모와 혼인한 것이다.

문벌귀족 이자겸의 난

이자겸은 외손자이자 사위 인종(1122~1146)을 고려 17대 왕으로 추대했을 뿐만 아니라 자신의 두 딸을 부인으로 삼게 했다. 그리고 권력에 도전한 문하시랑 한안인과 추밀사 문공미를 역모죄로 엮어 제거했다.

권력의 정점에 오른 이자겸은 궁궐에서 검을 차고 왕을 만날 수 있었으며, 왕 앞에서 무릎을 꿇지 않고 연회나 회의가 있을 때 왕의 옆자리에 앉는 특혜를 누렸다. 또 송나라에 사신을 보내 지군국사라는 관직을 요청하기도 했다.

이자겸은 무력 기반을 지닌 척준경과 사돈을 맺고 승려 의장을 불교계의 수장으로 삼아 어느덧 자신이 왕위에 오를 야심마저 갖게 되었다.

인종은 이자겸의 횡포가 지나치게 심하여 언젠가 제거 할 결심을 굳혔는데, 내시 김찬과 안보린이 이를 알아차리고 동지추밀원사 지녹연, 상장군 최탁과 오탁, 대장군 권수, 고석과 함께 이자겸 척결을 협의했다. 이때 이자겸의 혈족인 평장사 이수와 처남인 전평장사 김인존도 동의를 했다.

1126년 2월, 최탁 등이 군사를 이끌고 궁궐로 들어가 이자겸 세력인 척준경의 동생 병부상서 척준신, 척준경의 아들 내시 척순, 지후 김정분, 녹사 전기상 등을 처형했다. 소식을 접한 이자겸과 척준경이 군사 수십 명을 이끌고 궁궐을 포위했고, 승려 의장은 현화사의 승려 300명을 이끌고 합세했다.

현화사 7층탑 | 개성시 장풍의 현화사에 있던 석탑으로 현재 개성박물관으로 옮겼다. 고려시대의 대표적 석탑의 하나이다.

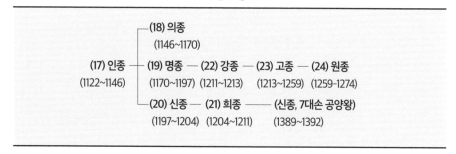

반격에 성공한 이자겸은 주모자인 최탁과 오탁 등을 죽이고 김찬, 지녹연을 유배 보냈으며 인종은 자신의 집인 중흥택에 감금했다.

인종은 이자겸이 자신을 죽일까 염려하여 양위할 뜻을 밝혔지만, 이자겸은 전국적인 반란이 일어날까 걱정하여 감히 받지 못했다. 이자겸은 그 뒤 이씨가 왕이 된다는 도참설을 믿고 두 차례에 걸쳐 인종을 독살하려다 실패했다. 이처럼 이자겸의 권세가 하늘을 찌를 때, 반란을 이끈 척준경이 이자겸의 독단적 행동을 질투하면서 두 사람 사이가 벌어졌다.

내의군기소감 최사전이 이를 눈치채고 인종에게 알렸다. 1126년 5월 인종은 김부일을 보내 거사를 종용하는 밀서를 척준경에게 보냈다. 이에 따라 척준경과 병부상서 김향이 군사를 일으켜 이자겸 일당을 모두 제거했다.

이자겸은 영광으로 유배되어 그곳에서 병으로 죽었다. 인종은 이때부터 문벌귀족을 견제하고자 서경과 지방 출신의 신진 관료를 등용했다. 이듬해 3월 서경 출신 좌정언 정지상이 척준경을 탄핵하여 암타도에 유배시켰다. 이로써 이자겸의 난은 비로소 완전히 평정되었다.

개경파와 서경파의 대결

이자겸의 난이 진압된 개경에는 김부식의 경주 김씨, 이수의 경원 이씨, 임원후의 정안 임씨 등 새로운 문벌귀족이 부상했다. 인종은 기존 문벌귀족과 개경파를 견제하기 위해 서경을 중심으로 성장한 신흥 관료들을 등용했다.

이때 인종의 신임을 얻은 서경 출신의 정지상●과 백수한은 학문적 스승인 묘청을 인종에게 소개하고 인종의 측근인 김안, 문공인의 지지를 얻어냈다.

그 무렵 북방에서는 여진족이 세운 금나라가 1125년에 거란(요)을 멸하고, 1127년에는 북송마저 정복했다. 북송 황제인 휘종과 흠종은 오국성(국내성)에 끌려가 굶어죽는 치욕을 당했다. 이때 금나라에서는 고려에 군신 관계를 강요했다. 당시 권력을 장악하고 있던 이자겸은 금나라가 침입할 경우 서경파와 무신이 득세할 것으로 여겨 금나라에 사대의 예를 취했다.

이자겸이 제거되고 개경파●●의 우두머리 자리를 차지한 김부식도 경주 출신의 신라계답게, 고려는 신라를 계승한 나라로 굳이 북방 영토를 놓고 다툴 필요가 없다며 금나라의 군신 관계 요구를 수용했다.

그러나 지난날 거란의 침략으로 막대한 피해를 입은 강동6주와 서경의 고구려계는 이에 반발했다. 군신 요구를 받아들일 경우 금나라가 고려를 업신여기게 될 뿐 아니라, 나중에는 개경파가 대동강 이북까지 금나라에 줄 수도 있다고 염려했기 때문이다. 이에 묘청은 인종에게 개경의 지덕이 쇠하니 고구려 도읍지였던 서경(평양)으로 천도하면 36국

●정지상이 지은 한시
〈송인(送人)〉

雨歇長堤草色多
(우헐장제초색다)
送君南浦動悲歌
(송군남포동비가)
大同江水何時盡
(대동강수하시진)
別淚年年添綠波
(별루년년첨록파)

비 개인 긴 둑에 풀빛 진한데
남포에서 임 보내니 노래 구슬프라
대동강 물 어느 때에 마르겠는가
이별의 눈물 해마다 푸른 물결에 더해지는데

※ 이 시의 제목은 〈임을 보내며〉 또는 〈대동강변〉으로도 알려져 있다.

●●개경파(開京派)
고려의 개경파는 신라계 문신이 중심이며 그 성격은 대체로 보수적 관리들, 유교사상, 신라 계승 이념을 지녔으며, 사회질서 확립과 금나라에 대한 사대 관계 등을 주장하였다. 대표자로 이자겸과 김부식을 들 수 있다.

이 조공하며 국가의 명운이 왕성해질 것이라 건의했다.

　요동에서 발해 유민들이 여러 차례에 걸쳐 복국 운동●을 일으켰던 사실을 생각해보면 묘청의 주장이 무리만은 아니었다. 1115년 2월에 고욕이 요주에서 봉기하여 고욕국을 세웠으며, 1116년 1월에는 고영창이 동경성에서 대발해국을 세웠다. 모두 일 년도 지나지 않아 실패했지만, 만일 고려와 연계한다면 폭발력을 지닐 수도 있었다. 발해 유민들이 많이 살고 있던 서경이나 강동6주 주민들은 상인이나 승려를 통해 이런 사정을 듣고, 묘청의 주장에 적극 찬동했다.

　인종은 이자겸의 난으로 개경의 궁궐이 불타고 민심도 흉흉하며 금나라의 동향도 불안하던 차에 묘청이 천도를 건의하니 마음이 움직였다. 인종이 흔들리자 개경파는 태조 이래 끈질기게 제기된 서경 천도 움직임에 촉각을 곤두세우고 이를 막고자 했다. 그들은 고려가 신라의 계승국이라는 논리를 제기하며, 유교의 정치 질서인 조공책봉 제도에 따라 금나라에 사대를 해야 한다고 주장했다. 결국 서경 천도

●발해의 복국 운동
970년경부터 1116년까지 150여 년 동안 정안국, 오사국, 연파국, 흥료국, 고욕국, 대발해국으로 이어진 발해 유민들의 투쟁.

개경파와 서경파의 차이

	개경파	서경파
기원	신라계	고구려계
성향	보수적 유교 사상, 신라 계승	풍수지리, 자주적 전통 사상, 고구려 계승
사상	보수적 유학 관리들(김부식)	불교, 전통 신앙, 풍수지리설
성장	중앙 문벌귀족 세력	지방 출신 개혁적 신진 세력
사상	사대주의 유교 질서	북진 정책, 옛 땅 수복
정통성	신라 계승	고구려 계승
주장	사회질서 확립, 금에 사대 관계 주장	서경 천도, 칭제 건원, 금국 정벌
인물	김부식, 김인존	묘청, 정지상

를 놓고 신라계 개경파와 고구려계 서경파●가 한치의 양보
도 없는 치열한 권력 투쟁에 돌입했다.

● 서경파(西京派)
고려의 서경파는 서경을 중심으
로 지방 출신의 개혁적 관리들
이 주축이며, 풍수지리와 자주
적 전통사상, 고구려 계승의식을
지녔으며, 서경 천도, 칭제건원,
금 국정벌을 주장하였다. 대표
적 인물로 묘청, 정지상, 백수한
등이 있다.

묘청의 서경 천도 운동●

서경 천도 운동을 주도한 묘청은《고려사》〈열전〉에 간신
으로 나와 있다. 묘청은 도교, 불교, 전통 종교의 영향이 함
께 드러나는 이름이다. 묘는 현묘지도를, 청은 도교의 3청
을 의미한다.

이런 점에서 묘청은 승려라기보다 유불선 3교 사상에 능
통한 혁명가로 볼 수 있다.

1127년, 묘청은 백수한이 검교소감으로 서경에 부임했을

● 묘청의 서경 천도 운동의
특징
풍수 사상, 개혁적 신진 관료,
지방의 서경파 주도, 금국 정
벌·칭제 건원·서경 천도 주
장, 신채호는 자주적 운동으
로 평가, 서경파 정지상의 〈송
인(대동강변)〉 시가 유명
(검) 2-2, (검) 2-3, (검) 7-3,
(검) 4-4, (검) 3-1, (검) 47-심
화, (검) 48-심화, (검) 49-기
본, (수) 2005, (수) 2007, (수)
2010

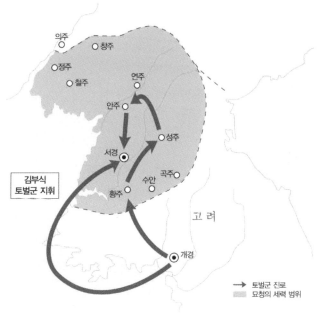

◀ 묘청의 서경 천도 운동
민족사학자 신채호는 묘청의 봉
기를 자주파(서경파)와 사대파
(개경파)의 싸움으로 보았는데,
김부식이 이끈 사대파가 승리하
여 이후 우리 역사에는 사대주
의 병폐가 자리 잡게 되었다.

때 그의 스승이 되었다. 묘청은 백수한을 앞세워 도참사상과 풍수지리를 이용하여 개경의 지덕이 쇠퇴하여 고려에 액운이 자주 일어난다며, 만일 기운이 왕성한 서경으로 천도한다면 주변국을 아우르는 제국이 될 것이라고 선동했다.

인종은 묘청●의 제안을 받아들여 서경으로 천도하고자 15조항의 유신정교(維新政敎)를 선포하고, 1128년 11월부터 임원역에 대화궁을 짓도록 했다. 1129년 궁궐이 완성되자, 묘청은 칭제 건원(황제를 칭하고 독자적인 연호를 쓰는 것)과 금나라 정벌을 건의했다. 서경을 기반으로 하는 신진 관료들은 고구려의 역사성을 지닌 서경으로 도읍을 옮기고, 자주국가의 상징인 칭제 건원과 금나라 정벌을 통해 국가의 위신과 왕실의 존엄을 세우고자 했다. 이에 개경파인 평장사 김부식, 참지정사 임원기, 승지 이지저 등이 반대했다.

묘청은 줄기차게 서경 천도, 칭제 건원, 금나라 정벌을 주장했고, 인종은 여전히 개경파와 서경파 사이에서 줄타기를 했다. 이런 가운데 1131년 임원궁에 호국백두악, 평양선인 등 여덟 성인에게 제사를 지내는 팔성당이 세워졌다.

그러나 순조롭게 진행되던 서경 천도는 개경파의 끈질긴 반대와 이에 설득당한 인종이 결심을 하지 못하고 미루던 중, 1134년 대화궁에 벼락이 떨어져 궁궐이 불타면서 물거품이 되었다.

인종이 결국 천도하지 않겠다고 결정을 내리자 묘청은 1135년 1월 4일에 분사시랑 조광, 병부상서 유감, 측근인 조창언, 안중영과 함께 서경에서 봉기했다.

묘청은 국호를 대위, 연호를 천개, 군사들은 하늘에서 보낸 충성스럽고 의로운 군대라는 의미로 천견충의군이라 불

●**묘청의 서경 천도운동**
민족사학자이며 항일독립운동가인 단재 신채호는 우리 역사의 주요한 정신세계와 흐름을 자주와 사대로 보고, 〈조선역사상 1천년래 제1대사건〉이라는 논문에서 묘청의 서경 천도 운동을 자주파(서경파)와 사대파(개경파)의 대결로 보았다. 그리고 사대파인 김부식이 승리한 이후 우리 역사는 사대주의 병폐가 자리 잡는 계기가 되었다며 묘청의 서경 천도 운동은 근대로부터 거슬러 올라가 1천 년 역사에서 가장 중요한 사건이라고 평가하였다.

렀다. 이들의 거사를 반란으로 보기는 힘든데, 이는 새 왕을 내세우지 않고 인종을 서경에 모시고자 했기 때문이다.

김부식은 개경에 있던 서경파의 핵심 인물인 정지상, 백수한, 김안을 임의로 처형하고 1월 10일 토벌군을 일으켰다. 중군장 김부식, 좌군 김부의, 우군 이주연으로 이루어진 토벌군은 김부의가 작성한 '평서 10책'에 따라 속전속결을 피하고 지구전과 회유책을 병행했다. 이때 서경 봉기의 주모자인 조광은 토벌군의 기세에 눌려 묘청과 유감의 목을 베고 윤첨을 시켜 김부식에게 투항할 뜻을 전했다.

그런데 고려 조정이 윤첨을 옥에 가두고 주모자를 모두 처하려는 강경책으로 나서자, 조광은 결사 항전에 나섰다. 토벌군의 지구전에 말려든 서경 봉기군은 고립과 식량 부족으로 사기가 땅에 떨어졌다. 이듬해 2월 19일 토벌군이 총공세를 가하여 조광은 전사하고, 서경 봉기는 일 년여 만에 막을 내렸다.

개경파 김부식은 고려가 신라를 계승한 국가라는 신라 정통론을 역사적으로 확정하기 위해, 1145년 인종의 명을 받아 《삼국사기》*를 썼다. 《삼국사기》는 〈신라본기〉를 〈고구려본기〉와 〈백제본기〉 앞에 두고 궁예와 견훤을 모두 신라 왕실과 관련 있는 사람으로 만들었다. 이것은 후고구려, 후백제, 고려가 모두 신라 역사를 계승한 국가라고 말하기 위해서였다. 이후 고려에서는 고구려 계승 국가라는 이념이 점차 퇴색하고 신라 정통론이 뿌리내리기 시작했다.

● **김부식의 《삼국사기》**
신라 계승론(〈신라본기〉 앞에 수록), 유교적 합리주의 (단군신화 배제), 사대주의 (삼국 연호 사용 비판), 기전체 사서
(검) 3-3, (수) 2008, (수국) 2012.

신채호가 보는 묘청의 서경 천도 운동

묘청은 서경 출신 승려로 도참사상과 풍수에 능했다. 제자 백수한의 천거로 인종의 사부가 되었으며, 고구려 계승론을 주장하는 서경파의 수장으로 정지상 등과 함께 서경 천도, 칭제 건원, 금국 정벌을 주장했다. 신라 계승론을 따르는 개경파의 반대에 부딪히자 서경에서 봉기를 일으켰으나 실패하고 살해되었다. 이후 《고려사》〈열전〉에서는 묘청이 간신으로 평가되고 서경 천도 운동은 반란으로 묘사되었다.

묘청을 재평가한 사람은 독립운동가이자 민족사학자인 단재 신채호였다. 그는 〈조선 역사상 일천년래 제일대사건〉이란 글에서 난신으로 매도당한 묘청의 서경 천도 운동을 한국사에서 아주 중요한 계기로 인식했다.

신채호는 묘청의 서경 천도 운동을 신라 계승론과 고구려 계승론, 유교 사상과 전통 사상, 사대와 자주의 관점을 놓고 문벌귀족 개경파와 신진세력 서경파가 고려의 운명을 놓고 벌인 권력 투쟁으로 보았다.

신채호는 사대주의 유교 질서를 추구하는 개경파가 서경파를 누르고 승리하면서, 고려는 자주적 기풍과 전통 사상이 무너지고 패배주의와 굴종적인 사대주의가 만연하게 되었으며, 이런 사대적 전통이 조선으로 이어져 결국 일본에게 나라가 망하는 결과를 만들었다고 했다.

신채호는 조선의 멸망도 결국 고려의 개경파에서 연원하는 유교적 사대주의 때문으로 여기고, 묘청의 서경 천도 운동을 우리 역사 천 년의 기간 동안에서 가장 중요한 사건이라고 평가한 것이다.

고려는 중기에 이르러 문벌귀족이 지배하는 사회가 되었다.
문벌귀족은 어떻게 권력을 장악하고 유지했을까?

Point 1 고려시대 지배권력의 변천 과정을 살펴보고, 각 시대에 지배권력이
성장하게 된 정치·군사·경제적 배경과 요인을 알아보자.

Point 2 고려 중기에 문벌귀족이 형성될 수 있었던 사회적 조건이 무엇이고,
문벌귀족의 권력이 유지될 수 있게 한 요소들을 찾아보자.

Point 3 문벌귀족이 고려의 정치·문화·사회에 끼친 영향을 알아보자. 긍정
적인 영향과 부정적인 영향을 구분하고, 이것이 고려 후기의 지배권
력에 어떻게 이어졌는지 살펴보자.

공부를 더 하고 싶다면

《윤관》(이동렬 지음, 파랑새어린이)
여진족을 정벌하고 동북 9성을 쌓은 윤관 이야기는 우리의 시각을 만주 평원의 고구려 땅으
로 인도한다. 고구려의 후예로 세상에 태어나 고구려 옛 땅 수복의 대망을 이룬 윤관의 삶에
서 무력감과 패배감을 떨치는 기개를 배울 수 있다.

《서경의 아침 묘청》(역사인물편찬위원회 지음, 역사디딤돌)
민족사학자 신채호의 평가처럼 묘청 사건은 우리 역사의 향방에 중요한 계기였다. 고려가 신
라를 계승한 나라라고 주장하는 개경파에 맞서 고구려 전통을 주장한 서경파의 우두머리 묘
청이 어떤 사람이었는지, 그의 발자취를 이야기 형식으로 풀어냈다.

《파랑새가 춤춘다 김부식》(역사인물편찬위원회 지음, 역사디딤돌)
고려 문벌귀족을 대표하는 김부식은 고려의 신라 계승론을 주장하는 개경파의 중심으로, 묘
청의 난을 진압하고 《삼국사기》를 저술했다. 오늘날 사대적이라 비판받는 김부식의 일대기
와 역사서 《삼국사기》의 저술 과정을 담고 있다.

고려와 몽골의 투쟁

고려 후기에는 북방에 거란과 여진의 뒤를 이어 몽골족이 등장했다. 고려는 무신 정변, 농민과 천민들의 반란 등으로 100년 전성기를 지나 약세기로 접어들었다. 북중국을 지배하던 여진족의 금나라도 쇠퇴했다. 몽골족은 금나라, 남송, 서하, 대리국, 티베트, 미얀마 등을 정복하고 세계 제국을 이루었다. 고려는 몽골에 예속되어 100여 년간 부마국으로 명맥을 유지했다. 여말선초에 이르러 공민왕은 반원 자주 운동을 일으켜 몽골의 예속에서 벗어났다. 그러나 고려 말 정치권력을 장악한 권문세족은 공민왕의 개혁을 좌절시키고 농민들의 희망을 짓밟았다. 이때 대안으로 등장한 집단이 성리학을 바탕으로 개혁 정치를 부르짖은 중소 지주 계층의 사대부들이었다. 우왕은 최영과 더불어 신흥 국가인 명나라의 압력에 대항하여 요동 정벌을 시도했다. 이때 신진사대부들은 신흥 군벌인 이성계를 앞세워 위화도회군을 일으키고, 유교를 이념으로 하는 성리학의 나라, 사대부의 나라인 조선을 건국했다.

역사를 보는 눈

신진사대부가 선택한 길, 개혁과 사대의 이중성

고려는 후기에 이르러 신라계승론이 대세를 형성했고,
고구려의 옛 땅에서 일어난 거란, 여진, 몽골이 오히려 동아시아의
역사를 주도했다. 원명 교체기의 격변기에 신진사대부들은 주자성리학을
바탕으로 유교국가를 건설했다. 미시적 차원에서는 개혁과 변화를
동반한 역사의 발전이지만, 거시적 관점에서는 대륙사의 상실과
사대적 노예 의식의 고착화였다.

| 13~14세기경 세계 |

　몽골이 세계사를 주도한 시기이다. 1206년 몽골제국을 세운 칭기즈칸은
세계 정복의 깃발을 들었으며, 그의 손자 쿠빌라이는 동아시아, 유럽, 아랍에
걸친 세계제국을 세우고 200여 년간 팍스 몽골리카시대를 열었다. 고려는 몽
골의 부마국으로 명맥을 유지했다. 동남아시아는 몽골의 침략에 맞서 민족의
식이 강화되면서 민족국가의 기초가 형성되었고, 일본은 몽골 침략을 막아냈
지만 300여 년간 세계와 고립되었다.

　북유럽에선 바이킹족으로 불리는 노르만족이 등장했고, 서유럽의 기독교
세력과 오리엔트의 이슬람 세력은 200여 년에 걸쳐 십자군전쟁을 벌였다.
이를 계기로 동로마제국과 셀주크투르크는 전쟁의 후유증으로 멸망의 길에
들어섰으며, 북이탈리아의 도시 국가와 오스만투르크가 성장하는 발판이 되
었다.

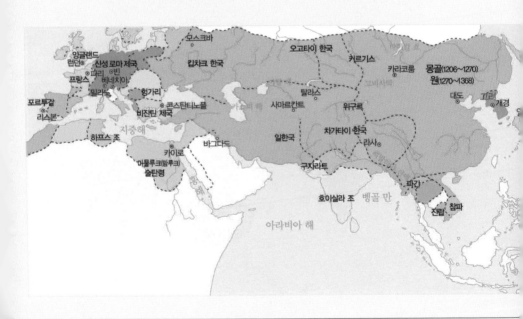

우리나라 ▼	주요 연표	▼ 세계
무신 정변	1170년	
지눌, 정혜결사 조직	1188년	
	1192년	미나모토 요리토모, 가마쿠라 막부 세움
최충헌, 4대 62년 최씨 정권 수립	1196년	
만적의 난	1198년	
	1206년	인도에 술탄왕조 건립
	1206년	테무친, 몽골제국 건립, 칭기즈 칸 추대
	1215년	영국왕 존, 마그나카르타(대헌장) 서명
	1226년	베트남, 몽골군 물리치고 쩐(진) 왕조 건국
30년 여몽전쟁 발발	1231년	
	1238년	타이족 나라 수코타이왕조 건국
	1250년	이집트에 맘루크왕조 건국
	1258년	몽골제국, 바그다드를 점령하고 일한국 건국
고려와 몽골의 강화조약	1259년	
100년 무신 정권 무너짐	1270년	
삼별초의 항쟁	1270년	
여몽 연합군의 제1차 일본 원정	1274년	
	1279년	몽골대칸 쿠빌라이의 남송 정복과 동아시아 천하 통일
	1299년	오스만 1세의 오스만투르크제국 건국
	1338년	프랑스와 영국의 백년전쟁 발발
	1347년	흑사병의 대유행에 따른 유럽 봉건제 붕괴
공민왕의 영토 회복과 대몽 항쟁 시작	1351년	
	1351년	한산동, 백련교도의 난 일으킴
신돈의 개혁 징책 시행	1364년	
	1368년	주원장의 명나라 건국
이성계의 위화도회군	1388년	
조선 건국, 이성계 태조 즉위	1392년	

테무친

마그나카르타

의 항전지 용장산성

인사 팔만대장경

명나라의 토용군

태조 이성계의 옥새

1

무신 정변과 농민 항쟁의 시대

한 줄로 읽는 우리 역사

문벌귀족의 권력 독점에 저항하는 무신들의 정변이 일어나 100년에 걸친 무신 정권이 탄생했다. 지눌은 선종을 개혁하여 정혜쌍수·돈오점수를 바탕으로 선교 일치를 내세우는 조계종을 세웠고, 요세는 천태종을 바탕으로 백련결사를 일으켰다. 일연은 국난의 위기에서 《삼국유사》를 저술했다.

고려는 초기에 문관과 무관의 차별이 없었다. 하지만 경종과 성종 시기에 유교 중심의 관료 체제가 이루어지면서 무관들이 차별받기 시작했다. 무관이 오를 수 있는 가장 높은 직위는 정3품 상장군이었으며, 전쟁이 나면 문관이 지휘권을 가졌다. 거란의 침입을 격퇴한 서희, 강감찬, 여진족을 정벌한 윤관이 모두 문신이었다.

문신들은 신분을 가지고 무신들을 멸시했다. 고려 초기에는 거란족, 여진족과 전쟁을 치르면서 신분이 낮은 사람들이 군대에서 공훈을 세워 장군이 되기도 했다. 또 문벌귀족의 사병으로 시작하여 군대에서 승진을 거듭한 장군도 있었다. 이런 출신 성분은 문벌귀족을 형성한 문신들이 무신을 멸시하는 이유가 되었다.●

경천사 10층 석탑
고려 말에 세워진 대리석 석탑으로, 원래 경기도 개풍 경천사지에 있던 것이 구한말 일본으로 밀반출되었다가 반환되었다. 탑신부와 기단에 불상이나 보살상이 부조로 빈틈 없이 새겨져 있고, 목조 건물의 구조를 모방하여 조각해놓은 아름다운 탑이다. (국립중앙박물관)

또한 묘청의 서경 천도 운동이 실패로 끝난 뒤, 개경을 중심으로 한 신라계 문신들은 고구려계를 중앙 정치에서 축출하고 무신들을 노골적으로 차별하기 시작했다.

1133년, 인종은 국자감의 칠재 가운데 무신을 위해 개설한 무학재 과목을 폐지했다. 무신 차별이 조직적·제도적으로 고착화되자 무신들의 반발도 더욱 거세져 결국 무신 정변으로 이어졌다.

● 고려의 신분층
귀족(왕족과 5품 이상 관료, 음서제와 공음전 혜택), 중류층(호족 출신 향리, 궁중실무 남반, 직업군인 군반, 중앙 관청의 말단 서리인 잡류, 지방의 역을 관리하는 역리), 양민(군역과 과거 응시 가능한 백정 농민, 향과 부곡민, 역과 진의 주민), 천민(공노비와 사노비, 매매·증여·상속 가능, 부모 한쪽이 노비이면 세습되는 일천즉천법)
(검) 1-3, (검) 2-2, (검) 2-4, (수) 2008, (수한) 2018

무신 정변*, 100년 무신 정권의 탄생

《고려사》에 따르면, 1170년 8월 30일 보현원에 나들이 가던 의종(1146~1170)이 군사들을 불러 고려의 무예인 수박희 대결을 시켰다. 이때 대장군 이소응이 젊은 장교를 이기지 못하고 달아나려 하자, 문신인 기거주 한뢰가 이소응의 뺨을 때려 섬돌 아래로 굴러 떨어지게 만들었다.

의종과 문신이 박수를 치며 즐거워하자 무신 정중부, 김광미, 양숙, 진준 등이 얼굴빛을 바꾸면서 서로 눈짓을 했다. 정중부가 앞으로 나아가 한뢰에게 이소응이 비록 무관이나 정3품 대신인데 어찌 그렇게 모욕을 주느냐며 꾸짖었으나, 의종이 말려서 그만두었다.

이날 밤 견룡행수 이의방과 상원 이고, 이의민 등이 순검군을 모으고 정중부의 허락을 받아 정변을 일으켰다. 일찍이 정중부가 견룡대정으로 있을 때, 인종은 그의 수염이 아름답다고 칭찬한 적이 있다. 그러자 문신의 우두머리였던

● 무신 정변의 원인
무신 정변(1170)은 (1) 무신에 대한 차별 대우, (2) 군인들의 열악한 생활고, (3) 의종의 사치와 향락 등이 원인이었다.

김부식의 아들 김돈중이 정중부의 수염을 촛불로 태우는 무례를 저질렀고, 화가 난 정중부가 김돈중을 구타했다.

이를 안 김부식이 정중부에 대한 처벌을 강력하게 요구했지만, 인종이 그를 달래고 벼슬이 강등되는 선에서 마무리되었다. 정중부는 이때의 치욕을 가슴에 담아 두었다가 보현원에 따라온 김돈중을 보고 청년 장교들의 반란을 묵인한 것이다.

이의방이 이끄는 청년 장교들은 보현원에 있던 문신을 전부 살해하고, 의종을 앞세운 채 개경에 진입하여 역시 문신들을 닥치는 대로 죽였다. 보현원을 탈출하여 감악산으로 숨어 들어간 김돈중도 결국 발각되어 목이 잘렸다.

무신 정변이 성공하자 무신들은 의종을 거제도로 유배

무신 정권 100년의 흐름

구분	기간	성격	주도 인물		통치기구	주요 사건
제1기	1170~1196년	정변 주도 세력	이의방	1170~1173	중방 (회의기구)	•1145년 김부식, 《삼국사기》 편찬 •1185년 지눌, 정혜결사 조직 •1176년 망이·망소이의 봉기
			정중부	1173~1179		
			경대승	1179~1183	도방(사병 집단)	
			이의민	1183~1196	중방	
제2기	1196~1258년	최씨 무신 세력	최충헌	1196~1219	교정도감(감찰기구)	•1206년 칭기즈칸의 몽골 건국 •1231년 여몽전쟁(1231~1259) •1236년 팔만대장경 조판 시작
			최우	1219~1249	정방 (인사기구)	
			최항	1249~1257		
			최의	1257~1258	교정도감 (감찰기구)	
제3기	1258~1270년	항몽 주도 세력	김준	1258~1268	도방 (삼별초)	•1260년 고려와 몽골의 강화조약 •1270년 삼별초의 대몽 항쟁 •1280년경 일연의 《삼국유사》 저술
			임연	1268~1270	서방 (자문기구)	
			임유무	1270		

시키고 동생인 왕호를 명종(1170~1197)으로 추대했다. 무려 100여 년에 걸친 무신 정권[•](1170~1270)의 시작이었다.

● 무신 정변 시기의 정치정세
1) 유학자들의 숭문천무(문신우대와 무신천대)
2) 문신이 군사지휘권 장악
3) 개정전시과, 문신 우대
4) 무학재의 폐지

제1기 무신 정권, 집권 기반의 구축

무신 정변이 성공하자 수장 정중부는 참지정사, 주동자 이의방은 대장군, 이고는 장군이 되었다. 당시 정중부는 온건파로 원로 장군을 대표하며, 이의방과 이고는 강경파로 청년 장교의 지지를 받고 있었다. 이의방은 경쟁자 이고를 제거하고 정중부와 함께 중방을 통해 정국을 운용했다.[•]

이의방은 딸을 태자비로 삼고 국정을 마음대로 했다. 결국 1173년 조위총이 반란을 일으켜서 어수선한 틈을 타, 정중부의 아들 정균이 이의방을 죽이고 단독 정권을 세웠다.

● 무신 집권기 권력기구
정중부(중방), 경대승(도방), 이의민(중방), 최충헌(교정도감), 최우(정방, 인사기구)
(검) 1-4, (검) 6-3, (검) 3-2, (검) 50-심화, (수한) 2020

정중부는 문하시중이 되어 아들 정균, 사위 송유인과 더불어 제멋대로 정국을 이끌었다. 정중부 부자의 횡포가 심해지자, 1179년 문신과 결탁한 경대승이 견룡 허승과 함께 결사대 30인을 이끌고 정중부와 그의 무리들을 죽이고 무신 정권을 장악했다. 경대승은 도방을 차리고 정국을 이끌었지만, 많은 무신들을 적으로 만들어 언제 자객이 들어올지 모르는 불안감을 못 이겨 급사했다.

이때 경대승에게 의종을 죽인 죄를 추궁당할까 두려워 경주로 피신했던 이의민이 명종의 부름을 받고 개경으로 돌아왔다. 이의민은 평장사와 판병부사 자리에 올라 무신 정권을 장악했다.

이의민은 아버지가 소금 장수이고 어머니는 사찰 노비였다. 신분이 천했지만 고려시대 무인들이 가장 좋아하던 무예 수박희를 잘하여 장군까지 오른 인물이다. 그는 천성이 무식하고 포악하여 백성들의 원망과 지탄을 한몸에 받았다. 결국 황해도 우봉 출신의 최충헌이 1196년 4월 이의민을 습격하여 죽이고 무신 정권을 탈취했다.

무신 정권 초기에 이처럼 권력 교체가 자주 일어난 것은 무신들의 국정 경험이 부족한데다 문신들을 탄압하여 정국 운영 지원을 받지 못했기 때문이었다. 또 자신들의 권력을 유지하고 보호할 사병 집단이나 공적인 무장 세력도 만들지 못한 것도 원인이었다. 최충헌은 이런 경험을 바탕으로 사병 집단과 권력기구를 만들어 무신들의 장기 집권 체제를 마련할 수 있었다.

수박희
고구려 무용총 고분벽화의 수박희 그림

제2기 무신 정권, 최씨 무인 집단

최충헌은 상장군 최원호의 아들로 음서를 받아 문관에 출사했다. 무신 정변이 일어나자 무관직으로 바꾸고, 조위총의 반란을 진압할 때 공을 세워 두각을 나타냈다. 이의민 집권기에 권력에서 배제되었지만, 결국 이의민을 제거하고 권력을 장악했다.

최충헌은 정변에 성공한 뒤 명종에게 〈봉사10조〉를 올려 국가 정책과 제도, 관직, 기구 등 전반에 걸친 개혁 정책을 건의했다. 비록 집권을 합리화하려는 의도에서 제출한 개혁

안이지만, 문관으로 관직을 시작했던 최충헌의 경험과 노련한 정국 운용 방식이 돋보이는 조치였다.

최충헌은 스스로 추밀원지주사 직책을 맡고 조영인, 임유, 최선 등의 문벌귀족을 발탁하여 문신들의 지지를 이끌어내는 기민함을 발휘했다. 명종이 〈봉사10조〉를 따르지 않으려고 하자 폐위시키고 신종(1197~1204)을 내세웠다.

최충헌은 신변 안전과 권력 유지를 위해 1202년 사병 조직인 도방을 설치했고, 1209년에는 집권기관인 교정도감을 두어 23년 동안 장기 집권(1196~1219)을 했다.

최우는 최씨 집권기 2대 집정으로 도방을 내도방과 외도방으로 확대하고, 마별초와 삼별초를 두어 무력 기반을 더욱 탄탄하게 다졌다. 1225년 인사권을 다루는 정방을 자택에 설치하고, 1227년에는 문신들을 포섭하기 위한 정국 자문기구인 서방(書房)을 두었다.

최우가 몽골군이 쳐들어오는 혼란기에도 무려 30년간(1219~1249) 집권할 수 있었던 것은 권력기구를 정비한 덕분이다. 그 결과 3대 집정 최항의 8년(1249~1257), 4대 집정 최의의 2년(1257~1258)을 더해 제2기 무신 정권은 4대 62년을 이어갔다.

지눌의 정혜결사와 요세의 백련결사

문종에서 인종에 이르는 100여 년 동안 문벌귀족은 고려 사회의 모든 권력을 장악했다. 이들의 독점 권력에 저항한 세력은 크게 세 갈래 흐름으로 정리할 수 있다. 차별받는 무신, 호족 가운데 지방에 남아 향직이 된 중소 지주층, 선종 계열의 승려집단이 그들이다.

무신 정권은 자신들의 정변을 시대적 변혁의 반영으로 설정한 뒤, 문벌귀족과 결탁한 화엄종·법상종 등 교종과 대립각을 세우고 있던 선종 계열을 끌어들였다.● 선종은 체제 변혁적인 속성을 지니고 있었기 때문에, 무신 정권의 정당성을 홍보하는 이념적 도구가 되기에 안성맞춤이었다.

보조국가 지눌은 사굴산문의 승려로 1182년 승과에 급제했으나 출세를 포기하고《육조단경》과《대장경》을 읽으며 사회 변혁과 불교 통합을 구상했다. 1188년 대구 공산(팔공산)의 거조사에서 정혜결사(수선결사)를 조직하고 권수정혜결사문을 발표했다. 1200년 승주 송광산 길상사에서 돈오점수(頓悟漸修)와 정혜쌍수(定慧雙修)●●를 바탕으로 한 선교 일치를 내세웠다. 이는 의천이 교종을 바탕에 두고 선종을 흡수한 것과 달리, 선종을 교종의 우위에 두는 통합 방식이었다.

돈오점수란 일순간에 깨달음을 얻었더라도(돈오), 그동안 살면서 얻은 망령된 습관이 남아 있기 때문에 계속 수행해야 한다(점수)는 논리였다. 무신 정권은 이를 문벌귀족 제거가 돈오이고, 사회 개혁 추구는 점수라는 식으로 적용했다. 선종의 구산선문은 최씨 무신 정권의 지원을 받아 지눌의 조계종으로 통합되어 사회 변화를 이끄는 동력으로 발전했다.

지눌의 사상은 지감국사 혜심으로 이어졌다. 혜심은 심성론에 입각한 유불일치론●●●을 주장하여 지방 향직에 있던 중소 지주층을 중앙 정계로 끌어들였는데, 이는 주자성리학●●●●을 받아들인 신진사대부의 등장으로 이어졌다. 그 뒤

● **고려 매향비**
사천 매향비 유명, 불교 신앙(미륵), 불교 문화(불상, 탑 조성), 향도 조직(마을 노역, 상장례, 마을 제사 주관)
(검) 6-고, (검) 6-3, (검) 4-3, (검) 4-고

●● **지눌의 정혜쌍수**
수선사 결사 운동, 선종의 입장에서 교종 포용, 참선을 우선하고 교학은 차선, 돈오점수, 무신 정권의 비호로 성장
(검) 2-1, (검) 2-2, (검) 4-3, (검) 3-3, (검) 51-심화, (수) 1996, (수) 2003, (수한) 2019

●●● **혜심의 유불일치론**
유교와 불교의 일치화, 성리학 사상의 배경, 심성의 도야를 강조
(수) 2006

●●●● **주자성리학 영향을 받은 인물들**
이제현(만권당), 안향(《주자대전》 반입), 이색(수양 강조), 정몽주(이론 정진), 정도전(정치 이념)
(검) 1-6, (검) 2-4, (수) 2005

강진 백련사 | 요세가 천태종을 기반으로 백련결사를 일으킨 사찰로, 전남 강진 만덕산(다산)에 있다. 조선 후기에 초의선사와 정약용이 녹차 문화를 일으킨 곳이기도 하다.

설악산 진전사로 출가했던 일연이 지눌과 혜심의 사상을 계승했다. 일연은 1281년 군위 인각사에서 《삼국유사》*를 저술하여 민중과 인간을 바탕으로 고려 사회의 기풍을 개혁하고자 했다. 일연의 정신은 같은 가지산문 출신인 보감국사 혼구, 태고화상 보우로 이어졌다.

지눌의 정혜결사*와 다른 흐름으로, 천태종의 교관겸수를 바탕으로 백련결사를 주도한 요세가 있다. 요세는 합천에 기반을 둔 중소 지주층 출신으로 천태종 승려가 되었으며, 1185년 승과에 합격했다. 하지만 천태종의 형식에 치우친 법회에 실망하고 천하를 유람하며 깨달음을 얻었다.

한때 지눌의 수선사에서 정혜결사에 가담했지만, 1208년 천태종의 법화 사상을 받아들여 강진 만덕산 백련사에서 결사 운동을 조직했다.

요세의 백련결사는 교관겸수와 법화삼매참, 정토왕생을

● **일연의 《삼국유사》**
고려 후기 자주성 확대, 단군의 역사 기술, 불교적 역사관(신화, 민담, 불교 사화), 한국 문화의 독자성 강조
(검) 50-심화, (수) 2006, (수한) 2021

● **지눌의 정혜결사**
정혜결사는 선종을 교종의 우위에 두는 깨달음의 방식으로 1200년에 승주 송광산 길상사에서 지눌이 제안하였다. 이로부터 고려불교는 조계종으로 통일되었고, 이 사상은 혜심(유불일치론), 일연(《삼국유사》), 보우 등으로 이어졌다.

백련결사는 천태종의 승려인 요세가 1208년에 강진 백련사에서 법화사상을 바탕으로 조직한 결사이다. 지역에 기반을 둔 중소지주층과 신진사대부에 많은 영향을 주었고, 이 사상은 정명국사 천인, 진정국사 천책으로 이어졌다.

●고려의 불교 사상
균여 화엄종(보살 실천행), 의천 천태종(교관겸수), 조계종 지눌(정혜쌍수와 돈오점수), 혜심(유불일치설)
(검) 7-고, (검) 5-3, (검) 52-기본

핵심으로 한다. 교관겸수(敎觀兼修)란 부처가 입으로 말한 가르침(교)을 바탕으로 부처의 마음을 읽어야(관) 한다는 의미다. 그리고 좌선과 독경, 염불에 지극 정성을 다해 현세의 죄악을 참회하는 법화삼매참(法華三昧懺)을 실행하여 궁극적으로 정토에 왕생하자는 것이 요세●의 대중적 불교 운동이었다.

요세의 사상은 지방 지식인, 향리층, 농민들에게 각광받았으며 정명국사 천인, 진정국사 천책으로 이어져 지눌의 정혜결사와 함께 조선 개국의 원동력인 신진사대부의 사회 개혁에 많은 영향을 주었다.●

고려, 양인과 천인이 있을 뿐이다

고려의 신분을 문벌귀족, 중간층, 양민, 천민으로 구분하는 것은 잘못된 방식이다. 고려의 신분제인 양천제는 모든 백성을 양인과 천인으로 나눈다. 양인은 벼슬길에 나선 관료(문관, 무관)층, 군인·향리 등의 정호층(丁戶層), 일반 농민에 해당되는 백정층, 수공업이나 잡역에 종사하는 잡척층(雜尺層)으로 구성되었다. 천인은 노예들로, 고려민의 40퍼센트 정도를 차지했다.

문신 관료층은 호족이나 문벌귀족으로 과거나 음서제를 통해 형성되었으며, 무신 관료는 세습으로 군인이 되었다. 향리는 지방에서 행정 실무를 맡았으며, 고려 후기에 이르면 신진사대부 세력으로 변화한다. 이들이 고려의 지배 세력으로 정호층을 이룬다.

백정층은 조선시대의 천직인 백정과 달리 일정한 조세와 요역, 군역, 공납을 담당하는 평민을 뜻한다. 하지만 과거에는 응시할 수 없었는데, 조선의 과거가 모든 평민에게 기회를 준 것과는 달리 고려의 과거는 문무 관료에게만 일정한 자격을 주었기 때문이다.

잡척층은 향·소·부곡·장·처와 같은 지역에 사는 사람들로, 천민이 아니라 농사를 지으면서 도자기·종이·소금·쇠 등 수공업 계통의 특수직을 병행하는 신분이다. 이들은 백정층에 비해 과도한 요역으로 고통을 받았다.

문신 집권기에 온갖 억압과 수탈에 시달린 백성들은 신분 차별을 받던 무신들이 집권하면 좋은 세상이 오리라는 기대와 희망을 품었다.

하지만 무신 정권기에도 세상은 변하지 않았고, 오히려 수탈과 억압이 더욱 심해졌다. 그래서 무신들의 공포정치가 계속되는 가운데 각지에서 군인, 농민, 노비의 봉기가 일어났다.

만적, 노비도 사람이다

무신 정권 때 처음으로 반기를 든 세력은 서북면의 성주, 철주, 창주의 군인들이었다. 1172년, 이들은 수령의 억압과 수탈, 신분 차별에 반대하며 반란을 일으켰다.

1173년에는 동북면병마사 김보당이 정중부와 이의방을

타도하고 의종을 복위시킨다는 명분으로 반란을 일으켰으나 이의민에게 패배하여 실패했다. 이의민이 무신 정권 권력의 중심에 등장하는 계기가 된 사건이었다.

1174년 서경유수 겸 병부상서 조위총이 개경의 무신 정권을 응징한다는 명분으로 인근 40여 주현의 백성을 이끌고 군사를 일으켰다. 조위총의 반란은 2년이 지난 1176년 6월에야 실패로 막을 내렸다. 하지만 항복을 거부한 조위총의 잔여 세력이 3년여에 걸쳐 항쟁했다. 이런 측면에서 보자면 민란의 성격이 강한 반란이었다.

개성 북쪽 서북면과 동북면의 반란을 군인들이 주도했다면, 남쪽은 주로 농민과 천민이 반란의 주축을 이루었다. 1176년 6월 숯을 굽는 지역인 공주의 명학소에서 망이와 망소이가 1천여 명의 농민군을 이끌고 신분 해방과 수탈 금지를 명분으로 봉기했다. 농민군은 개경을 공격 목표로 삼고, 1월에 공주를 점령하여 예산 가야사를 근거지로 삼아 주변으로 확대했다. 이듬해 3월에는 천안 홍경사를 습격하여 불을 지르고 천안 일대까지 점령했다. 비록 7월에 진압되

가야사와 남연군 묘
망이·망소이는 명학소에서 난을 일으켜 천안, 서산으로 세력을 확장했는데 그 중심지가 가야사였다. 1844년에 흥선대원군이 사찰을 부수고 아버지 남연군의 묘로 삼았다.

었지만 그 여파는 전국으로 퍼졌다. 1176년 11월에 서산(가야산)에서 손청이 반란을 일으켜 망이·망소이의 봉기군과 합세했으며, 1177년 2월에는 익산에서 미륵 산적의 반란이 일어났다. 또 1182년 충청도 관성(옥천)과 부성(서산), 전라도 전주에서는 죽동이 주도한 민란이 발생했다. 향, 소, 부

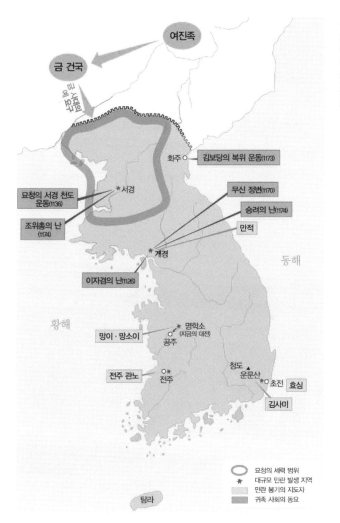

◀ 무신 집권기의 농민 반란
문벌귀족의 권력 독점에 반발하여 일어난 무신 정변도 백성 편이 아니었다. 결국 각지에서 농민들이 봉기를 일으켰고, 이는 한국사를 발전시킨 원동력이 되었다.

여진족

금 건국

금 시조의 옛 요구

화주 ● 김보당의 복위 운동(1173)

묘청의 서경 천도 운동(1136)
* 서경

무신 정변(1170)

승려의 난(1174)

조위총의 난 (1174)

만적

* 개경

동해

이자겸의 난(1126)

황해

명학소 (지금의 대전)
망이·망소이 ○ *
공주

전주 관노
전주 ○ *

청도
운문산 ▲
초전 ○ * 효심

김사미

탐라

○ 묘청의 세력 범위
* 대규모 민란 발생 지역
▨ 민란 봉기의 지도자
▨ 귀족 사회의 동요

곡 같은 특수한 부락의 주민들은 본업인 농사 이외에 숯이나 소금 생산에 과도한 노동력을 징발당했다. 이들의 봉기는 생존을 위한 격렬한 항쟁이었다.

농민들의 봉기가 소강상태에 접어들고 있던 1193년 7월 청도 운문사를 근거로 김사미가, 초전(울산)에서는 효심이 대규모 민란을 일으켰다. 토벌군은 초반에 대패하다가, 이듬해 2월에야 김사미를 사로잡아 처형하고 반란을 진압했다. 효심은 밀성(밀양)에서 관군 7천여 명을 전사시키는 등 기세를 올렸으나 12월에 사로잡혀 처형당하는 바람에 봉기는 실패로 끝났다.

1196년 최충헌이 무신 정권을 장악하고 이듬해 명종을 폐위시키고 동생 신종을 내세웠던 시기에, 고려 각지에서는 농민·천민의 반란이 일어났고 하급 군인들이 중앙 정계에 진출하는 등 신분 해체의 조짐이 일어났다.

청도 운문사 대웅보전 | 운문사는 진흥왕이 창건한 사찰로 경북 청도에 있다. 고려 말에 김사미가 난을 일으킨 곳으로 현재는 비구니의 청정 도량이다.

1198년 5월, 최충헌의 노비 만적은 개성의 북산에서 미조이, 소삼, 효삼, 성복, 연복, 순정 등 노비 여섯 명과 함께 비밀 회담을 열고, 왕후장상에 어찌 정해진 혈통이 있겠느냐며 신분 해방과 정권 탈취를 목표로 봉기를 모의했다. 하지만 율학박사 한충유의 가노 순정이 이를 밀고하여 거사를 일으키지 못하고 만적을 포함한 100여 명이 가죽 부대에 담겨 강물에 던져졌다.●

무신 정권은 자신들의 가내 노비까지 반란에 가담한 것에 충격을 받고, 도방이나 야별초 같은 사병 조직을 확대하고 백성을 더욱더 탄압했다. 그러나 백성들의 저항은 끊이지 않았다.

1200년 진주의 공사 노비가 신분 해방을 부르짖으며 봉기했고, 1202~1204년 경상도 일대에서 농민들이 거세게 저항하며 반란을 일으켰다. 1203년 개경의 어린 노비들인 가동이 전투 연습을 하다 발각되어 50여 명이 처형당했고, 1216년에는 양수척의 난리가 일어났다.

13세기 초반에 이르러 고려는 무신 정권의 탄압, 문벌귀족의 수탈, 농민과 천민의 반란●으로 전국이 초토화되었다. 곧이어 몽골의 침입이라는 대규모 재난이 닥치면서 고려는 백성들에게 더 이상 희망을 줄 수 없는 나라가 되었다.

● **고려시대의 노비**
공노비와 사노비로 나뉜다. 공노비는 관청의 잡역에 종사하는 공역 노비와 농사를 지으며 관청에 일정의 세금을 납부하는 외거 노비가 있다. 사노비는 주인의 집에 살며 일하는 솔거 노비와 주인과 따로 살면서 신분상 얽매인 외거 노비가 있다.

● **무신 집권기 농민 항쟁의 이유**
권문세족의 토지 침탈, 과다한 수조권, 공역과 부역의 증기, 하층민의 신분 해방 투쟁 (검) 1-4, (검) 2-2, (검) 6-고, (검) 6-4, (검) 4-4, (검) 5-고, (검) 49-심화, (검) 51-심화

정혜결사와 백련결사는 고려 사회를
어떻게 바꾸었는가?

고려 초기의 왕건은 호족과 결합한 선종 사상을 받아들였지만, 왕권 강화를 추구한 광종은 통합 사상인 화엄종을 중시했다. 그러나 지방 세력의 이익을 대변하는 선종과 법상종이 여전히 위력을 떨쳤다. 그래서 의천은 선종과 교종을 통합하는(교관겸수) 천태종을 일으켰으나 문제를 해소하지는 못했다.

12세기 말에 이르러 선종 계열의 지눌은 정혜쌍수와 돈오점수를 핵심으로 하는 정혜결사를 일으켰다. 일순간의 깨달음을 얻었어도 아직은 망령이 남아 있으므로 계속 정진해야 한다는 돈오점수와 함께, 정혜쌍수는 선종의 참선을 우위에 두고 교학을 받아들이는 통합 방식이었다. 이는 무신 정변의 정당성이 지속적인 개혁에 있다는 논리로 받아들여져, 무신들의 지지와 후원을 받게 되었다.

백련결사는 천태종 계열의 승려인 요세가 주도한 불교 개혁 이론이었다. 요세의 결사 운동은 법화삼매참과 정토왕생이 핵심이다. 이는 지극 정성으로 현세의 죄악을 참회하면 고통이 없는 극락으로 간다는 불교 운동으로 지방의 지식인, 향리층, 농민들의 지지를 받았다.

이후 정혜결사는 고려 말 혜심의 불교와 유교의 실천과 수양은 같다는 유불일치론으로 이어졌다. 백련결사는 지방의 중소 지주층이 중심이 되는 신진사대부에 영향을 끼쳤고, 이런 흐름이 고려 말의 권문세족을 비판하고 조선을 개국한 혁명 세력의 이념적 근거로 발전했다.

100년에 걸친 무신 정치가 가능했던 요인은 무엇일까?
그럼에도 불구하고 무신들이 왕위를 찬탈하지 않은 까닭은 무엇일까?

Point 1 고려를 건국한 호족 계통의 무신 세력이 밀려나고 문신 세력이 권력을 장악하게 되는 과정과 이유를 찾아보자.

Point 2 무신 정변을 일으킨 무신들은 왕위를 찬탈하지 않고, 합법적인 권력기구를 만들어 간접 통치하는 방식을 채택한 이유가 무엇인지 알아보자.

Point 3 무신들이 100년에 걸쳐 권력을 장악하고 유지한 비결을 정치적·경제적·국내외적 환경 등 여러 시각에서 생각해보자.

공부를 더 하고 싶다면

《우리 역사를 바꾼 귀화 성씨》(박기현 지음, 역사의아침)
단일 민족의 허상에 빠진 혈통주의를 벗어던지면 우리 역사가 여러 지역, 많은 종족들이 꾸미고 발전시킨 다양성의 세계라는 걸 인식할 수 있다. 수로 왕비 허황후, 베트남에서 온 화산 이씨, 흉노가 뿌리인 경주 김씨, 여진족 이지란 등 우리의 역사와 문화에 녹아든 귀화인 들을 만나볼 수 있다.

《만적》(유금호 지음, 이유)
왕이나 재상은 원래 하늘에서 정해준 게 아니라는 깃발을 내걸고 노비 봉기를 일으킨 최충헌의 노비 만적의 삶과 생애를 소설로 썼다. 역사의 기록은 매우 짧고 간단하여 상당 부분이 소설적 상상력으로 채워져 있지만, 한 시대의 질곡에 온몸으로 저항한 어느 노비의 결단과 고뇌를 느껴 볼 수 있는 책이다.

《고려 무인 이야기》(이승한 지음, 푸른역사)
고려시대 무신 정권을 이끌었던 무인들의 이야기를 4권으로 엮은 단행본으로 이의방, 정중부, 경대승, 이의민, 최충헌 등 최씨 일가, 이공주, 김준, 유경, 임연과 더불어 삼별초의 항쟁을 주도했던 인물 등의 이야기를 담고 있다.

2

여몽전쟁과 삼별초의 항쟁

한 줄로 읽는 우리 역사

1206년에 북방에서 몽골족이 일어나 고려를 침략했다. 30년에 걸친 여몽전쟁 끝에 고려와 몽골은 강화조약을 맺고, 고려는 원나라의 간섭을 받는 부마국이 되었다. 삼별초는 강화조약에 반대하며 진도, 제주도에서 항쟁했다.

정치 경험이 부족한 무신들의 공포정치가 계속되는 동안, 각지에서는 군인들의 반란, 승려들의 저항, 백성들의 민란이 끊이지 않았으며 노비들도 주인에게 저항하는 반란에 동참했다. 무신 정권에 참여했던 이규보는 고려 사회의 문제를 극복할 방법을 역사에서 찾기 위해 1191년 무렵 〈동명왕편〉•을 썼다. 고조선이 붕괴된 뒤 여러 소국들이 들고 일어난 난세를 극복하고 천하를 통일한 주몽 같은 영웅상이 필요했기 때문이다.

해인사 전경
경남 합천 소재. 경내에 있는 장경판전은 세계문화유산으로, 강화 선원사에서 판각한 고려대장경을 보관하고 있으며 이 때문에 법보사찰이라 부른다. 대장경판은 세계기록유산이다.

고려가 혼란에 혼란을 거듭하던 이때, 북방의 초원을 통일한 몽골족이 강대한 몽골제국을 세웠다. 몽골제국은 고려 북방에 위치한 금나라를 공격하기 위해 고려에 대해 협력을 요구했다. 그런데 1225년 고려에 왔다 돌아가던 몽골 사신 저고여가 압록 강변에서 살해되는 사건이 일어났다. 몽골은 이를 침략의 명분으로 삼고 1231년부터 1259년까지 30여 년 동안 일곱 차례에 걸쳐 고려를 침공했다. 이를 30년 여몽전쟁●●이라고 부른다.

●이규보의 〈동명왕편〉
《동국이상국집》에 수록, 몽골 침략에 저항 의식, 민족자주 의식 반영, 고구려계승 의식 표출, 전통 사상과 신화의 반영, 건국 영웅에 대한 시가 형식
(검) 7-4, (검) 3-3, (검) 3-1, (검) 47-심화, (수한) 2018

●여몽전쟁
몽골의 통합(1206), 칭기즈 칸, 저고여, 태종 오고타이, 살레탑, 처인성, 김윤후
(검) 49-기본, (검) 49-심화, (검) 50-심화

제1기 여몽전쟁, 30년 항쟁이 시작되다

1차 여몽전쟁(1231~1232)은 1231년 8월에 일어났다. 몽골제국의 대칸인 태종 오고타이는 금나라를 정벌하기 전에 고려를 견제하고자 살레탑(살리타, 살리타이)에게 3만의 군사를 주어 개경을 침공하게 했다. 충주까지 진격한 몽골군은

이규보 사당
경기도 강화 소재. 〈동명왕편〉을 지어 고구려의 영광과 기개를 본받아야 한다고 외친 이규보의 사당이다. 동편에는 이규보의 무덤이 자리 잡고 있다.

처인성 승첩 기념비와 처인성 전적지 | 몽골의 2차 침입 시 김윤후가 몽골군의 대장인 살례탑을 사살한 곳으로, 성의 맞은편 언덕은 지금도 살장터라는 지명이 전해온다.

배상금과 인질을 조건으로 강화를 맺고 돌아갔다.

2차 전쟁(1232)은 고려가 배상금을 지불하지 않고 6월에는 수도를 강화도로 옮겨 결사 항전의 태도를 보이면서 벌어졌다. 몽골은 살례탑에게 1만 기병을 주어 고려의 국토를 유린하게 했지만, 살례탑은 용인 처인성에서 김윤후의 화살에 목숨을 잃었다. 대장을 잃은 몽골군은 황급히 철수하고 양국은 강화를 맺었다.

3차 전쟁(1235~1239)은 5년 동안 이어졌다. 1234년에 금나라를 멸망시킨 몽골은 남송과 고려의 연합을 막고 고려를 완전히 굴복시키기 위해 치밀하게 전쟁을 준비했다. 그리고 고려 정부에 강화도에서 개경으로 환도할 것을 요구했다. 몽골군의 3차 원정군은 충청, 전라, 경주까지 진격하여 고려 국토를 초토화시켰다.

이때 몽골에 의해 황룡사 9층 목탑이 불타 없어졌고 수많은 유적들이 잿더미가 되었다. 이런 가운데에도 세계 최초의 금속 활자 인쇄본인 《고금상정예문》(1234)이 인쇄되었다.● 안타깝게도 이 책의 실물은 전해지지 않고, 충주 흥덕사에서 인쇄한 《직지심체요절》(1378)●이 현존하는 가장 오래된 금속 활자본으로 확인되어 세계 기록 유산에 등재되었다.

최씨 무인 정권의 2대 집정인 최우는 부처님의 힘으로 몽골군을 물리친다는 명분을 내세워 강화도 선원사에 대장도감을 설치하고, 1237년에 팔만대장경●●을 조판하기 시작해 12년 만인 1248년에 완성했다.

그러나 팔만대장경을 조판한 진짜 목적●●은 무신 정권을 유지하고 몽골 침략에 대한 백성들의 비난이 무신 정권으로 쏠리는 것을 희석하려는 데 있었다.

● 목판 인쇄와 금속 활자의 차이와 공통점
목판 인쇄는 불교의 대중화에 기여했고, 동일한 서책만 찍을 수 있다. 금속 활자는 유교의 대중화에 기여했고, 여러 종류의 서책을 찍을 수 있다. 한편 대량 인쇄와 지식의 보급이란 공통점이 있다.

●● 팔만대장경의 명칭
원래 명칭은 고려대장경·재조대장경인데, 전체 판각의 수가 8만 1천 258매에 이르렀다고 해서 팔만대장경이라고 부른다.

해인사 팔만대장경
고려대장경 또는 재조대장경이라고도 한다. 몽골의 침입을 불력으로 막고자 1236~1251년까지 판각하였고, 현재 세계기록유산으로 등재되었다.

제2기 여몽전쟁, 초토화된 고려

4차 전쟁(1247~1248)은 8년 동안의 소강 상태를 거친 뒤인 1247년에 시작되었다. 몽골에서는 1241~1246년에 왕위 계승을 둘러싼 내분이 발생했다.

몽골제국의 3대 대칸으로 정종 퀴위크(貴由)가 집권하자 몽골은 고려 국왕의 출륙(出陸)과 입조(入朝)를 요구했다. 고려가 거부하자 몽골은 1247년, 홍복원을 앞세워 아무간이 이끄는 4차 원정 부대를 보냈다. 그러나 고려가 적의 보급원을 차단하는 청야 작전과 유격 전술을 펼치자 고전을 거듭하다 본국에 내분이 일어나자 재빨리 철수했다.

5차 전쟁(1249)은 양국의 강경파들이 일으켰다. 1249년 무신 정권을 이끌던 최우가 죽고 아들 최항이 권력을 잡았다. 이 무렵 몽골에서도 내분이 끝나 몽케가 대칸이 되었다. 이에 따라 양국 강경파들은 한 치의 양보도 없이 첨예하게 대치했고, 결국 전쟁으로 이어졌다.

죽주산성
3차 여몽전쟁(1235~1239) 때 송문주가 죽주 방호 별감으로 있으면서 몽골군을 물리친 호국의 현장이다. 경내에 송문주 사당인 충의사가 있다.

예쿠가 이끄는 5차 원정 부대는 고려 경제를 파탄시키고 몽골에 대한 저항심을 약화시키기 위해 약탈과 방화, 살인을 주로 저질렀다. 고려 정부는 하는 수 없이 고종이 강화도의 갑곶을 건너 새로 지은 승천부로 나아가 출륙의 형식을 취했고, 몽골군은 철수했다.

6차 전쟁은 몽골이 고려 왕의 입조를 요구하며 일으켰다. 몽골은 고려 왕자 왕창을 인질로 보내는 고려의 강화 조건을 실질적인 항복으로 받아들이지 않고, 계속 임금의 입조를 요구했다. 몽골의 6차 원정 부대는 1차(1254~1255)와 2차(1255~1256)에 걸쳐 대구, 현풍, 나주, 목포를 유린하고 철수했다.

7차 원정도 입조를 요구하며 벌어졌다. 고려 정부가 계속해서 출륙과 입조를 거부하자 몽골은 자랄타이(車羅大)에게 7차 원정 부대를 이끌고 고려 국토를 유린하게 했다.

몽골의 7차 원정군 역시 1차(1257~1257)와 2차(1258~1259)에 걸쳐 평택, 적산, 광주, 이천, 충주를 공격했다. 고려 정부는 전쟁이 길어지면 유리할 게 없다고 판단하고, 태자 왕전(원종)의 입조를 조건으로 몽골과 강화를 맺어 30년 전쟁을 끝내게 되었다.

토풍불개*, 고려와 몽골의 강화 협상

몽골과의 전쟁이 한참이던 1249년, 대몽 항쟁을 주도하던 최우가 죽고 최항이 3대 집정이 되었다. 최항도 아버지 최우

●**토풍불개(土風不改)**
고려와 몽골의 강화조약으로 고려는 비록 원나라의 부마국이자 부속국으로 전락했지만, 고려국과 왕실의 보존을 약속받았다. 이를 토풍불개, 또는 세조구제(世祖舊制)라고 한다.

의 대몽강경책을 계승하여 삼별초를 이끌고 대몽 항쟁을 지휘했다.

그러나 4대 집정인 최의에 이르자 권력 장악에 누수가 생겼으며 무신들 내부에서도 강경파와 온건파가 대립했다. 1258년 고종(1213~1259)은 김준, 임연, 유경을 사주하여 최의를 살해하고 제2기 무신 정권을 무너뜨렸다.

고종은 유경을 앞세워 왕권을 되찾고 몽골과의 강화를 시도했다. 몽골은 국왕의 입조를 조건으로 내걸며 고려 정부를 압박했다. 이때 김준이 문신 관료인 유경을 축출하고 제3기 무신 정권을 세웠다.

최씨 무신 정권에 이어 권력을 장악한 김준 정권(1258~1268)은 국왕이 직접 강화도●를 나와 개경으로 돌아가는 출륙 환도에 반대했다. 이때부터 고려와 몽골의 강화 협상은 권력 유지를 꾀하는 무신 정권 세력과 왕권 회복을 추구하는 친왕 세력의 치열한 노선 투쟁으로 발전했다.

1259년 3월, 고종은 결국 태자의 입조를 조건으로 걸고 대장군 박희실을 몽골군에 보내 강화 교섭을 시도했다. 3월 8일, 몽골군 대원수 자랄타이는 강화도에서 고려의 조건을 수락하고 강화를 받아들였다. 4월 21일 태자 왕전(원종)은 참지정사 이세재, 추밀원부사 김보정 등을 이끌고 몽골 수도인 카라코룸으로 출발하여 5월 18일 요양에 도착했다.

이때 몽골의 대칸 몽케는 남송을 공격하기 위해 중국 서북쪽 감숙성 육반산에 머물고 있었다. 그리고 왕전이 육반산으로 향하던 중, 6월 30일에 고종이 승하하고 7월 20일에 대칸 몽케가 세상을 떠났다. 왕전은 대칸의 지위가 아우 쿠빌라이에게 갈 것이라 판단하고, 11월경 하남 임여현에서

●**몽골 침략과 강화도**
강화도는 개경과 가까운 거리의 큰 섬으로 방어에 유리하고, 많은 인구가 머물 수 있는 땅과 농경지가 있으며, 교통의 요지에 위치해 있는 관계로 대몽항쟁에는 좋은 곳이다.
하지만 몽골이 강화도를 점령하지 않은 이유는 그들이 강이나 바다를 무서워하거나 전략이 없어서가 아니라 고려를 직접 지배하기 보다는 후방의 속국으로 묶어두기 위함이다. 소규모 몽골 군사들은 고려 국토를 유린하고 강화도 고려 정부를 압박하는 게 전략이었고 강화도 점령은 목표가 아니었다. 따라서 강화협상에서 강화도 출륙은 고려 정권의 굴복을 의미한다.

쿠빌라이와 만나 강화 원칙에 합의했다.

왕전은 귀국하여 1260년 3월 15일 강화도에서 원종(1260 ~1274)으로 즉위했다. 그리고 4월 29일 종친 왕희가 몽골에 파견되어 강화조약의 세부 항목에 합의했다.

1) 고려는 자국의 풍속을 유지하고, 2) 몽골인의 고려 출입을 금지하며, 3) 개경 환도는 적절한 시기에 결정하되, 4) 국경 지대의 몽골군은 가을까지 철수하고, 5) 몽골 사신은 임무가 끝나면 곧바로 귀환하며, 6) 몽골에 살던 고려인은 계속 거주하되 차후에는 일절 입국을 금지한다는 6개 조항이었다.

1261년 원종은 태자 왕심(충렬왕)을 몽골에 파견하여 쿠빌라이가 아리부케를 누르고 몽골의 대칸에 오른 것을 축하했다. 몽골은 대칸 자리를 둘러싼 분쟁이 끝나자 고려왕의 몽골 입조를 요구했다.

원종●은 무신들의 반대를 무릅쓰고 입조를 받아들였다. 몽골과 강화 협상을 통해 고려의 통치자라는 지위를 확인받고, 이를 근거로 무신 정권을 약화시키려는 의도였다.

1264년 8월, 고려를 떠난 원종은 10월에 대도(북경)에 도착하여 쿠빌라이와 회견하고 고려 왕의 지위를 획득했다. 쿠빌라이는 남쪽의 남송과 바다 건너 일본을 정복하기 위해서는 후방에 있는 고려의 물자 지원이 절대적으로 필요했기 때문에 고려에 우호적으로 대했다.

●원종의 외교협상

고려 초 서희의 외교전략과 더불어 고려 중기 원종의 대몽협상도 훌륭한 성과를 이끌어 냈다. 고려는 항복 조건인 강화협상을 유리하게 이끌었고, 원종의 아 들인 충렬왕은 원나라 세조의 사위가 되어 세조유제(토풍불개)를 받아내고, 이를 바탕으로 비록 100여 년의 속국이자 부마국이지만 고려 정부를 유지하는데 일정한 공을 세웠다.

무신 정권의 몰락

1268년 원종은 무신 정권에 대한 승부수를 띄웠다. 그는 추밀원부사 임연을 시켜 김준을 제거하고, 몽골에 대한 온건 노선을 유지하고자 했다. 그러나 임연도 김준과 마찬가지로 대몽 강경론자였다. 임연은 1269년 군사 정변을 일으켜 원종을 폐위시키고 안경공 왕창을 왕으로 추대했다. 원세조 쿠빌라이는 고려의 내정 분란에 대해 원상 복구를 강력하게 요구했다.

임연은 몽골과의 항쟁이 불가능하다고 판단하고, 11월에 다시 원종을 복위시켰다. 몽골의 지지로 다시 복위한 원종은 12월에 몽골에 입조하기 위해 고려를 떠났다. 1270년 2월, 임연이 죽고 아들인 임유무 정권(1270)이 들어섰다.

그해 5월에 고려로 돌아온 원종은 임연이 죽었다는 소식을 듣고 서경(평양)에 머물며 강화도의 모든 백성과 신하들에게 출륙(出陸) 환도(還都)할 것을 명했다. 임유무가 강력하게 반대하자 어사중승 홍문계, 직문하부사 송공례가 원종을 지시를 받아 5월 11일에 임유무를 죽이고, 5월 23일 재추회의에서 출륙 환도를 결정했다. 이렇게 100년에 걸친 무신 정권이 막을 내렸다.

고려 항몽 충혼탑
삼별초의 항몽의지를 기념한 탑으로 진도 용장산성에 위치

●**삼별초**
최우가 조직한 야별초(좌별초, 우별초)에서 기원, 몽골군의 포로에서 탈출한 병사들로 구성한 신의군 결합, 삼별초(좌별초, 우별초, 신의군)는 최씨 무인 정권 의사병집단, 개경환도에 반대하여 봉기(강화도-진도-제주도 항쟁) (검) 2-2, (검) 2-3, (검) 2-4, (검) 2-6, (검) 4-초, (검) 3-4, (검) 48-기본, (검) 48-심화, (검) 51-기본

삼별초●, 누구를 위한 항쟁인가

1270년, 임유무가 죽고 무신 정권이 무너지자 무신 정권의

진도 용장산성 | 몽골과의 강화와 출륙을 반대하여 반란을 일으킨 삼별초의 항쟁지이다. 배중손, 김통정이 이끄는 삼별초군은 이곳에서 여몽 연합군에게 패배하자 제주도로 이동하여 항쟁하였다.

무력 기반이었던 삼별초는 출륙 환도에 결사 반대했다. 삼별초는 최씨 무신 집권기에 최우가 설립한 야별초에서 비롯되었다. 야별초는 점차 확대되어 좌별초와 우별초로 분리되었고, 몽골과의 전쟁에서 부상을 당했거나 포로가 되었다가 탈출한 사람들로 편성된 신의군이 더해져 삼별초⦁가 되었다.

1270년 6월 1일, 삼별초(三別抄) 해산 명령이 떨어지자 장군 배중손, 야별초 지유 노영희, 김통정을 중심으로 한 세력이 승화후 왕온을 고려 국왕으로 추대하고 강화도에 강도 정부를 수립했다.

그러나 국왕이 출륙 환도를 선언한 뒤 많은 사람들은 강화도를 떠나 개경으로 돌아갔다. 배중손과 노영희는 개경 정부와 몽골에 대항하여 지속적으로 싸우려면 후방의 안전지대가 필요하다고 여기고, 8월에 남해의 진도로 근거지를 옮겼다.

●**삼별초(三別抄)**
삼별초는 무신 정권의 도방에서 기원한다. 최씨 무인 정권의 호위집단인 야별초가 좌별초, 우별초로 분리하고, 몽골군에게 포로로 잡혀 있다가 탈출한 병사들로 조직한 신의군을 말한다.

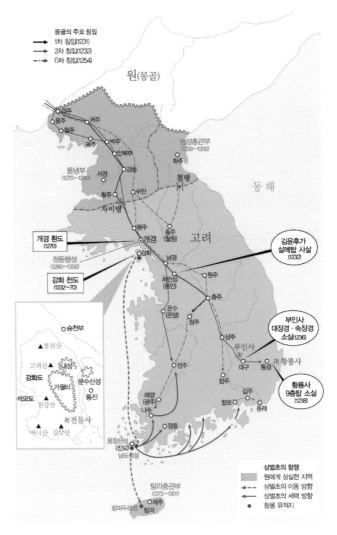

▶ 여몽전쟁

무신 정권은 강화도에서 30년에 걸쳐 여몽전쟁을 치렀지만 사실 주요 항쟁은 농민들이 주도하였다. 이런 전통은 훗날 의병 운동, 항일 독립전쟁으로 이어졌다.

삼별초는 진도에 용장산성을 쌓아 남해안 일대에 대한 지배력을 강화하고, 일본에 국서를 보내 연합을 제안했다. 개경 정부는 9월부터 진도를 공격했으나 실패했다.

삼별초는 후방의 안전을 위해 11월에 탐라(제주도)를 점령했다. 원나라 세조 쿠빌라이는 삼별초가 일본 정벌의 장애물이라 여기고, 여몽 연합군을 조직하여 공격하게 했다.

1271년 5월 초 원수 아하이, 씬두, 홍다구가 지휘하는 몽골군과 김방경이 지휘하는 고려군이 함께 진도를 공격했다. 5월 15일, 결국 배중손과 노영희가 전사하고 승화후 왕온은 참수되었다.

진도가 함락되자 김통정은 결사 항전을 주장하는 동조자를 이끌고 탐라로 근거지를 옮겨 전열을 재정비했다. 삼별초는 빠르게 세력을 회복하여, 이듬해 남해안을 영향권 안에 넣고 강화만까지 북상하며 개경 정부를 위협했다.

1273년 2월 씬두, 홍다구, 김방경이 2만 2천여 명의 여몽 연합군을 조직하여 4월에 탐라를 공격했다. 총포 화기의 공세에 삼별초는 버티지 못했고, 전원이 장렬하게 전사하며 3년여에 걸친 반란이 끝났다.

삼별초 반란은 몽골군에 무릎 꿇지 않겠다는 고려 무사들의 자주 정신이 그대로 드러난 대표적인 항쟁이었다. 하지만 삼별초는 무신 정권의 사병으로 백성을 핍박하고 무신 정권의 이익을 지켜준 군인들이기도 했다. 이들이 민중을 억압하는 권력의 도구였다는 점에서 긍정적으로만 평가할 수는 없다.

현대사에서 민주 정부를 억압하고 군사 반란을 일으켜 정권을 찬탈한 박정희와 전두환 군사정부는 자신들의 정당성을 주장하기 위해, 삼별초의 항쟁 정신을 강조하고 진도와 제주도 등지에 항몽 전적지를 만들었다. 삼별초의 항쟁은 이들에 의해 지나치게 긍정적으로 평가된 면이 있다.

고려에 시집온 몽골의 공주들

1259년 고려와 몽골(원)의 강화조약이 이루어졌다. 100여 년에 걸친 무신 정권을 끝내고 권력을 되찾은 고려 왕들은 원나라의 부마국이 되어 취약한 권력의 토대를 유지하려고 했다. 이런 연유로 두 나라의 왕실 간 혼인관계가 이루어졌다.

고려에 처음 시집온 원나라 공주는 원세조 쿠빌라이의 딸인 제국대장 공주 홀도로게리미실이었다. 그녀는 충렬왕에게 시집와서 충선왕을 낳았다. 이후 고려 왕과 원나라 공주의 결혼은 세조구제(世祖舊制)라 불리며 하나의 전통처럼 굳어졌다.

충선왕은 진왕 카말라의 딸인 계국대장공주 보찹실린과, 충숙왕은 쿠 빌라이의 손자인 영왕 에센티무루 딸 복국장공주 역련진팔라와 혼인했다. 충혜왕은 진서무정왕 초팔의 딸인 덕령공주 역련진반과 혼인했으며, 공민왕은 위왕 볼로드 테무르의 딸 노국대장공주 보탑실리와 정략적으로 결혼했다. 몽골 지배 100년 동안 어린 나이에 즉위했으나 곧바로 폐위된 충목왕과 충정왕을 제외한 5명의 군주가 몽골의 사위가 된 것이다.

고려 왕이 원나라 공주와 혼인을 한 까닭은 원나라 위세를 바탕으로 왕권을 강화하려는 욕심과 고려를 부마국으로 삼아 간접 통치하려는 원나라의 이익이 맞아 떨어졌기 때문이다. 그래서 고려 왕들은 원나라 지배 지역에서 유일하게 왕권을 유지할 수 있었다.

비록 왕의 입장에서는 사후에 장인의 나라에 충성했다는 의미에서 시호에 충(忠) 자가 들어가는 것과 몽골 공주의 위세 때문에 자존심이 상했 겠지만, 백성의 입장에서는 모처럼 오랜 전란이 끝나고 형식상으로나마 찾아온 평화였던 셈이다.

삼별초의 대몽 항쟁이 일어난 요인은 무엇이며,
그들의 항쟁을 어떻게 평가해야 할까?

Point 1   삼별초가 어떻게 형성이 되었고, 그들이 누구를 위해 봉사하였는지 알아보자. 삼별초의 존재가 도덕적으로 떳떳한지 그렇지 않은지를 생각해보자.

Point 2   원종과 쿠빌라이 사이에 맺은 강화협상 조건이 무엇이며, 고려 왕실이 왜 몽골과 강화협상을 맺고 강화도에서 개경으로 환도하려 했는지 조사해보자.

Point 3   삼별초가 개경 환도에 반대하여 대몽 항쟁을 선언하고, 진도와 제주도로 이동하며 결사 항전을 한 이유를 살펴보자. 그리고 그것의 역사적 의미를 평가해보자.

공부를 더 하고 싶다면

《항몽 전쟁, 그 상세한 기록》(구종서 지음, 살림)
최충헌의 무신 집권기부터 40여 년 동안 지속된 고려와 몽골의 전쟁을 역사소설로 담아냈다. 고난의 세월을 살아온 민초들과 항몽의 깃발을 든 장군에서 병사까지 많은 이들의 땀과 죽음과 저항의 흔적을 되돌아본다.

《한 권으로 읽는 팔만대장경》(진현종 지음, 들녘)
몽골의 침입을 부처님의 힘을 빌려 막겠다는 염원으로 최씨 무신 정권이 1236년부터 1251년까지 무려 16년간 만든 1,547부의 고려대장경에 대한 안내서이다. 이름으로만 알고 있던 대장경의 여러 경전과 논소들을 한 권에 담은 정성이 돋보인다.

《고려에 시집온 칭기즈칸의 딸들》(이한수 지음, 김영사)
몽골의 부마국이 된 고려는 충렬왕부터 공민왕까지 5대에 걸쳐 몽골 왕녀를 부인으로 맞았다. 세계제국 원나라의 부마로서 고려 왕실을 보존했다는 긍정론부터 자주성을 심각하게 훼손당했다는 부정론을 떠나서, 몽골 100년 지배기의 고려사를 읽는 데 많은 도움을 준다.

3

몽골 100년 지배와 공민왕의 자주 개혁

한 줄로 읽는 우리 역사

14세기 중엽에 홍건적이 일어나 몽골제국을 누르고 명나라를 세웠다. 고려는 충선왕, 이제현의 개혁이 좌절되었으나 공민왕은 대몽 항쟁과 내부 개혁을 단행했다. 이때 신진사대부는 주자성리학을 바탕으로 새로운 유교국가 건설을 꿈꾸었다.

　고려와 몽골의 대결은 삼별초의 항쟁이 진압되면서 공식적으로 끝났다. 원종은 비록 몽골제국의 제후로 지위가 떨어졌지만, 100년에 걸친 무신 정권을 없애고 왕권을 찾아오는 데 성공했다.

　몽골은 삼별초 항쟁을 진압하는 동시에 일본 원정도 준비했다. 1266년부터 여러 차례 일본에 사신을 보내 항복을 촉구하면서 침략의 명분을 쌓은 몽

성균관 | 경기도 개성 소재. 고려 최고의 교육기관인 국자감이 고려 후기에 성균관으로 바뀌었다.

골은 1271년, 고려에 둔전경략사를 두고 군량과 군함, 병력을 징발했다. 어느 정도 분위기가 무르익자 원세조 쿠빌라이*는 드디어 일본 원정을 시도했다.

● 팍스 몽골리카(팍스 타타리아)
13세기부터 14세기까지 200여 년간 세계사를 주도한 몽골의 시대를 말한다. 다른 용어로는 '팍스 타타리아(몽골의 평화)'라고도 한다. 우리 역사에서는 30년 대몽항쟁과 100년의 간접지배로 받아들이지만 세계사의 차원에서는 동양과 서양이 하나의 세계로 연결되는 계기와 시점으로 파악한다.

여몽 연합군의 일본 원정

1274년에 원종이 세상을 떠나고 원세조 쿠빌라이의 사위인 충렬왕(1274~1308)이 즉위했다. 몽골은 같은 해 10월 원수 씬두, 부원수 홍다구, 유복형이 이끄는 몽골군과 여진군으로 구성된 2만 5천여 명의 정동군을 일으켰고, 도독사 김방경, 장군 김신, 김문비가 이끄는 4만여 명의 고려군이 이에 합세하여 일본 원정에 나섰다.

여몽 연합군은 병선 900여 척에 나눠 타고 대마도와 일기도를 거쳐 10월 18일 마쓰우라(송포)에 상륙했다. 여몽 연합군은 3일에 걸쳐 일본군과 교전하여 해안에 교두보를 확보했다. 그런데 이날 저녁 태풍이 강습하여 병선 대부분이 침몰하고 병력 1만 5천여 명이 물에 빠져 죽는 참사가 일어났다. 여몽 연합군은 남은 병선을 이끌고 퇴각할 수밖에 없었다. 일본에서는 제1차 일본 원정을 좌절시킨 이 태풍을 신의 바람이라는 뜻의 가미카제(神風 : 신풍)라고 부른다.

1275년, 몽골은 일본으로 사신을 보내 재차 항복을 권유했으나 일본의 집정 호조 도키무네는 거부했다. 1279년, 몽골은 양자강을 건너 남송을 멸망시키고 이민족으로는 처음으로 중원을 통일했다. 1280년 쿠빌라이는 일본 원정을 위

고려 후기 왕계표

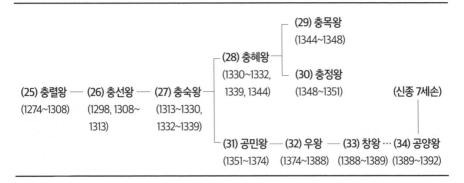

해 고려에 정동행성[●]을 설치하고, 이듬해 1월에 2차 원정을 명령했다.

여몽 연합군은 씬두, 홍다구, 김방경이 지휘하는 4만 동로군과 범문호가 이끄는 10만 서로군을 편성했다. 5월 3일 동로군은 합포를 떠나 21일 대마도를 정복했고, 26일에는 일기도를 점령했다. 이때부터 동로군은 규슈 해안을 공격하여 6월 7일 하카다 해안에 교두보를 확보했다. 하지만 일본군의 저항에 계속 패하여 6월 13일에는 결국 다카시마(응도)로 후퇴하여 범문호가 이끄는 서로군을 기다렸다.

범문호의 서로군은 6월 초에 강남을 출발하여, 7월 하순 히젠(비전)의 히라도(평호)에 도착했다. 7월 27일 서로군은 다카시마로 이동하여 동로군과 합세했다.

그런데 총공격을 앞둔 8월 1일, 또다시 태풍이 불어 대부분의 전함이 파손되고 10만여 명이 싸움 한 번 제대로 하지 못하고 수장되는 참극이 벌어졌다.

여몽 연합군은 남은 일부 병력만 이끌고 합포로 돌아왔

다. 이로써 두 차례에 걸친 여몽 연합군의 일본 원정은 자연재해를 극복하지 못하고 실패했다.

몽골의 고려 간접 지배 100년●

여몽전쟁이 끝나고 강화 협상과 함께 고려는 몽골의 간접 지배기(1259~1356)에 들어갔다.● 몽골(원)은 여몽전쟁 기간에 고려 정부와 강화 협상을 하면서, 1258년 화주(영흥)에 쌍성총관부를 두어 고려와 여진의 연결을 막고자 했다.

1270년에는 서경(평양)에 동녕부를 두고 직할령으로 삼아 고려와 거란의 교류를 감시했다. 또한 삼별초의 반란을 진압한 다음에는 일본과 남송을 정벌하는 전초기지이자 일본과 연결을 차단할 수 있는 제주도의 중요성을 인식하고, 1273년 탐라총관부를 설치했다.

또한 몽골은 일본 원정이 실패하자 원정군을 지원하기 위해 1280년에 설치한 정동행성을 개경에 그대로 두고 다루가치를 고려에 파견해 내정에 간섭했다.

고려의 권문세족● 가운데 상당수는 정동행성에 빌붙어 부원파(附元派)로 변신했다. 부원파는 가문과 사익을 위해 사사건건 개혁 정책을 반대하며 백성을 억압하고 수탈했다.

원나라는 부원파를 앞세워 고려에 대해 토지와 백성을 조사하여 보고하도록 끊임없이 요구했다. 고려의 재물을 수탈하고 직접적으로 통치하기 위해서였다.

고려는 이때마다 부마국 지위와 함께 원세조 쿠빌라이가

● 몽골의 고려 지배 100년
몽고풍, 세조구제, 토풍불개, 고려양, 정동행성, 쌍성총관부, 참라총관부, 동녕부
(검) 49-기본, (검) 52-심화

● 몽골의 고려 지배 특징
1) 영토 침탈과 내정 간섭
2) 부원파의 득세
3) 부마국의 지위와 제후국 칭호
4) 몽고풍과 고려양

●● 고려 권문세족
문벌귀족 주축, 부원파와 무신 세력 가세, 음서제를 통한 관직 진출, 도평의사사 통한 집권
(검) 1-3, (검) 7-고, (검) 4-3

강화 조약에서 약속한 고려 풍속을 바꾸지 않는다는 '토풍불개(土風不改)' 조항을 내세워 피해 갔다. 부원파들은 끊임없이 고려를 원나라의 일개 성으로 만들려는 입성책동(立省策動)을 되풀이했다.

몽골●은 직접 지배가 불가능하자 해마다 어린 공녀와 환관을 요구했다. 이 때문에 자식을 빼앗기지 않으려고 어릴 때 혼인을 시키는 조혼 풍속이 생겨나기도 했다.

고려는 공녀와 환관 공급 외에도 막대한 양의 금, 은, 베, 도자기, 곰 가죽(웅피), 범 가죽(호피), 해동청(매), 인삼, 잣 등의 특산품을 공납으로 바쳐야 했다.

몽골의 100년 지배기는 비록 부마국으로나마 국가의 종묘사직은 유지할 수 있었지만 수탈과 압박에 시달리는 고통의 기간이었다. 이런 와중에도 충렬왕, 충선왕, 충숙왕, 충목왕은 고려의 내정 개혁을 시도했다.

● 몽고(蒙古)와 몽골(Mongolia)
몽골(Mongolia)은 아득한 땅, 거룩한 땅, 높은 땅이란 뜻을 지니는데 한자어로 몽고(蒙古)라 하면 무지몽매하고 고루하다는 비하의 뜻이 담겨 있다.
일부의 북방계 언어학자들은 고구려를 뜻하는 밝골(밝은 땅), 위구르를 뜻하는 윗골(거룩한 땅), 돌궐을 뜻하는 툇골(높은 땅)은 몽골과 더불어 신성한 땅을 뜻하는 공통성이 있다고 말한다. 따라서 몽고보다 몽골이라 부르는 게 옳다.

《삼국유사》와 《제왕운기》가 쓰여지다

● 원(몽골)과 고려의 관계
원이 고려에 다루가치(정동행성) 파견, 고려는 원의 부마국, 고려 왕의 시호에 충(忠) 사용, 고려 왕은 원나라 수도인 대도에 숙위로 인질생활, 고려왕은 몽골식 이름
(검) 6-초, (검) 3-3, (검) 49-기본, (검) 52-심화

몽골과 고려●의 100년 동안의 관계는 특수한 성격을 지녔다. 지배와 피지배 관계인 동시에, 황제국과 제후국의 종속 관계, 장인과 사위국이라는 혈연 관계였기 때문이다. 오랫동안 권력을 잡았던 무신 세력을 약화 또는 소멸시키기 위해서, 역으로 지배자인 몽골의 지원이 필요한 역설의 시대이기도 했다.

원종은 몽골에 항복하고 고려를 부마국으로 만들었으

몽골 지배 지역의 변천

동녕부	쌍성총관부	탐라총관부
1270년 서경에 설치 자비령 이북	1258년 화주(영흥)에 설치 철령 이북	1273년 삼별초 진압 뒤 설치 제주도 지역
1290년에 요동으로 옮김	1356년 수복(이자춘 참가)	1356년 폐지

며 몽골의 강요로 두 차례에 걸친 일본 정벌에 나섰다. 또한 1274년에는 몽골군을 위한 고려 여인을 선발하는 결혼도 감을 설치하여 백성의 지탄을 받았다. 그렇지만 당시 세계를 지배한 몽골로부터 종묘사직을 보장받고, 아들 충렬왕을 원세조의 사위로 만든 외교적 수완은 평가할 만하다.

원종의 큰아들인 충렬왕 왕심은 1271년 5월 쿠빌라이의 딸인 홀도로게리미실(제국대장공주)과 몽골의 수도인 대도에서 혼인했고, 원래 부인인 정화궁주는 제2비로 격하되었다. 그리고 1274년 7월 원종이 죽자 대도에서 고려로 귀국하여 25대 왕으로 즉위했다.

충렬왕은 원 황실의 부마라는 지위를 활용해서, 1279년 10여 명으로 구성된 회의체 도병마사를 70여 명 규모로 늘린 도평의사사로 개편하여 많은 신진 관료들을 국정에 참여시켰다. 또한 응방, 환관, 역관 등의 하급 관리를 친위 세력으로 끌어들여 무신 정권의 잔여 세력을 소멸시키고 권문세족을 견제했다.

1294년에는 원성종 테무르에게 탐라 반환을 요청했다. 몽골은 충렬왕이 점차 왕권을 수립해가자 압력을 가해 왕위에서 물러날 것을 강요했다.

이런 가운데 충선왕 재위 시절에 민족의식이 고양되면

서 불교 개혁에 앞장섰던 일연은 1281년을 전후하여 군위 인각사에서 우리 민족의 시원과 유구한 역사를 기록한《삼국유사》를 썼다. 충렬왕에게 국왕 측근의 폐단을 시정해야 한다는 내용의 간언 10조를 올렸다가 파직당한 이승휴는 1287년 고향 삼척에서 부패한 정치를 바로잡기 위한 역사의 교훈을 기록한《제왕운기》[*]를 썼다.

몽골제국 3인자, 충선왕의 전지 정치

왕장은 충렬왕에게 양위를 받아 1298년 충선왕으로 즉위했다. 충선왕(1298, 1308~1313)은 세조 쿠빌라이의 외손자라는 지위와 몽골 황실에서 자랐던 영향으로 개혁에 대한 자신감이 충만했다. 세자로서 대리청정을 하면서 1297년 부왕 충렬왕의 총애를 믿고 횡포를 부리던 궁녀 무비(無比)를 처단했다.

즉위한 뒤에는 좌중찬 홍자번이 건의한 〈변민18사(便民十八事)〉를 바탕으로 27개조 개혁 교서를 발표하여 권문세족의 토지 겸병(대토지 소유), 관리들의 수탈, 세금 횡령 등 일체의 부정부패를 척결하겠다는 의지를 천명했다.

즉위년 4월 인사행정의 폐단을 낳은 정방을 폐지하고 기능을 한림원에 넘겼으며, 5월에는 대대적으로 관제를 개편했다. 위기를 느낀 부패 권문세족과 부원파들은 충선왕의 부인인 제국대장 공주를 부추겨 충선왕을 물러나게 했다.

결국 충선왕은 즉위 7개월 만에 물러나고, 충렬왕이 다시 국왕으로 즉위했다. 원나라에 소환된 충선왕은 부왕인 충렬왕 계열의 왕유소, 송린, 홍중희 등의 모함을 받아 10여 년 동안 여러 차례 위기를 맞았다.

그러나 1307년 정치적 동지인 원무종 카이산을 옹립하는 데 성공하고, 이듬해 부왕이 죽자 원 황실의 지원을 받아 왕유소 등을 제거하고 왕으로 다시 복귀했다.

충선왕은 복위 교서를 발표하고 조세의 공평, 귀족의 횡포 금지, 국가가 직접 염전을 관리하는 염법 제정, 백성의 토지를 빼앗는 행위 금지 등 강력한 개혁 정치를 단행했다. 그러나 얼마 뒤 정치에 염증을 느끼고, 대도로 돌아가 서신을 통해 통치하는 이른바 전지(傳旨) 정치를 했다.

1313년에는 둘째아들 왕만에게 양위하고 대도의 독서당인 만권당*에 머물며, 명필 조맹부를 초청하여 예술에 심취하고 고려의 자제들을 뽑아 성리학을 공부하게 했다. 이제현은 대표적인 만권당 출신으로 고려에 성리학을 전파하는 데 중요한 역할을 했다.

●충선왕과 만권당
충선왕은 세조 쿠빌라이의 외손자로 당시에 권력의 3인자였다. 그 뒤 내란에 휘말려 티벳의 시가체로 유배를 갔다 복권이 되어 돌아온 후, 대도(북경)에 만권당을 세우고 송설 조맹부 등과 교류하면서 신진사대부들이 성리학을 받아들이는 창구 역할을 하였다.

만권당 출신 이제현, 11개항의 개혁책을 내다

충숙왕(1313~1330, 1332~1339) 왕만은 충선왕의 둘째아들로 강력한 개혁 의지를 가진 군주였다. 1318년 14개조의 개혁 교서를 발표하고 개혁기구인 찰리변위도감을 설치했다.

그러나 충숙왕의 개혁은 대도에 머물던 충선왕과 그 측근들의 방해, 원나라의 여러 차례에 걸친 충숙왕의 대도(大

都) 소환 등으로 결국 성공하지 못했다.

그 뒤 원나라는 충숙왕과 아들 충혜왕(1330~1332, 1339~1344)을 번갈아 왕위(王位)에서 교체시켜 고려 왕실을 약화시켰다.

1344년 충혜왕의 첫째아들 충목왕(1344~1348)이 8세의 어린 나이로 왕위에 올랐다. 훗날 공민왕이 되는 강릉대군 왕전은 충목왕의 숙부이다. 판삼사사 이제현은 이때 충목왕에게 11개항의 개혁책을 제시하고, 수렴청정을 하던 충목왕의 어머니 덕녕공주와 함께 개혁에 착수했다.

그리하여 보흥고, 내승, 응방 등 부패한 기구를 철폐하고 국왕과 신하가 내정을 논의하는 서연을 복구하고 권문세족이 독점한 녹과전을 원래 소유자에게 반환했다.

1347년에는 정치도감을 설치하여 12개의 개혁 과제를 정하고 토지를 조사하는 양전을 실시했고, 1348년에는 굶주린 백성을 구제하기 위한 진제도감(賑濟都監)을 설치했다. 하지만 부원파나 부패한 세력의 끈질긴 방해, 원나라의 간섭, 그리고 충목왕의 갑작스런 죽음으로 개혁은 좌절되었다.

아우 충정왕(1348~1351)이 왕위를 이었으나 고려 민심이 강릉대군 왕전에게 쏠리자 신하들이 원순제에게 요청하여 폐위시켰다.

이어서 원순제의 제2 황후인 고려 출신의 기황후는 고려에 자신의 지지 세력을 심고자 강릉대군을 고려 왕으로 추대했다. 이로써 시호에 원나라에 대한 충성을 뜻하는 충(忠)자가 들어가는 고려 왕의 시대는 끝나고 공민왕의 시대가 열렸다.

공민왕의 대몽항쟁과 내정개혁

1351년은 원나라와 고려에 변화가 불어 닥친 특별한 해였다. 중국에서는 백련교도들이 머리에 붉은 수건을 두르고 홍건군(홍건적)이라 자칭하며 전국에서 농민 반란을 일으켰다.

당시 고려●에서는 부원파, 권문세족, 사원 집단이 대토지를 소유하고 백성을 수탈했다. 백성에게는 지옥 같은 사회였다. 또한 왜구들의 계속된 침범으로 해안 지역에선 민심이 흉흉하고 불안한 나날이 지속되었다. 이때 공민왕이 22세의 나이로 즉위한 것이다.

공민왕(1351~1374)은 충목왕 시기에 개혁을 주도했던 원로 이제현을 초빙하여 강도 높은 개혁 정책●●●을 추진했다. 즉위년에 정방을 혁파하여 인사권을 전리사와 군부사로 되돌리고, 왕세자에게 경학을 강론하는 서연을 재개했다.

공민왕과 노국공주 영정
종묘 공민왕 사당에 소재, 역성혁명으로 조선을 개국한 태조 이성계는 고려 유민을 무마하고 포용하는 모습을 보이기 위해 종묘에 공민왕 사당을 세우고 제사를 지냈다.

● **고려의 가족 생활**
소가족 제도 중심, 여자도 호주 가능, 모든 자식들이 제사를 지냄, 아들이 없으면 딸이 제사(윤사제), 재산 상속에 남녀 차별이 없음, 사위도 처가의 호적에 등재, 남자가 여자 집에 장가(처가혼), 자녀 가운데 모계 성씨 가능
(검) 2-3, (검) 7-고, (수) 2005, (수) 1997,

●● **공민왕의 정치 개혁**
성균관 개편, 첨의부 폐지, 중서 문하성과 상서성 복구, 몽골식 관제와 용어 철폐, 몽골의 간접 지배 영토를 수복
(검) 1-4, (검) 3-4, (수) 2010, (수한) 2019, (수한) 2021

● **공민왕의 개혁 정책**
1) 대외 개혁 : 몽고풍 금지, 정동행성 폐지, 부원파 제거, 영토 수복
2) 대내개혁 : 정방폐지, 서연 개최, 전민변정도감 설치, 성균관 재건

1352년에는 감찰대부 이연종의 건의에 따라 몽고풍의 변발과 호복을 금지하고, 1355년에는 원순제의 부인인 기황후의 권세를 등에 업고 횡포를 일삼던 기철 일당과 부원파를 제거했다.

1356년에는 몽골 연호와 내정 간섭 기구인 정동행성을 폐지했다. 그리고 몽골의 관제를 없애고, 200여 년 전 문종의 옛 제도로 복귀했다. 또 쌍성총관부를 공격하여 폐지시키고 영토를 회복했는데, 이는 중국에서 1356년 홍건적의 반란이 전국적으로 확산되었다는 정보를 입수하고 내린 결단이었다.

공민왕•의 1차 개혁은 주로 외사촌 형인 홍언박과 대도에서 그를 시종했던 측근들이 주도했다. 그러나 1359년과 1361년 홍건적이 도적으로 변하여 고려를 침략하는 사태가 벌어졌다.

1363년에는 원나라와 결탁한 시종공신 김용이 흥왕사에서 반란을 일으켰고, 1364년에는 원나라가 충숙왕의 아우 덕흥군을 새 고려왕으로 책봉하고 최유에게 1만 군사를 주어 고려를 침략하는 사건이 벌어졌다. 다행히 이때 최영과 이성계가 최유를 격퇴하여 공민왕은 내우외환을 모두 극복하고 다시 개혁 정책을 추진할 수 있었다.

● 공민왕(1351~1374)의 개혁 정책
1) 대외개혁 : 몽고풍 폐지, 정동행성 폐지, 부원파 제거, 영토 수복
2) 대내개혁 : 정방 폐지, 서연 개최, 전민변정도감 설치, 성균관 재건

신돈의 등용과 개혁의 실패

1364년 공민왕은 김원명이 추천한 신돈을 중용하여 제

2차 내정 개혁에 착수했다.[*] 공민왕은 대도에서 인질 생활을 했기 때문에 국내에 친위 세력이 없었다. 또 대도에서 인연을 맺은 시종 공신 조일신, 김용 등은 원나라에 붙어 공민왕을 배신했다.

이때 공민왕이 눈여겨본 대상은 청년 무장 세력, 중소 지주나 향리층의 자제들인 신진사대부, 선종이나 교종에 속하지 않은 무당파 승려였다. 그런 면에서 신돈은 공민왕이 체제 개혁을 추진하는 데 가장 적합한 무당파(無黨派) 승려였다.

신돈은 권문세족의 정치·경제적 기반을 무너뜨리고 개혁에 대한 백성의 지지를 이끌어내고자, 1366년 전민변정도감[**]을 설치하여 노비 해방과 수탈된 토지의 환수를 추진했다. 1367년에는 성균관을 다시 세우고 성리학을 신봉하는 이색, 정몽주, 정도전 같은 신진사대부[*]를 친위 세력으로 끌어들여 권문세족을 공격했다. 1369년에는 신흥 무장 세력 이성계에게 동녕부를 공격하게 해 서북 영토를 수복했다.[***]

그러나 농민과 천민 계급의 이익을 우선하는 신돈의 개혁은 급진적이어서 숨죽이고 있던 기득권 세력의 표적이 되었다. 게다가 1365년에 개혁을 지지하며 공민왕을 돕던 왕후 노국공주가 세상을 떠나자, 공민왕은 정치를 멀리하기 시작했다. 이에 이존오, 김흥조, 김제안이 연달아 신돈을 탄핵하고 재상 김속명이 신돈을 역모죄(逆謀罪)로 몰았다.

결국 신돈은 1371년에 제거되었다. 개혁의 수족이 되어 주던 노국공주와 신돈을 잃은 공민왕은 1374년, 측근이던 자제위 소속 친원파 홍륜, 최만생에게 시해당했다. 이로써

● **고려 후기 사회상**
사노비 증가, 농민들이 자진해 농장의 노비화, 양민 감소로 국가 조세 수입 곤란, 신돈의 전민 변정도감 설치
(검) 7-초, (수) 2007

●● **신돈의 전민변정도감**
노비 해방, 토지 개혁, 국가 수입의 확대, 권문세족 견제
(수) 2009, (검) 4-4, (검) 3-4, (검) 47-기본

● **신진사대부의 등장**
무신 집권기에 문벌귀족이 몰락한 뒤, 향리의 자제들이 과거를 통해 중앙으로 진출하면서 세력을 키웠다. 공민왕 시기에 성균관의 재개와 함께 개혁 정책에 힘입어 본격적으로 정계에 등장했다.

●●● **공민왕의 영토 수복**
쌍성총관부 수복(1356) 탐라총관부 수복(1356), 정동행성 폐지(1356), 철령 이북 수복
(검) 4-4, (검) 4-3, (검) 5-4, (검) 50-기본

● 신돈 개혁의 실패 요인
1) 지지 세력 부족
2) 급진 정책으로 중도파가 등 돌림
3) 고려 내정의 불안정성(경제적 침체, 신분적 동요)
4) 국제 정세의 유동(왜구, 홍건적의 침입 등)
5) 공민왕이 개혁에 철저하지 못했음

공민왕의 제2기 개혁 정책은 물거품이 되었다.●

하지만 신돈을 앞세운 공민왕의 개혁은 여러 측면에서 역사적 가치를 지닌다. 몽골의 지배를 벗어난 자주성의 회복, 몽골의 쌍성총관부와 동녕부 회복, 고려 백성의 숙원인 토지 개혁과 신분 해방 추구, 무신 중심에서 문신 중심의 정치로 변화, 신진사대부와 신흥 무장 세력의 양성 등은 고려 사회를 역동적이고 개혁적으로 변화시키는 원동력이었다.

그러나 개혁의 지속성이 부족했으며 백성의 지지는 얻었지만 정치·군사적인 실권을 장악한 친위 세력 양성에는 실패했다. 또한 지나친 이상주의와 급진 정책은 반대 세력만 키웠다.

결국 고려 내정의 불안정성, 왜구와 홍건적의 침입 등 외적 요인, 권문세족의 조직적인 반대 등으로 개혁은 아쉽게도 성공하지 못했다.

개혁이란 당대에 실패했어도 그것이 추구한 가치는 사회를 변화시키는 촉매제 역할을 한다. 신진사대부는 비록 신돈과 개혁의 방향은 달랐지만 개혁 정책의 정당성이란 측면에서는 추구하는 목표와 가치가 같았다. 신진사대부는 신돈이 추구한 개혁 정책●●을 바탕으로 훗날 조선을 개국하는 밑거름으로 삼았다.

●● 신돈 개혁의 의의
1) 개혁 내용과 방향의 설정
2) 토지 개혁의 당위성 수립
3) 신분 해방의 절박성 인지
4) 새로운 사회에 대한 기대감
5) 신진사대부의 성장

홍건적*의 침입과 최영의 부상

공민왕이 대몽 항쟁을 주도하던 시기에 대륙에서는 머리에 붉은 두건을 두른 농민군들이 봉기를 일으켰다. 홍건적은 원나라 말기에 미륵하생을 믿는 백련교도를 중심으로 중국 하북성에서 봉기한 농민군을 말한다.

백련교 교주 한산동은 1351년, 황하의 범람으로 치수 공사를 위한 노역에 끌려온 농민을 선동하여 반란을 일으켰다가 실패하여 처형당했다.

1356년, 그의 아들 한림아는 백련교를 이끌던 유복통의 추대를 받아 원나라에게 망했던 송나라의 재건을 표방하며 다시 봉기했다. 이들 세력 가운데 일부가 몽골군에게 패배하여 요동으로 쫓기자, 고려 경내로 들어와서 민가에 불을 지르고 약탈하는 도적 떼가 되었다.

홍건적은 식량과 물자가 부족한 요동보다는 경제적으로 풍요로운 고려를 정복하고, 이곳을 발판으로 중원에 다시 진격한다는 전략을 짜고 고려를 침공했다.

홍건적의 제1차 침입은 1359년 12월에 시작되었다. 11월부터 수천 명의 홍건적이 압록강 주변을 침탈하여 시기를 엿보다가, 강물이 얼자 12월 8일 모거경이 이끄는 4만 명이 드디어 압록강을 건너 의주, 정주, 인주를 점령했다.

고려는 수문하시중 이암을 서북면도원수, 경천흥을 부원수, 김득배를 도지휘사, 이춘부를 서경윤, 이인임을 서경존무사로 삼고 홍건적과 맞서게 했다. 하지만 홍건적의 기세에 눌려 제대로 방어하지 못한 고려군은 서경을 버리고 황주로 후퇴했고, 12월 28일 서경이 함락되었다.

●**홍건적은 누구를 말하는가?**
몽골의 지배를 받던 중국 한족은 현세의 고통을 구원해주는 미륵불이 출현한다는 백련교, 미륵교를 숭배했다. 이들은 1351년에 한산동을 추대하고 명왕출세(明王出世)의 깃발 아래 머리에 붉은 두건을 하고 농민 봉기를 일으켰다. 역사에서는 이들을 홍건적이라 한다.

후방에서 전열을 정비한 안우, 이방실, 김어진, 김득배는 2만의 고려군을 이끌고 서경 탈환 작전을 전개하여, 이듬해 1월 19일 서경에서 홍건적을 물리쳤다.

곧이어 퇴각하는 홍건적을 함종에서 공격하여 적장 심자, 황지선을 사로잡고 2만여 명의 목을 베었다. 2월 26일 고려군은 압록강 밖으로 홍건적을 몰아냈고, 이때 살아 돌아간 홍건적의 수가 겨우 300여 명이었다.

홍건적●은 3월과 4월에 적은 병력의 수군을 이끌고 풍주(풍천), 덕도(용강), 석도(은율), 봉주(봉산)를 습격했는데, 이는 고려군의 이목을 속이고 다시 침공을 준비하려는 술책이었다.

1361년 10월에는 위평장 반성, 사유, 관선생, 주원수, 파두반이 이끄는 10만의 홍건적이 제2차 침입을 시작하여 삭주와 니성(창성)을 공격했다.

고려는 추밀원부사 이방실을 서북면도지휘사, 참지정사 안우를 상원수, 정당문학 김득배를 도병마사로 삼아 연주(영변), 박주(박천)에서 막아냈다. 이어서 고려군은 도원수 안우를 중심으로 안주에서 홍건적과 결전했으나, 대패하여 상장군 이음과 조천주가 전사했다.

11월 18일 의흥역(우봉)에 이른 홍건적은 기세를 모아 24일 개경을 함락했다. 복주(안동)로 피신한 공민왕은 정세운을 총병관으로 삼아 전열을 정비하게 했다.

이듬해 1월에는 안우, 이방실, 황상, 한방신, 이여경, 김득배, 안우경, 이구수, 최영, 이성계가 이끄는 20만의 고려군이 개경 동쪽의 천수사에 집결했고, 18일부터 총공격을 시작했다.

● 홍건적과 명나라(1368~1644)
백련교를 믿는 주원장이 1368년에 세운 나라이다. 초기에 홍건적(농민군) 반란 세력의 수령이었던 곽자흥의 군대에 편입된 주원장은 나중에 곽자흥의 사위가 되어 세력을 키우고, 곽자흥이 전사한 뒤에는 참모인 주승의 3가지 계책(남경 교두보, 식량 확보, 군사 양성)에 따라 남경에 도읍을 정해 천하정세를 관망하였다. 때가 되자 일거에 서안, 북경을 점령하고 천하를 통일하였다.

이때 2천여 명을 이끌던 이성계가 선봉에서 성내로 진입하여 적장 사유와 관선생의 목을 베니, 홍건적의 전열은 무너졌다. 그 결과 홍건적 10여 만 명이 목숨을 잃었으며, 파두반이 이끄는 일부만 압록강을 건너 달아났을 뿐이었다.

이때 공민왕을 대도에서 모셨던 시종공신 김용이 여러 장군들의 공을 시기해서, 정세운을 연회에 초청해 살해하는 만행을 저질렀다. 그는 이어서 안우, 이방실, 김득배까지 죽이고 친원파인 기씨 일당과 결탁하여 흥왕사에서 반란을 일으켰다.

이때 밀직사 최영, 지도첨의사 안우경, 상호군 김장수가 군대를 이끌고 김용의 반란을 진압했다. 이를 계기로 최영이 여말선초(麗末鮮初)의 영웅으로 역사의 수면 위로 떠올랐다.

팍스 몽골리카의 시대, 몽고풍과 고려양

팍스 몽골리카의 시대에 고려와 원나라 사이에는 인적 교류는 물론, 학문·문화·사상·문물의 교류가 활발했다. 몽골의 공주가 고려에 시집오면서 따라온 몽골인들을 통해 그들의 문화가 고려의 지배 세력에 직접적으로 전달되었다. 이때 원나라의 개방적이고 관용적인 국제성과 유목민의 전통이 고려에 많은 영향을 끼쳤는데, 이를 '몽고풍(蒙古風)'이라고 한다.

한편 원나라에 바쳐진 공녀, 원나라에 인질로 가 있는 고려 왕자와 수행원, 그리고 유학생과 승려들에 의해 고려 문화도 원나라 지배 세력에게 스며들었다. 특히 원나라 순제의 황후로서 정치적 수완과 권력 투쟁에 능했던 기황후로 인해 고려 문화는 원의 궁중 깊숙이 뿌리를 내릴 수 있었는데, 이를 '고려양(高麗樣)'이라고 한다.

몽고풍의 내용으로는 정치에서 원나라 관직 제도, 복장에서 변발과 호복, 음식에서 육식·설렁탕·소주, 언어에서 인칭의 끝에 붙이는 치나 음식을 뜻하는 수라, 생활 풍속으로 도투락댕기와 두루마기, 저고리 등을 들 수 있다. 고려양으로는 음식에서 떡·유과·순대·불고기·상추쌈, 생활에서 바느질·다리미질·의복 등 주로 여성과 관련된 풍습이 많이 전해졌다.

두 나라의 문화 교류는 정치적 불평등을 떠난 문화상의 동등한 흐름으로, 밋밋하고 고여 있는 전통성을 혁신하는 자극제가 되어 일정하게 역사의 발전에 기여했다.

공민왕의 책사이자 스승 신돈은 강력한 개혁을 추진했지만
기득권 세력의 반발로 오히려 죽임을 당했다.
신돈의 개혁은 역사적인 측면에서 어떻게 평가할 수 있을까?

Point 1 개혁이 필요했던 당시의 시대 상황을 정리하고, 권력 집단의 부패상
과 수탈이 어떠했는지도 알아보자. 그리고 어떤 분야의 개혁이 우
선 과제였는지도 살핀다.

Point 2 신돈 개혁의 내용, 추진 기구 등이 무엇인지 알아보고, 찬성하는 세
력과 반대하는 세력의 입장과 견해를 살펴보자.

Point 3 후대의 영향력이라는 면까지 포함하여, 신돈 개혁의 성공과 실패에
대해 평가해보자.

공부를 더 하고 싶다면

《신돈 미천하니 거리낄 것이 없네》(김헌식 지음, 창해)
천하의 요승부터 시대를 구하려고 뛰어든 혁명가까지, 역사의 평가가 상이한 신돈의 진면목
을 찾으려는 노력이 곳곳에 배어 있는 책. 민중의 시대적 요구였던 토지 개혁과 신분 해방, 그
것을 막으려는 기득권 세력의 반발, 그 중심에 선 신돈의 삶을 추적하고 있다.

《천하를 경영한 기황후》(제성욱 지음, 일송북)
고려의 공녀로 몽골에 바쳐진 한 여인이 세계제국 원나라의 최고의 지위인 황후에 이르는 과
정을 역사소설로 복원했다. 정치, 재정, 권력의 생리를 체득하고 민중을 지지 기반으로 삼은
탁월한 정치인으로서의 기황후의 면모도 드러난다.

《쿠빌라이 칸의 일본 원정과 충렬왕》(이승한 지음, 푸른역사)
무신집권 시기의 《고려 무인 이야기(4권)》를 저술한 저자의 내공이 가득한 역사 단행본으로
몽골의 세계화(팍스 몽골리카)를 이룬 원세조 쿠빌라이의 역사와 그가 꿈꾼 일본 원정의 정
치적 의도 등을 풀어준다.

4

여말선초, 요동 정벌과 위화도회군

한 줄로 읽는 우리 역사

최영은 고구려 옛 땅을 되찾고 친명 세력인 이성계와 신진사대부를 견제하고자 요동 정벌을 단행했다. 그러나 정도전과 이성계는 위화도회군을 통해 최영을 제거하고 권력을 장악했다. 이어서 폐가입진론, 과전법을 거쳐 조선 개국이라는 역성혁명을 성공시켰다.

여말선초는 대략 고려 공민왕 사후(1374)부터 태종 이방원이 왕자의 난(1398)을 일으킨 시기까지를 말한다. 이때 동아시아는 원나라가 초원으로 돌아가 북원으로 명맥을 유지하고, 명나라가 중국의 주인으로 등장하는 세력 교체기였다. 이 시기 고려에는 왜구와 홍건적이 침입했고, 왕조 유지를 위해서 신흥 국가 명나라와 교류해야 한다는 친명파와, 북원과 연합하여 요동을 도모하자는 친원파가 외교 노선을 두고 다투었다.

오늘날의 위화도
위화도는 압록강 하구에 있는 섬으로 이성계가 요동 정벌에 나섰다가 회군을 한 역사적인 장소이다. 현재 북한의 영토에 속하며 많은 사람들이 거주하며 농사를 짓고 있다.

전통적인 세력인 권문세족과 사원 세력은 기득권 유지를 위해 개혁을 방해하고, 계속 농민의 토지를 수탈하며 농장을 확대해 갔다.

이런 가운데 선종 계열의 고승 보우, 나옹, 무학 등이 불교 개혁과 체제 변혁을 꿈꾸었다. 또한 안향, 이제현, 이색으로 이어지는 성리학의 학문 전통을 숭상하던 신진사대부●도 새로운 신진 관료로서 중앙정치에 교두보를 확보하여, 기득권 보수 세력과 치열한 노선 투쟁을 전개했다. 여말선초는 각각의 세력들이 동상이몽을 꿈꾸면서 자신들의 이익을 관철하기 위해 연합과 대결을 펼치던 시대였다.

● 신진사대부의 특징
지방의 중소 지주층, 권문세족의 농장 확대 반대, 성리학 수용, 토지 개혁(과전법), 《소학》과 《주자가례》 중시, 역성혁명(폐가 입진과 조선 개국) 추진
(검) 2-1, (검) 2-4, (검) 5-고, (검) 3-1, (검) 51-심화, (수) 2006

왜구의 침입과 이성계의 등장

우왕 시기에 왜구●●가 극성을 부린 이유는 일본의 국내 사정이 한몫했다. 몽골 침략을 막아낸 가마쿠라 막부(鎌倉幕府) 정권이 무너지자, 천황이 권력을 회복하며 건무신정(建武新政)이 들어섰다(1333). 그러나 곧이어 2명의 천황이 60년간 분열하여 싸우는 남북조 시대(1336~1392)가 시작되었다. 일본은 전국이 전란에 휩싸이고, 패배한 세력들은 해안에 거주하면서 왜구로 돌변했다.

왜구는 단순한 해적 집단이 아니라, 주로 대마도·일기도·구주(규슈)에 거주하는 무사 집단이었다. 이들은 수백에서 수천 명이 무리를 지어 고려의 서남해안을 침략했다. 왜구는 1350년(충정왕 2년)부터 공민왕 재위 기간(1351~1374) 동

●● 왜구 토벌 지역
최영의 홍산대첩(1376), 최무선의 진포대첩(1380), 이성계의 황산대첩(1380), 정지의 남해대첩(관음포대첩, 1383)
(검) 4-고, (검) 5-고, (검) 48-기본

홍산대첩비
부여 태봉산성에 위치, 최영 장군이 왜구를 물리친 홍산대첩을 기념하여 1977년에 세워졌다.

안 115회에 걸쳐 침략했고, 우왕 재위 기간(1374~1388)에는 횟수가 늘어 378회에 이르렀다. 특히 경상, 충청, 전라 3도가 가장 심했다. 이 가운데 왜구를 섬멸한 홍산대첩(1376), 진포대첩(1380), 황산대첩(1380), 남해대첩(1383)은 모두 우왕 때 벌어진 전투였다.

홍산대첩은 최영이 왜구를 섬멸한 전투를 말한다. 1376년 2월부터 수백 명의 왜구들이 금강을 거슬러 올라와 노략질을 하고 7월에 연산의 개태사까지 침입하자, 고려의 원수 박인계가 나가 싸우다 전사했다. 6도 도순찰사였던 최영은 60세의 나이였지만, 왕에게 출전을 허락받아 왜구 토벌에 나섰다.

왜구가 홍산에 이르자 최영은 양광도 도순무사 최공철, 조전원수 강영, 병마사 박수년을 이끌고 태봉산에 진영을 마련한 뒤 앞장서서 왜구와 싸웠다. 최영이 왜구가 쏜 화살에 입술을 맞고도 주저하지 않고 적진으로 들어가 싸우자,

사기가 높아진 고려군이 일거에 왜구를 물리쳤다.

진포대첩은 1380년 나세, 심덕부, 최무선이 화포를 이용하여 왜구를 물리친 해전이었다. 경북 영천 출신의 최무선은 청년 시절 왜구를 물리치기 위해 중국인에게 화약 제조법을 익힌 뒤, 1377년 화통도감의 제조가 되었다. 그때부터 대장군포, 육화포, 화통, 화전과 같은 여러 화기를 만들어 왜구의 침입에 대비했다.

1380년 8월, 왜구들이 500여 척의 군선을 이끌고 금강 하류인 진포(서천)에 정박하고 내륙을 약탈하자, 해도원수 나세, 부원수 심덕부, 최무선이 100여 척의 군선을 이끌고 대적했다. 이때 고려군은 화포를 사용하여 왜선을 모두 불태우는 대승을 거두었다.

황산대첩은 1380년 이성계가 운봉 정산에서 왜구를 섬멸한 전투로, 진포대첩의 연장선에서 이루어졌다. 왜구는 진포에 상륙해서 약탈하다가 돌아갈 군선이 진포에서 모두 격침되자 소백산을 따라 남해로 이동했다. 8월에는 왜구가 함양에서 고려군을 대파하고 남원을 공격했다.

이때 양광·전라·경상 순찰사로 임명되어 왜구를 방비하던 이성계는 왜구가 함양과 운봉을 지나 황산에 이르렀을 때, 배극렴, 왕복명, 우인열, 도길부, 박림종, 홍인계, 임성미, 이원계와 함께 왜구를 공격했다. 이성계는 다리에 화살을 맞고도 분전하여 적장인 아지발도를 사살하고 왜구를 섬멸했다. 이때 살아 돌아간 왜구는 70명에 불과했다.

관음포대첩이라고도 부르는 남해대첩은 1383년 정지가 최무선의 도움을 받아 남해안을 약탈하던 왜구를 섬멸한 해전이었다. 왜구들은 3년 전 진포 해전의 패배를 설욕하기

최무선 과학관
고려 말 화약을 발명하여 왜구를 격퇴한 영천 출신의 최무선을 기념하는 유적관으로 경북 영천에 위치한다.

위해, 1383년 5월 120척의 군선을 이끌고 합포(마산)를 공격했다.

이때 해도원수 정지는 나주와 목포에 주둔하고 있던 군선 47척을 이끌고 합포에 이르렀다. 정지는 왜선을 찾아 나섰다가 박두양에 이르러 적선과 마주쳤다. 왜구는 큰 군선 20척을 앞세워 공격했으나, 최무선이 만든 화포의 공격으로 27척이 파손되고 2천여 명이 첫 전투에 전사했다.

전의를 잃은 왜구는 황급하게 퇴각하여 대마도로 달아났다. 이후 왜구들은 고려의 화포에 두려움을 갖고 더 이상 노략질을 하지 못했다.

왜구 침입 시기에 고려에서는 최영, 최무선, 이성계가 민중의 영웅으로 떠올랐다. 최무선의 화포는 왜구를 섬멸한 일등 공신으로 1389년 박위의 대마도 정벌, 1396년 김사형의 대마도 정벌, 1419년 이종무의 대마도 정벌에서도 아낌없이 위력을 보여 주었다.

이 가운데 이성계는 동북면의 군벌로 중앙 정계에서는

개태사 철확
충남 논산에 위치, 태조 왕건의 개국 사찰로 융성하였으나 고려 말에 퇴락하였다. 철확(쇠로 만든, 발이 없는 큰 솥)은 500명 이상의 밥을 지을 수 있어 개태사의 규모를 짐작케 한다.

고려 지배층의 변화

구분	전기	중기	후기	말기
연도	918~1046년	1046~1170년	1170~1351년	1351~1392년
지배층	호족, 개국공신	문벌귀족	권문세족	신진사대부
세력 형성	후삼국 호족 고려 개국공신 군사력과 공로	왕실과 통혼 가문간 통혼 관직의 독점	부원파 무신 세력(일부) 도평의사사 독점	지역 중소 지주층 성리학 유학자 도덕성 확보
관직 진출	지역 토착지배 지위의 세습	음서, 교육, 과거(사학 출신)	주로 음서	과거(성균관)
변화 요인	광종의 개혁	무신 정변	공민왕 개혁	조선 개국
국제 관계	자주적 외교	친송파	친원파	친명파
경제 기반	세습 토지	공음전, 과전, 농장	토지 겸병, 장원 소유	토지 개혁

소외된 무장이었다. 하지만 최영의 후원을 받아 왜구 토벌, 홍건적 격퇴 등 빛나는 전공을 세워, 차츰 신진사대부와 소외받는 소장파 무장들의 신망을 얻으며 최영과 함께 여말선초를 움직이는 실세가 되었다.

우왕의 권문세족 척결

우왕(1374~1388)은 공민왕과 사찰 노비였던 반야(般若) 사이에서 태어났다. 1374년에 공민왕이 시해당하자 이인임의 지지를 받아 왕위에 올랐다. 이인임은 측근 세력인 지윤, 임견미, 염흥방과 정권을 잡고, 신진사대부의 노선인 친명

●북원(北元), 1368-1635

몽골제국의 원래 국명은 '아흐 몽골 올로스(대몽골연합)'이고 한자로는 대원(大元)이다. 1368년에 명나라의 공격으로 중국 지배를 포기하고 몽골초원으로 돌아갔다. 이때부터 청나라에 흡수되는 1635년까지를 북원(北元)이라고 하는데 이는 고려에서 명명한 국명이고, 중국은 북로(北虜), 호로(胡虜)라고 폄하했다. 북원의 1대 대칸은 몽골제국 마지막 황제인 원순제이고, 2대 대칸은 기황후의 아들인 아유시리다라(愛猷識理答臘, 1370~1378)이다.

정책을 버리고 몽골 초원으로 물러난 북원●을 지지하는 친원 정책을 추구했다.

당시 고려 조정의 세력은 중국 대륙의 정세에 따라 친원파와 친명파로 나뉘었다. 그중 이인임, 임견미, 염흥방은 친원 수구파이고, 최영과 이색은 친원 개혁파였다. 정몽주와 이숭인은 친명 보수파이고, 정도전과 조준은 친명 개혁파라 할 수 있다.

우왕은 부패하고 매관매직을 일삼아 백성의 원망이 거센 이인임 일당을 축출하고자 최영, 이색, 정몽주, 정도전, 이성계의 도움을 필요로 했다. 당시 최영은 권문세족과 군벌귀족의 지지를 받았으며, 이성계는 친명 개혁파의 신망이 두터웠다. 최영과 이성계는 우선 이인임 일파를 제거하는 데 뜻을 같이했다.

1388년 1월 순군부의 상만호 염흥방이 밀직부사를 지냈던 조반을 역모죄로 고발했다. 당시 염흥방의 가내 노비 이광이 주인의 위세를 믿고 조반의 농장을 침탈했다. 조반은 이광에게 토지를 돌려달라고 했으나 거절하자 그를 죽였고, 사건을 설명하고자 개경으로 오고 있었다.

염흥방은 그것도 모른 채 군사를 이끌고 조반을 토벌하러 개경을 떠났다. 그때 조반은 개경에 입성하여 교주도의 원수 정자교에게 체포되었고 순군옥에 갇혀 심문을 받았다. 우왕은 염흥방이 거짓으로 밀고한 사실을 파악하고 몰래 최영과 이성계에게 염흥방, 임견미 등 이인임 일파를 체포하게 했다.

이 사건으로 임견미, 도길부, 염흥방 등 권문세족 50여 명이 처형되고, 이인임은 경산부(성주)로 유배되어 그곳에서 죽었다. 최영과 이성계는 우왕 정권 시기에 드디어 고려 최고 권력인 수문하시중과 수시중이 되어 권력의 중심에 우뚝 올라서게 되었다.

우왕과 최영의 승부수, 요동 정벌●

최영과 이성계는 모두 왜구와 홍건적 격퇴라는 시대적인 과제를 해결한 영웅으로서 역사의 무대에 나타나 민중의 열렬한 지지를 받은 구(舊)세력과 신(新)세력의 대표 인물이었다.

●최영과 요동 정벌
우왕, 최영, 이성계, 동녕부, 요동 정벌, 4대 불가론, 위화도회군
(검) 51-심화

이인임은 제거되었지만, 권력의 중심부는 신진사대부가 차지하고 왕권은 오히려 쇠약해졌다. 이에 최영은 친명파 신진사대부의 입지를 약화시키고, 이성계 집단의 사병으로 이루어진 군사력을 고려군이 흡수하여 왕권을 강화시키기 위해 요동 정벌이라는 승부수●를 던졌다.

당시 요동 군벌은 몽골의 나하추로, 무려 20만 군을 보유하고 있었다. 나하추는 1372년부터 줄기차게 북중국을 공격하다가 1387년, 본국인 북원에서 내란이 일어나자 명나라에 투항했다.

● 우왕의 요동 정벌 추진 이유
1) 왕권 강화 : 정치적 입지와 정통성 강화
2) 사병 견제 : 지방군과 사병을 중앙군에 편입
3) 신흥 사대부 견제
4) 명과 북원에 대한 견제와 협력 정책

따라서 명나라는 무주공산이 된 요동을 차지하고, 고려와 북원의 연결을 막고자 1387년 12월 고려 북쪽에 철령위를 설치하겠다고 일방적으로 통보했다.

우왕은 4월 1일 최영과 이성계를 불러 요동 정벌을 명했다. 그러나 친명파를 대표하던 이성계는 다음과 같은 사불

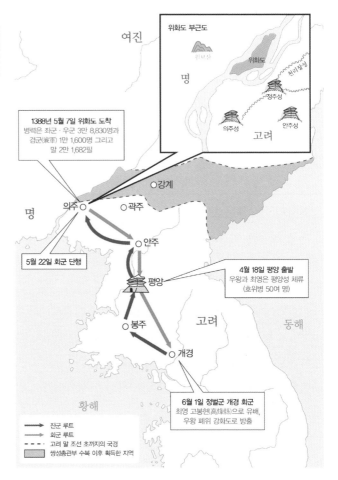

▶ 요동 정벌과 위화도회군
최영의 요동 정벌은 이룰 수 있는 꿈이었으나 시대가 불운했다. 이성계는 위화도회군을 단행하여 최영을 제거하고 조선을 개국했다.

위화도 부근도

여진

명

위화도

천리장성

정주성

의주성   안주성

고려

1388년 5월 7일 위화도 도착
병력은 좌군·우군 3만 8,830명과
겸군(傔軍) 1만 1,600명 그리고
말 2만 1,682필

○강계

명

의주○   ○곽주

5월 22일 회군 단행

○안주

4월 18일 평양 출발
우왕과 최영은 평양성 체류
(호위병 50여 명)

평양

고려   동해

○봉주

○개경

6월 1일 정벌군 개경 회군
최영 고봉현(高峯縣)으로 유배,
우왕 폐위 강화도로 방출

황해

→ 진군 루트
→ 회군 루트
--- 고려 말 조선 초까지의 국경
▨ 쌍성총관부 수복 이후 획득한 지역

가론(四不可 論)을 내세우며 요동 정벌에 반대했다.

1) 작은 나라가 큰 나라를 거스르는 일이고(이소역대 : 以小逆大), 2) 여름에 병력을 일으키면 농사를 망치며(하월발병 : 夏月發兵), 3) 온 나라가 원정에 나서면 왜구가 그 틈을 노려 침략할 것이고(거국원정 : 擧國遠征 / 왜승기허 : 倭乘其虛), 4) 장마철이라 활시위가 늘어나고 군대에 역병이 날 수 있다(시방

서우 : 時方暑雨 / 노궁해교 : 弩弓解膠 / 대군질역 : 大軍疾疫).

하지만 우왕은 국내외의 정세가 결코 고려에 불리하지 않다고 판단해, 최영을 팔도도통사로 삼아 요동 정벌의 깃발을 들었다. 좌군도통사 조민수가 이끄는 좌군은 심덕부, 박위 등이 배속되어 서경, 양광도, 경상도, 전라도, 계림(경주), 안동 지역에서 군사를 차출했고, 우군도통사 이성계의 우군은 정지, 지용기, 배극렴, 이두란, 이원계가 장군으로 배속되어 안주도, 동북면, 강원도의 인원으로 채웠다.

요동 정벌군의 실제 전투 병력은 3만 8천 800명이고 병참, 공병의 일을 담당하는 부속군은 1만 1천 600여 명, 군마는 1만 2천 여기에 이르렀다. 4월 18일 요동 정벌군은 드디어 서경(평양)을 출발했다.

이성계의 위화도회군

요동 정벌군은 5월 7일 압록강 하구의 위화도에 도착하여 정세를 관망했다. 최영은 우왕의 만류로 서경에 머물며, 서신과 사신을 여러 차례 보내 압록강을 건너 요동으로 진격하라고 촉구했다.

이성계는 강물이 불어 강을 건너기 어렵고 도망가는 병사들도 속출하고 있다며 회군을 요청했지만, 우왕과 최영은 이를 묵살했다. 강을 건널 것인가, 명령을 거부하고 회군할 것인가. 이성계는 운명의 기로에 섰다. 그것은 단지 이성계 개인의 문제가 아니라 신진사대부●의 앞날과 고려의 운

● 신진사대부(新進士大夫)
고려의 신진사대부는 주자 성리학을 이념의 바탕으로 삼고 학문과 경세를 추구하던 지식인들이다. 이들은 무신집권기에 문벌귀족을 이루는 문신들이 몰락하고 향리의 자제들이 과거를 통해 중앙으로 진출하고, 공민왕 시기에 성균관의 재개와 함께 개혁정책에 힘입어 정계에 등장할 수 있었다.

명이 걸린 역사적인 결단의 순간이었다.

이성계의 참모들은 요동으로 건너가 승리하면 공이 최영에게 돌아갈 것이고, 패배하면 책임은 이성계가 질 수밖에 없으니, 회군하여 권력을 장악하는 것이 최선이라고 설득했다.

이성계는 조민수와 여러 장군들을 회유하고 포섭한 뒤 드디어 회군하기로 결정하고, 5월 22일 군사를 돌려 서경으로 진격했다. 결국 왕명을 어기고 반란의 깃발을 든 것이다.

우왕과 최영은 이성계가 반란을 일으켰다는 급보를 받고 개경에서 군사를 모았으나 1천여 명에 불과했다. 6월 1일 개경에 도착한 이성계 반란군은 최영의 저항을 간단하게 물리쳤다.

군사 정변에 성공한 회군파는 우왕을 폐위하여 강화도 교동으로, 최영은 고봉(고양)으로 유배했다. 그 뒤 최영은 합포와 충주로 옮겨졌다가 12월 이성계의 주청으로 참살당했다.

최영이 꿈꾸었던 요동 정벌은 이성계의 위화도회군으로 실패했다. 고구려의 옛 땅을 되찾고자 하는 이상적 명분과

최영 묘소
경기도 고양 소재. 고려의 마지막 무인으로 기개를 떨친 최영의 묘소로, 한적한 숲속에 찾는 이가 거의 없어 수백 년이 지난 오늘날 고려의 멸망을 다시 생각하게 한다.

이성계 세력의 제거라는 현실적 목표를 지녔던 요동 정벌은 이렇게 끝을 맺었다. 그 일로 고려 사회 전반에 충격적인 변화의 폭풍이 불어닥쳤다. 바로 고려 멸망과 조선 개국이었다.

신진사대부, 토지 개혁과 폐가입진론

위화도회군을 기점으로 고려 사회는 정몽주●, 이숭인, 이종학, 권근, 조민수로 대표되는 온건개혁파와 정도전, 조준, 남은, 윤소종, 조반이 주도하는 급진개혁파로 세력이 양분되었다. 온건개혁파 조민수는 이색의 도움을 받아 우왕의 아들 창왕(1388~1389)을 추대하여 주도권을 장악했다.

창왕은 비록 9세에 왕위에 올랐지만 관리를 선발하고 평가하는 전선법(銓選法)을 이부와 병부에서 관장하게 만들어 인사의 공정성을 세웠다. 정방을 폐지했고, 성석린의 건의를 받아 빈민 구제기구인 의창●●을 설립했다.

창왕이 온건개혁파의 지지를 받아 점차 왕권을 세워가자, 역성혁명을 추진하던 급진개혁파는 창왕의 권력 기반인 권문세족의 경제 기반을 무너뜨리는 승부수를 던졌다. 그것은 과전법이라 부르는 토지 개혁이었다.

정도전은 신진사대부 세력과 함께 권문세족이 독점한 토지 제도를 혁파하는 전제 개혁을 시도했다. 권문세족의 사주를 받은 조민수가 이를 강하게 반대하자, 대사헌 조준이 탄핵하여 창녕으로 귀양 보냈다. 이때 판문하부사 이색이 명나라에 사신으로 갔다가 명태조 주원장에게 창왕의 입조

● 정몽주
동방이학의 원조, 목은 이색의 제자, 공민왕 시기 과거 급제, 성균관 박사, 고려 개혁 및 사수, 선죽교에서 이방원에게 피살, 조선시대 사림의 영수로 추앙
(검) 7-고, (검) 5-4, (검) 51-기본

●● 고려의 사회 제도
의창(흉년 시 빈민 구제), 상평창(물가 조절), 대비원(환자 진료), 혜민국(의료 담당), 구제도감(재해 수습), 구급도감(재해 구제), 제위보(재단법인, 빈민 구제)
(검) 2-5, (검) 7-4, (검) 6-3, (검) 6-초, (수) 2001, (수) 2010,

개성의 선죽교 | 이방원은 조영규를 시켜 선죽교에서 정몽주를 격살했다. 고려사수파 정몽주의 죽음은 역성혁명의 장애물이 사라졌다는 뜻이다. 정도전과 조준을 중심으로 한 역성혁명파는 새 나라를 개국하는 데 방해되는 세력을 모두 유배시키거나 제거했다.

를 건의했다. 명나라의 승인과 후원을 받으면 창왕의 입지는 이성계도 건드리지 못할 것이라는 계산이었다. 그러나 명태조는 고려의 내정에 간섭하지 않겠다고 선언했다.

반격을 노리던 급진개혁파는 1389년 11월 김저 사건을 일으켰다. 최영의 조카 대호군 김저와 최영 측근의 문인인 부령 정득후는 황려(여주)에 유배되어 있던 우왕을 찾아 이성계를 죽이겠다는 결의를 다지고 곽충보와 상의했다. 그러나 곽충보는 이성계에게 이 사실을 밀고했다. 결국 11월 12일 김저가 체포되고 정득후는 자살했다.

급진개혁파이자 회군파인 이성계, 심덕부, 지용기, 설장수, 성석린, 조준, 박위, 정도전●은 김저 사건을 빌미로 창왕을 폐위시키기 위해 흥국사에 모였다. 이때 우왕과 창왕은

●정도전
조선경국전, 답전부, 불씨잡변, 척불론, 폐가입진론, 과전법
(검) 47-기본, (검) 48-심화,
(검) 50-심화, (검) 51-심화,
(검) 52-심화, (수국) 2013

정몽주 묘소 | 경기도 용인 소재. 정몽주는 조선 초에는 역사의 패배자이자 역적이었으나 조선 중기에 이르러 그의 성리학에 대한 깊이와 고려에 대한 충성심이 사대부의 표상이 되어 사림의 영수로서 추앙받았다.

공민왕의 혈통이 아니라 신돈의 자손이므로 고려의 왕통을 이을 수 없으니, 새로운 왕씨로 국왕을 옹립하자는 폐가입진론(廢假立眞論)이 나왔다. 그 결과 신종의 7대손인 정창군 왕요를 공양왕(1389~1392)으로 추대하고 같은 해 12월, 강릉에 유배되었던 우왕과 창왕을 시해했다.

1390년 5월 급진개혁파 조반은 이색과 우현보가 파평군 윤이와 중랑장 이초를 몰래 명나라로 보내 이성계 일당을 제거할 군대를 보내줄 것을 요청했다는 이른바 윤이·이초의 난을 밀고했다. 이 사건으로 온건개혁파 이색, 우인열, 이숭인, 권근이 옥에 갇히고 권문세족 무신들과 사병들이 제거되었다.

토지 개혁의 승부수, 과전법과 조선 개국

1391년, 급진개혁파는 과전법 도입●을 마무리하고 역성혁명파로 전환하여 군부를 장악했다. 1월에는 삼군도총제부가 설립되고 이성계, 배극렴, 조준, 정도전이 각각 삼군도총제사, 중군총제사, 좌군총제사, 우군총제사가 되었다. 이때부터 신진사대부는 고려 왕조를 유지하면서 점진적인 개혁을 추진하자는 고려사수파와 새로운 사대부의 나라를 세워 급진적인 개혁을 도모하자는 역성혁명파로 양분되었다.

고려사수파의 수장 정몽주는 회군파의 역성혁명을 막기 위해 근왕병을 모으고 최후의 반격을 준비했다. 1392년 3월 이성계가 해주에서 낙마하여 중상을 입는 사고가 일어났다. 정몽주는 4월에 간관 김진양을 시켜 조준, 정도전, 남은, 윤소종, 남재를 탄핵하여 관직을 삭탈하고 유배를 보냈다.

이성계가 해주에서 개성으로 돌아오자, 정몽주는 이성계의 동태를 파악하기 위해 문병을 핑계로 선죽교를 건너 이성계의 집을 방문했다. 그것은 정몽주의 결단이자 모험이었지만, 결과적으로 지나친 자신감에서 나온 패착이 되어버렸다. 이방원이 〈하여가(何如歌)〉●를 지어 정몽주를 포섭하려고 시도했지만, 정몽주는 〈단심가(丹心歌)〉●●로 거절의 뜻을 표했다.

이방원은 조영규를 시켜 선죽교에서 정몽주를 격살했다. 고려사수파 정몽주의 죽음은 역성혁명의 장애물이 사라졌다는 뜻이다. 정도전과 조준을 중심으로 한 역성혁명파는 새 나라를 개국하는 데 방해되는 세력을 모두 유배시키거나 제거했다. 그리고 1392년 7월 17일 우시중 배극렴이 공민왕비 정비의 선양 교시를 빌려 이성계를 새로운 왕으로 추대했다. 고려 왕조(918~1392)는 태조 왕건의 개국 이후 34왕 475년 만에 막을 내렸다.●

고려사 10대 사건

구분	연대	사건 내용
①	918년	왕건이 궁예를 몰아내고 고려를 건국
②	958년	광종이 과거제를 실시
③	993년	여요전쟁의 시작(993~1018)
④	1076년	문종, 경정전시과를 제정함
⑤	1107년	윤관과 오연총이 여진 정벌, 동북 9성을 축조
⑥	1135년	묘청의 서경 천도 운동, 김부식에게 토벌당해 실패함
⑦	1170년	이의방과 이고 등이 무신 정변을 일으킴
⑧	1231년	고려와 몽골의 여몽전쟁(1231~1259)
⑨	1351년	공민왕의 대몽 항쟁(1351)과 신돈의 개혁(1364)
⑩	1388년	최영의 요동 정벌과 이성계의 위화도회군

권문세족과 신진사대부

고려 후기의 지배 세력은 문벌귀족, '무신 세력 일부, 그리고 몽골 지배기에 성장한 부원파들로 이루어진 권문세족이었다. 이들은 과거제라는 공식적인 방식보다는 조상과 가문의 위세를 빌려 음서제로 관직에 나아갔고, 서로 통혼을 하여 족벌 체제를 강화했으며, 도평의사사 같은 기구를 통해 권력을 독점했다. 또한 농민들의 토지를 겸병하고 국가에 세금도 내지 않는 방식으로 대농장을 경영하며 경제적 기반도 마련했다.

신진사대부는 지방에 뿌리를 둔 중소 지주층과 자립 자족이 가능한 중농 계층의 학자들로서, 주자성리학을 받아들여 수양과 실천을 중시하는 개혁적 성향을 지녔다. 특히 권문세족의 토지 겸병이 가속화되면서 자영농으로 전락하게 된 사대부들은 강하게 저항했다. 이들은 공민왕 때 신돈에 의해 재건된 성균관을 통해 중앙 권력에 진출했고, 부원파의 후원 세력이었던 원나라가 몰락하고 유교의 나라를 표방한 명나라가 들어서자 친명파가 되어 더욱 세력을 확대했다.

14세기 말에 원명 교체기의 국제 정세, 토지 개혁, 신분 해방, 권력의 장악을 둘러싸고 권문세족과 신진사대부는 격렬하게 대립했다. 최영은 신진사대부를 견제하기 위해 요동 정벌을 단행했지만, 신진사대부는 위화도회군으로 반격에 성공했다. 승기를 잡은 사대부들은 폐가입진론을 내세워 우왕과 창왕을 구세력으로 몰아내고, 백성들의 절대적인 지지를 받은 토지 개혁에 착수하여 과전법으로 역성혁명의 발판을 마련했다. 그리고 결국 불교국가인 고려를 멸하고, 성리학 질서의 유교국가인 조선을 개국하는 최후의 승리를 얻었다.

고려 말은 신흥 강국 명나라가 원나라를 북방으로 몰아내고
중원을 차지한 권력 교체기였다. 이런 정세 속에서
고려 우왕과 최영이 요동 정벌을 추진한 이유는 무엇일까?

Point 1 13세기 말 동아시아 정세를 전체적으로 조망하고, 중국 대륙의 세력 교체를 전후한 고려 사회의 분위기를 알아보자.

Point 2 대륙의 향배를 놓고 친명파와 친원파가 주장한 내용이 무엇인지 알아보고, 그러한 주장을 하게 된 원인을 찾아보자.

Point 3 최영의 요동 정벌이 갖는 정치적 배경과 그것에 반대한 이성계, 정도전 등 신흥 사대부의 입장이 무엇인지 비교해보고, 역사적 평가를 내려보자.

공부를 더 하고 싶다면

《무학대사》(황인규 지음, 밀알)
불교와 유교, 친명파와 친원파가 격돌하는 여말선초의 격변기에서 태조 이성계의 스승으로서 불교와 고려의 개혁을 추구한 무학대사의 삶과 사상을 다룬 평전이다.

《정도전을 위한 변명》(조유식 지음, 푸른역사)
고려 말의 부패한 세상을 바꾸겠다는 신념을 실천한 혁명가이자 토지·제도·사회 전반의 개혁을 추진한 개혁가 정도전의 사상과 일대기를 치밀하게 그려냈다. 태종 이방원에게 제거되어 조선 500년 동안 난신으로 살았지만 오늘날 조선의 루소(프랑스 계몽사상가)로 되살아난 그의 면모를 제대로 볼 수 있는 역작이다.

《우리의 로켓과 화약무기》(채연석 외 지음, 서해문집)
고려 후기에 왜구를 격멸시킨 최무선의 화약 무기인 신기전과 그것을 계승한 조선의 신기전기, 화차, 임진왜란을 승리로 이끈 총포 무기의 제원, 종류, 기능, 제작 등의 역사를 다루고 있는 무기과학의 명저이다.

7장
조선 전기, 훈구의 시대

조선은 주자성리학을 바탕으로 하는 사대부의 나라였다. 태종은 6조 직할체제를 바탕으로 왕권을 강화했고, 세종은 훈민정음 창제 등 민본정치를 추구하여 건국 초기의 불안을 안정시켰다. 그러나 여러 차례의 반란과 내부 혼란으로 공신(功臣)들이 양산되고, 이들이 점차 혼맥과 학맥으로 연결되어 훈구파를 형성했다. 부패한 훈구파들은 정치 경제적 권력을 독점했고, 향촌에 은거하여 학문을 닦고 있던 사림들이 이에 도전했다. 사림파는 고려를 사수하다 이방원(태종)에게 죽임을 당한 정몽주를 사표로 삼았다. 조선 전기는 이들 훈구파와 사림파의 대결로 네 차례에 걸쳐 혈전의 시대로 돌입했다.

역사를 보는 눈

친명사대는 생존의 논리로 정당화되는가

조선은 친명사대를 표방하고 중화의 논리에 갇힌 나라였다.
사대가 생존의 논리일 경우에는 전술이지만, 불변의 이념으로 굳어지면
노예의 굴종과도 같다. 세력이 약할 때 한순간의 사대는 있을 수 있지만,
그것이 지속되면 집단지성은 부끄러움을 잃고 노예적 사상을 옹호한다.
조선은 도덕적 국가를 지향했지만 결국
사대의 폐해는 버리지 못했다.

| 14~15세기경 전후의 세계 |

　14~15세기 초반의 동아시아는 조선과 명나라를 중심으로 하는 유교 문화권, 일본의 독자적인 신도 문화권, 동남아의 소승불교 문화권, 티베트와 몽골의 티베트 불교 문화권, 중앙아시아와 동남아 일부의 회교 문화권으로 새로운 국제 질서가 재편되는 시기였다.

　이탈리아 북부의 도시국가에서는 그리스와 로마의 인본주의, 문화예술을 부흥시키는 르네상스가 일어났으며, 서유럽은 봉건제가 약화되고 왕권이 강화되는 절대 왕정의 시대에 접어들었다. 동유럽에서는 러시아가 몽골 지배 세력을 무너뜨리고 그리스정교의 수호자를 자처했다.

　이슬람 지역에서는 오스만투르크가 세워져 7~8세기 아랍제국의 영토와 영광을 거의 재현했으며, 동유럽을 놓고 북쪽의 동로마제국과 경쟁했다. 중앙아시아에서는 투르크화된 몽골족의 티무르제국이 실크로드의 역사와 문화를 주도했다. 오스만제국과 티무르제국은 실크로드를 장악한 마지막 제국이었다.

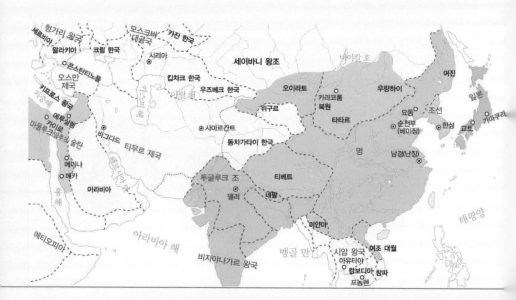

우리나라 ▼	주요 연표	▼ 세계
	1370년	몽골계 티무르, 티무르왕국 세움
	1378년	교회 대분열(~1417), 종교 개혁 시발
이성계, 조선 건국	1392년	
	1398년	명태조 넷째아들인 주체가 반란, 영락제로 즉위
	1409년	티베트의 총카파가 티베트 불교를 개혁, 게룩파(달라이라마) 창시
태종, 호패법 실시	1413년	
이종무, 대마도 정벌	1419년	
세종, 4군 6진 개척	1433년	
장영실, 갑인자 주조	1434년	
훈민정음 반포	1446년	
	1450년	구텐베르크, 금속활자로 42행 성서 인쇄
	1453년	오스만제국, 동로마제국을 멸망시킴
수양대군, 계유정난	1453년	
사육신, 단종복위운동	1456년	
이사애의 난	1467년	
	1479년	카스티야의 이사벨과 아라곤의 페르난도 2세가 통합하여 에스파냐왕국 세움
	1486년	디아스, 희망봉 발견
	1492년	콜럼버스, 최초로 대서양을 횡단하여 바하마에 도착
	1498년	바스코 다 가마 인도 항로 개혁
무오사화	1498년	
갑자사화	1504년	
	1517년	마르틴 루터, 종교 개혁
	1519년	마젤란, 지구 일주(~1522)
기묘사화	1519년	
	1526년	티무르제국의 후예 바부르 인도에 무굴제국(~1857) 세움
을사사화	1545년	

태조 이성계의 건원릉

단종유배지 영월 청령포

경기 용인의 조광조 묘소

구텐베르크의 42행 성서

1

태종과 정도전, 왕권과 신권 정치

한 줄로 읽는 우리 역사

조선 초기는 6조 중심의 왕권정치와 의정부 중심의 신권정치가 충돌했다. 정도전의 요동
정벌은 사병 혁파와 재상정치 실현을 목표로 했으나 이방원은 왕자의 난을 일으켜 권력을
장악했다. 태종은 신문고 설치, 사병 혁파 등 왕권 강화를 위한 개혁을 추진했다.

조선*이 세워진 시기는 세계사적으로 변화의 시대였다. 중국에서는 몽골
제국(원)이 초원으로 돌아가 북원(1368~1635)으로 명맥을 유지해나갔고, 중원
을 차지한 명나라(1368~1635)는 3대 성조(1402~1424) 시기에 몽골을 만리장성
북쪽으로 몰아내고 국경을 안정시킨 뒤 해상으로 눈길을 돌려 정화에게 일
곱 차례나 해외 원정(1405~1433)을 다녀오게 했다. 그러나 성조가 죽고 나서

숭례문 | 숭례문은 도성의 정문으로 남대문이라고도 부르는데, 조선왕조를 대표하는 건축물이다. 사대문의 명칭
은 유교의 덕목인 인, 의, 예, 지, 신을 바탕으로 지어졌다.

문신 관료들은 성리학적 유교 질서를 유지하고자 대외 교류를 중단하고 폐쇄적인 사회를 지향했다.

조선은 농업을 중시하고 상공업을 경시하는 주사정리학 중심의 유교국가를 만들고, 스스로 명나라가 주도하는 국제 질서에 편입되어 사대와 조공을 축으로 하는 동아시아 유교문명권을 형성했다.

일본은 두 명의 천황이 대립하는 남북조 시대(1336~1392)가 마감되고, 북조의 아시카가 다카우지(1305~1358)가 세운 무로마치막부의 3대 정군 아시카가 요시미쓰레에 의해 전국이 통일된다(1392년). 무로마치막부 시대는 해적을 단속하고 명과 조선, 주변국과의 무역을 재개하여 동아시아 해역이 어느 정도 안정을 찾은 시기였다. 300여 년 만에 찾아온 모처럼의 평화는 조선 초기의 문예부흥을 낳은 일등 공신이었다.

신진사대부, 재상 중심의 신권정치를 꿈꾸다

태조 이성계(1392~1398)는 고려 말의 혼란기에 신진사대부의 지지와 과감한 결단력으로 조선을 세웠다. 그러나 동북면의 무장 출신인 이성계는 이념과 경륜이 부족하여 실제 조선의 국가 경영은 《조선경국전》*을 지은 정도전과 《경제육전》**을 편찬한 조준이 이끌었다. 특히 정도전은 한양 천도, 도성 축조, 주례(周禮)에 의거한 통치 체제를 완비했다. 그래서 정도전을 조선 개국의 총지휘자이며 설계사라고 부른다.

● 《조선경국전》
1394년(태조 3)에 정도전이 태조에게 바친 개인 저술의 법전으로 《경국전》이라고도 한다. 국호, 국가 운영, 왕위 계승, 관청의 기능 등에 관한 정치철학을 담았다. 주요 내용은 국왕은 인(仁)으로 왕위를 유지하고, 국호를 조선으로 한 것은 기자조선의 계승이며, 왕위 계승은 장자(長子), 현자(賢者)로 할 것 등이다. 후에 《경제육전》 《경국대전》 등 여러 법전의 표본이 되었다.

●● 《경제육전》
1397년(태조 6)에 조준을 중심으로 편찬하여 반포한 국가의 공식적인 법전으로 6조의 업무에 관한 내용을 담고 있는데 현재 원문은 전해지지 않고 《조선왕조실록》에 일부만이 기록되어 있다. 《경제원육전(經濟元六典)》, 《원육전(元六典)》, 《이두원육전(吏讀元六典)》, 《방언육전(方言六典)》 등으로 부르며, 《경국대전》이 편찬되기 이전까지 조선왕조의 기본 법전이었다.

경복궁 근정전
경복궁 안에 있는 정전으로, 임금의 즉위식이나 대례를 거행했던 곳이다. 임진왜란 때 불탄 것을 고종 때 대원군이 다시 지었다.

● **조선의 신권정치**
정도전이 주장, 과전법 실시, 의정부 설치, 경연의 활성화, 과거제 시행, 3사의 강화, 의정부서사제(세종, 성종)
(검) 3-1, (검) 4-4, (검) 5-3, (수) 1999

● **정도전의 신권정치**
정도전은 정치철학을 담은 《주례(周禮)》에 근거하여 재상이 정사를 총괄하는 신권정치 제도를 주장했다. 이는 의정부와 같은 재상 합의 기구가 6조를 관할하는 구도이며, 군주는 상징적인 존재로 결재와 감독을 하는 방식이다.

●● **장 자크 루소(1712~1778)**
1789년의 프랑스대혁명을 촉발시킨 서양 근대 시민사회의 이념을 제시한 대표적인 계몽 사상가이다. 저서에 《사회계약론》, 《인간 불평등 기원론》 등이 있다.

또한 정도전은 역성혁명을 성공시키고 성리학과 신권(臣權)●●이 지배하는 국가를 건설했기에 조선의 루소●●라고도 부른다. 후대 사람을 들어 400년이나 앞선 사람을 평가하는 것이 다소 모순되는 듯하지만 루소의 영향력을 감안한다면 정도전을 루소와 동급에 놓아도 그리 지나치지 않을 것이다.

정도전은 성리학을 바탕으로 하는 유교국가를 꿈꾸었다. 고려 말 대부분의 중소지주 계층 출신의 사대부들은 고려 시대를 비합리적인 세계로 보았다. 자각을 중시하는 불교적 세계관, 무신 정변과 몽골 침략 시기의 무질서, 권문세족의 권력 농단은 합법적인 통치 질서가 유지되는 사회와는 어긋난다는 인식 때문이었다. 따라서 성리학에서 추구하는 가정의 윤리, 국가 내부의 군신(君臣) 질서, 국제 사회의 조공 체제는 합리적인 정치 질서가 아닐 수 없었다.

또한 정도전은 합법적이고 합리적인 정치 질서가 실행되는 유교국가는 왕권이 절대적인 전제국가가 아니라 유능한 신하들이 왕을 보좌하여 실질적인 통치를 하는 재상정치가 이루어지는 국가로 보았다. 재상 제도란 국가의 업무를 여러 부서에 분산시키고 관료들이 이를 맡아 집행하며, 재상을 중심으로 하는 기구에서 최종적으로 협의하고 결정하는 신권정치(臣權政治)의 실현이었다.

국왕은 훌륭한 재상을 판별하여 임용하고, 재상의 도움을 받아 결재하는 역할을 맡는다. 이는 오늘날의 정치 제도에서 수상이 모든 정치권력을 행사하고 국왕이나 대통령은 통치의 상징을 담당하는 의원내각제와 같은 맥락이었다. 조선 초기 재상정치의 중심 기구는 도평의사사[●]와 의흥삼군부^{●●}였고, 나중에 의정부로 통일되었다.

● 도평의사사
조선시대 의정부의 전신으로 고려 전기에 국방과 군사 문제의 최고 회의인 도병마사는 1279년(충렬왕 5)에 도평의사사로 바뀌었다. 고려 말에는 행정 기능까지 갖춘 최고 정무기관으로 확대되었고, 조선 개국 후인 1400년(정종 2)에 의정부로 개편되었다.

●● 의흥삼군부
의흥삼군부는 조선 초기에 왕권과 수도를 방어하고 중앙 군대를 지휘 감독하는 군사 최고기구였다. 고려 말에 이성계가 병권을 장악하고자 설치한 삼군도총제부를, 조선 건국 후인 1393년에 그 명칭을 의흥삼군부로 바꾸었다. 이후 오위도총부로 개편되었고(1466년), 임진왜란 이후에는 5군영 체제로 바뀌었다.

정도전, 사병 혁파와 요동 정벌을 추진하다

정도전은 1392년에 신권정치의 실현을 위해 강력한 왕권을 행사할 가능성이 높지 않은 태조 이성계의 8자이자 계

조선의 통치 체제 -- 왕권정치론과 신권정치론

	왕권정치론(왕권 강화)	신권정치론(신권 강화)
중심 인물	이방원	정도전
통치 체계	국왕 중심 = 6조 직할 체제	재상 중심 = 도평의사사, 의정부
중심 기관	승정원과 의금부	3사(사간원, 사헌부, 홍문관)
내용	신권과 왕권의 대결 : 제1차 왕자의 난으로 표출, 왕권파(이방원)의 승리 신권과 왕권의 조화 : 의정부서사제(세종), 집현전, 5례 거행	
주요 기관의 역할 주요 유적	1) 의정부와 6조 : 의정부(총괄 : 신권), 6조(왕의 명령 집행 : 왕권) → 행정 효율성 추구 2) 3사 : 사간원(간쟁), 사헌부(관리 감찰), 홍문관(경연) → 언론 기능, 왕권의 견제 3) 승정원, 의금부 : 승정원(왕명 출납), 의금부(국가 범죄 재판) → 왕권의 강화 4) 한성부(수도 행정, 치안), 춘추관(역사 편찬), 성균관(국립 교육기관)	

비인 신덕왕후 강씨와 소생인 의안대군 이방석을 세자로 추대하는 데 성공했다. 그러자 이성계의 첫째 부인이었던 신의왕후 한씨의 자식인 둘째 영안대군 이방과(정종), 넷째 회안대군 이방간, 다섯째 정안대군 이방원(태종)이 가장 강력하게 반발했다. 정도전은 왕족과 공신들의 반발을 누르고자 측근인 남은 등과 함께 1395년 초반에 요동 정벌을 추진했다.

요동 정벌의 추진 의도는 종친 세력과 공신들의 사병을 정부군으로 편입시켜 그들의 무력 기반을 약화시키고, 군사 훈련과 진법 훈련 등을 통해 정국을 전시 상태로 전화시켜 주도권을 장악하려는 것이었다.

또한 위화도회군의 정당성을 합리화하는 의미도 포함되어 있었다. 위화도회군은 이성계의 사적인 욕심에 의해 단행된 것이 아니라 구국의 결단으로 당시 정세에서는 어쩔 수 없는 선택이었고, 지금은 시기가 무르익어 다시 추진한다는 것이었다.

1395년 4월, 정도전은 삼군부를 통해 병서인 《토수도(兎狩圖)》와 《진도(陣圖)》를 간행하고 8월에는 상장군, 대장군, 장군 등 여러 군관에게 병서를 강습하게 했다. 요동 정벌의 전력이 있는 태조 이성계와 정도전이 강력하게 추진하는 군제 개편과 군비 강화는 몽골의 북원과 대결하고 있는 명나라를 자극했다. 조선이 언제 돌변하여 친명 정책을 버리고 북원과 손을 잡고서 고려 말에 포기했던 요동 정벌을 다시 단행할지 알 수 없는 노릇이었기 때문이다.

이에 명나라는 1396년 6월, 조선에 외교적 압력을 가했다. 사대의 예법에 따라 작성한 외교 문서인 표전문●●의 일부 내용이 예에 어긋난다는 트집을 잡아 문서 작성 책임자인 정도전과 정탁을 압송하라고 강요한 것이다.

이때 좌정승 조준을 중심으로 한 온건파가 요동 정벌은 사대의 예에 어긋나며, 군량미가 부족하고, 훈련이 미비하며, 시기도 적합하지 않다는 이유를 들어 반대했다. 그러자 태조 이성계는 국내외 정세를 안정시키고 명나라의 이목을 속이기 위해 정도전을 판삼사사, 판의흥삼군부사의 자리에서 물러나게 했고, 이로써 요동 정벌은 잠시 중단되었다.

이방원, 왕자의 난을 일으키다

1397년 5월에 중앙 정계에 다시 돌아온 정도전은 재차 요동 정벌을 추진했다. 충청도, 전라도, 경상도 지역의 군영에서는 군량미와 군수품을 저장하고 정기적인 군사 훈련이 실되었다.

12월에 정도전은 동북면 도선무순찰사가 되어 국경을 순찰했다. 이것은 북방의 국경지대를 시찰하면서 요동 정벌에 필요한 정보와 지리를 파악하기 위한 사전 답사의 성격이 짙었다.

이듬해인 1398년 5월부터는 집중적인 진법 훈련이 시작되었고, 사병들은 모두 정부군에 편입되어 훈련에 참가하라는 이른바 사병 혁파● 명령이 떨어졌다. 그러자 요동 정벌을 반대하는 왕족, 종친, 공신 세력들은 사병 혁파의 궁극적인 목표가 자신들을 무장해제시키려는 것임을 알고 집단 반발에 나섰다. 정도전을 수뇌로 한 강경파와 이방원을 중심으로 한 반대파의 전면 충돌이 눈앞에 다가오고 있었다.

● **사병 혁파**
고려 말 공민왕 시기에 편성된 시위패는 궁궐을 지키는 역할을 맡았는데, 유력한 장군들이 이들을 사병처럼 부리며 군사권을 키웠다. 조선 초기에는 공신들과 왕족들이 시위패의 징발권과 지휘권을 행사하면서 왕권에 위협이 되었다. 이에 왕자의 난으로 권력을 장악한 이방원은 정종 2년(1400)에 시위패의 관할을 삼군부로 이관하여 공적인 군대로 편입시키고 사병을 혁파하는 데 성공했다.

1398년 8월 9일, 정도전은 장군들과 왕족들이 진법 훈련에 참여하지 않았다는 이유로 그들의 시종들을 본보기로 매질했다. 비록 부하들이 맞았지만 세상의 민심은 주인이 맞은 것으로 보았다. 위기에 몰린 이방원은 정도전이 태조 이성계의 병을 핑계로 왕자들을 궁중으로 불러들여 죽이려 한다면서 1398년 8월 25일에 처남인 민무구, 민무질, 참모인 하륜, 이숙번, 조영무, 숙부인 이제(태조의 서제), 형님인 이방과, 이방간과 함께 제1차 왕자의 난(무인정사)을 일으켰다.

이방원은 정적인 정도전, 남은, 심효생, 이근, 정지화를 죽이고 경복궁으로 들어가 세자인 이방석과 이복동생인 이방번, 누이 경순궁주의 남편인 이제까지 죽였다.

군사 정변에 성공한 이방원은 정치 군사적 실권을 장악

경복궁 전경 | 태조 이성계는 개성에서 조선왕조를 개국하고, 무학대사와 정도전을 시켜 한양에 새로운 궁궐을 짓게 했다. 조선의 법궁인 경복궁은 북궐, 정궁이라고 부른다.

하고, 조준을 중심으로 정계 개편을 단행한 뒤 영안대군 이방과를 세자로 추대했다. 자식들의 피비린내 나는 싸움을 지켜본 태조는 분노를 삭이지 못해 9월 5일에 왕위를 정종(이방과 : 1398~1400)에게 양위하고 고향 함흥으로 낙향했다.

정종은 1400년에 이르러 자신과 왕비인 정안왕후 사이에 적자가 없고, 이방원이 왕위에 야심이 있으므로 양위를 준비했다. 이때 태조의 넷째아들인 회안대군 이방간이 공신 책봉 문제로 불만이 가득한 박포의 꼬임에 넘어가 자신이 후계자가 되어야 한다며 개경에서 제2차 왕자의 난을 일으켰다.

그러나 수적으로 우세한 이방원이 승리하여 이방간은 서동에서 체포되어 토산현으로 귀양을 갔고, 주동자 박포는 사형되었다. 정종은 결국 이방원을 왕세제로 책봉하고 11월에 양위했다. 이방원은 개성의 수창궁●에서 조선의 3대 군왕으로 즉위했다.

●수창궁
고려시대에 도성의 서소문 안에 있던 궁궐이다. 제2차 여요전쟁 때 정궁이 불타자 이곳이 정궁의 역할을 대신하기도 했다. 여몽전쟁 때 궁궐이 훼손되었는데, 우왕 시기인 1381년에 공사를 시작해서 1384년에 중건했다. 1388년에 수녕궁으로 바꾸었고, 고려의 마지막 왕인 공양왕과 조선을 개국한 이성계가 이곳에서 즉위했다.

태종, 왕권을 위해 외척을 제거하다

태종(1400~1418)●은 왕권을 강화하고 중앙집권의 기틀을 마련하고자 신하들의 권력을 분산시키고 국왕 중심으로 업무를 재편했다. 우선 고려 말부터 정치와 군사 업무를 총괄했던 도평의사사를 의정부와 삼군부로 나누어 정치와 군사 업무를 분리했다.

의정부는 의사결정기구가 아닌 국왕의 정책자문조직으

●태종의 개혁 정책
국왕 중심의 통치기구, 6조 직할 체제, 의정부의 약화, 사병 혁파, 호패법 실시, 신문고 제도, 경연 폐지(사간원 약화), 승정원 강화, 공거제 축소, 계미자
(검) 8-3, (검) 9-초, (검) 48-기본, (검) 49-심화, (수) 2004

종묘 정전 | 조선시대에 왕과 왕비의 위패를 모신 국가의 사당으로, 조선왕조의 역사적 정통성을 상징한다. 이곳에는 제1실 태조부터 제19실 순종까지 모두 19명의 군주가 모셔져 있다.

●**6조의 역할**
왕권 강화(6조 직할 체제), 이조(인사), 호조(재정), 예조(의례, 외교), 병조(국방), 형조(형벌), 공조(건설)
(검) 1-4, (검) 3-3, (검) 9-4, (검) 51-심화

※ **조선의 중앙 관청**
의정부(국정 총괄), 6조(행정 집행), 의금부(중죄 재판), 승정원(왕명 출납), 한성부(도성 치안), 사헌부(감찰), 사간원(간쟁), 홍문관(자문), 춘추관(실록 편찬), 성균관(교육)
(검) 1-4, (검) 2-1, (검) 3-2, (검) 3-3, (검) 4-3, (검) 4-4, (검) 5-4, (검) 6-3

로 격하되었고, 정책 입안과 집행은 국왕 직속인 6조(이조, 호조, 예조, 병조, 형조, 공조)로 분산시켜 6조 직할 체제●를 만들었다.

의정부 중심제는 재상이 중심이 되어 국정을 논의하고 국왕이 최후로 결정하는 정치 제도로, 왕권보다 신권이 우세하다. 반면 6조 직할 체제는 국왕이 6조를 직접 관장하여 정치를 주도하므로, 의정부는 실권이 없는 자문기관에 머무른다.

조선 개국 초기에는 신권 중심론을 주장하는 정도전과 왕권 중심론을 내세운 이방원의 대결이 벌어졌고, 1398년에 일어난 제1차 왕자의 난으로 이방원이 승리하여 왕권 중심의 6조 직할 체제가 이루어졌다.

태종은 이어서 종친과 공신이 보유한 사병을 중앙군에

영녕전 | 공덕이 높은 불천위는 정전에 모셔져 있고, 연산군과 광해군을 제외한 나머지 군주와 의민황태자(영친왕), 사후에 추존된 5명의 군주, 그리고 태조의 조상인 목조, 익조, 도조, 환조 등 16명의 군주가 모셔져 있다.

편입시키는 사병 혁파를 단행했다. 태종이 즉위하자마자 사병 혁파를 단행한 것은 지난날 정도전의 사병 혁파가 결코 사익을 위한 조치가 아니라 왕권을 강화하고 법과 제도에 의한 통치 질서를 세우기 위한 수단이었음을 보여준다.

또한 왕권을 위협할 수 있는 세력인 외척과 공신을 가차 없이 숙청했다. 1차·2차 왕자의 난에서 결정적인 역할을 했던 처남 민무구, 민무질, 민무휼, 민무회를 제거하고, 일등공신 이숙번을 숙청했으며, 세종의 처가 쪽 식구인 심온, 심정도 죽였다. 심온은 세종(충녕대군)의 장인이었다.

태종은 이처럼 외척의 발호가 의심스러우면 예외 없이 처단했다. 세종이 외척의 간섭없이 개혁 정치를 펼친 것도 그 배경에 아버지의 피 묻은 손이 있었기에 가능했던 것이다.

명	시대 외교	초기 : 요동 정벌, 표전문 → 불편한 관계 태종 이후 : 요동 정벌 보류, 여진 정벌로 관계 호전
여진	교린 정책	강경책 : 4군 6진 개척(세종) → 사민 정책, 토관 제도 실시 회유책 : 귀순 장려, 무역소를 통한 국경무역 허용
일본		강경책 : 이종무의 대마도(쓰시마) 정벌 → 왜구 토벌 회유책 : 3포 개항 — 계해조약 체결(제한적 무역)

●노비변정도감
조선 태조 4년(1395)에 고려 말 공민왕 때 설치한 노비도감을 부활시켜 새롭게 노비 호적을 정리했다. 정종 2년(1400)에 실권을 잡은 이방원은 노비변정도감을 설치해 노비 호적과 노비에 관한 분쟁을 담당하도록 했다.

●호패의 주요 내용
1) 1413년(태종 13)에 실시, 신분 증명과 직업, 계급 명시, 2) 16세 이상의 모든 남자(왕실, 관리, 양반, 서민, 노비 등), 3) 목적은 호구 파악, 군역과요역을 위한 민정(民丁)의 숫자 파악, 4) 호패 수령과 동시에 호적, 군적 등재, 5) 관할 기구는 중앙 한성부, 지방 관찰사, 6) 상시 패용, 차용은 불가, 사후에 반납, 7) 이름·출생년도·거주지·급제 기록
(겸) 1-6, (겸) 2-5, (겸) 3-4, (겸) 5-초, (겸) 50-기본

●●신문고
대궐 밖 문루에 북을 걸어두고 억울한 일을 당한 백성이 이를 쳐서 직접 고발하게 만든 제도이다. 태종 1년(1401)에 시행했고, 연산군 시기에 폐지되었다가 영조 46(1771)에 부활되었다.

●●●공거 제도
과거제와 같은 공정한 인재 선발 제도가 없던 시기에 지방관이나 제후들이 인재를 중앙에 천거하던 제도이다.

태종은 민생 안정을 위한 개혁 정책도 실시했다. 노비변정도감●을 설치하여 억울한 노비들을 평민으로 환속시켜 국가의 조세 수입과 병력을 늘렸다. 또 호패법●을 시행하여 (1413) 16세 이상의 모든 남자는 호패를 차도록 했는데, 이는 전국의 호구를 정확하게 파악하여 조세, 공납 징수와 군역, 부역 부과에 활용하려는 의도였다.

그리고 백성들의 억울한 사연을 들어주는 신문고●●를 설치했는데, 이것은 꽹과리를 쳐서 억울함을 호소하는 격쟁이나 임금의 가마 앞에서 상소를 올리는 가전 상소, 그리고 오늘날의 국민 고충 처리 제도와 같은 것이었다.

태종은 친위 세력과 신진 세력 양성에도 노력했다. 그동안 귀족이나 고관 자제들의 등용문이었던 공거 제도●●●와 좌주문생 제도●●●●를 폐지하고, 학문의 깊이와 실력으로 관리를 선발하는 과거제도를 강화했다. 이는 젊고 개혁적인 신진 인사를 주요한 관직에 포진시켜 개국공신이나 원로대신, 기득권 세력을 견제하려는 포석이었다. 또한 여러 번의 전위 소동과 양위 교서라는 수단으로 신하들의 충성심을 확인하기도 했다.

1418년 태종은 장자 세습의 전통을 거부하고, 어진 군왕이 들어서야 한다는 택현론(擇賢論)을 내세워 세자였던 양녕

대군을 폐위시킨 뒤, 셋째아들 충녕대군(세종대왕)을 새로운 세자로 책봉하고 2개월 만에 왕위를 넘겨주었다. 신하들에게 반격이나 협의할 여유도 주지 않고 빠르게 밀어붙인 추진력과 정세를 읽는 노련한 정치 감각이 돋보이는 대목이 아닐 수 없다. 세종 시대는 부왕인 태종의 결단에 의해 개막된 것이다.

조선시대의 지방 행정과 군사 조직

조선의 지방 행정●은 전국을 8도로 나누어 그 관할로 도(관찰사) — 부(부사) — 목(목사) — 군(군수) — 현(현령 또는 현감)과 특별 행정구역인 유수부(유수)로 이루어졌다. 현의 아래는 면 — 리 — 통으로 이어졌다.

조선의 군사 조직은 중앙은 5위, 지방은 지역 단위 방어 체계●●인 진관으로 이루어졌다. 중앙군은 1457년에 5위 제도로 개편하고 최고의 군령 기관인 5위 진무소를 두어 5위를 지휘 감독하게 했다. 1466년에 5위 진무소는 5위 도총부로 개칭하여 중위 의흥위, 좌위 용양위, 우위 호분위, 전위 충좌위, 후위 충무위를 관장했다. 5위 체제는 임진왜란 이후에 5군영으로 개편되었다.

조선 초기에는 사민 정책을 실시해 백성들을 북방 지역으로 이주시켰다. 사민 정책의 주요 목적은 1) 북방 영토 개척, 2) 농병 일치의 방어 체제, 3) 국토의 균형적 발전 도모, 4) 지역 주민에 의한 방어 체제 구축이었다.

●●●● **좌주문생 제도**
고려시대에 시험에 합격한 급제자는 문생이라 했다. 문생은 시험관을 좌주로 받들어 평생 부모처럼 예우한 것이 좌주문생 제도였다. 조선시대에 들어와 태종 13년(1413)에 폐지되었다.

● **조선 지방 행정 제도**
전국은 8도, 도(관찰사)-부(부사)-목(목사)-군(군수)-현(현령, 현감), 특별 행정인 유수부(유수), 현의 아래는 면-리-통, 유향소(지방 행정 자문기구), 6방(지방 관아)
(검) 3-2, (검) 5-4, (검) 6-3

●● **조선의 중앙 방어 체계**
양인개병제(군역), 봉수 제도, 파발마 제도, 중앙은 5위(1457), 군령기관은 5위 진무소, 1466년에 5위 도총부로 개칭(1466), 5위 도총부(의흥위, 용양위, 호분위, 충좌위, 충무위)는 임진왜란 이후 5군영으로 개편
(검) 1-4, (검) 9-고

※ **조선의 중앙 군사조직**
수도 방위와 궁궐 수비, 전기는 5위(의흥위, 용양위, 호분위, 충좌위, 충무위), 후기는 5군영(훈련도감, 총융청, 수어청, 어영청, 금위영), 비변사 설치(중기에 3포 왜란, 을묘왜변 등 왜구 방비)
(수) 2002

※ **5군영**
훈련도감(선조, 왜군 대비), 총융청(인조, 후금 대비), 수어청(인조, 후금 대비), 어영청(효종, 북벌 추진), 금위영(숙종, 도성 방어), 서인의 집권 기반(5군영 장악)
(수) 2003

정도전의 조선 개국 프로젝트

　고려 말 신진사대부 세력은 권문세족을 제거하고 체제 개혁을 뛰어넘는 역성혁명을 꿈꾸었다. 혁명파의 수장인 정도전은 명분론, 개혁론, 천명론, 법통론 등 4단계의 조선 개국 프로젝트를 순차적으로 준비했다.

　명분론은 우왕과 창왕을 폐위시키고 공양왕을 옹립한 폐가입진론이었다. 이것으로 위화도회군은 고려 왕실의 혈통을 바로잡기 위한 거사였다는 명분을 얻었으며, 동시에 기득관 세력인 권문세족을 견제하는 데 성공했다. 이어서 권문세족과 불교 사원의 경제적 기반을 무너뜨리기 위해 토지 개혁인 과전법과 사회 개혁인 척불론을 단행하여 유교국가를 세우는 기반을 마련했다.

　천명론은 고려와 수명이 다하고 이성계가 새로운 국가를 세운 것은 하늘의 뜻이라는 주장으로, 이를 뒷받침하는 꿈이나 설화가 동원되었다. 이성계가 1) 낡은 기와집(고려)이 무너질 때 등에 서까래 세 개(왕)을 짊어지고 살아 나왔다거나, 2) 뿔과 꼬리가 없는 양(왕)을 보았다거나, 3) 점을 보는데 좌우로 임금 군(君)이 되는 물을 문(問)을 짚었다거나, 4) 한양의 오얏나무(李)를 아무리 잘라도 계속 자랐다는 등의 이야기는 모두 이성계가 왕이 될 운명이었음을 백성에게 각인시킨 대표적인 참위설이었다.

　정도전은 조선 건국의 법통을 세우는 데에도 치밀했다. 실제로는 왕위를 빼앗은 찬탈이지만 형식은 공양왕으로부터 왕위를 물려받는 선양의 방식을 택했으며, 태조 왕건의 스승인 도선이 한양에 왕십리(往十里)라고 새긴 비석을 묻고 이성계의 한양천도를 미리 예언했을 뿐 아니라, 명나라로부터 국호인 조선을 승인받아 국제적으로도 정권을 보장받았다. 이처럼 조선 개국은 우연히 진행된 역성혁명이 아니라, 장기간에 걸쳐 계획적으로 진행된 치밀한 개국 프로젝트였다.

고려 말에 최영의 요동 정벌을 반대한 이성계와 정도전이
조선 개국 후 요동 정벌을 재추진한 이유는 무엇이었을까?

Point 1　고려 말과 조선 초의 변화된 국내 정세와 국제 관계를 비교하고, 그
것이 각각의 사건과 정책에 어떤 영향을 주었는지 살펴본다.

Point 2　최영이 요동 정벌을 추진한 이유와 이성계가 반대한 이유를 알아내
고, 조선을 개국하고 권력을 장악한 이성계와 정도전이 다시 요동
정벌을 추진하는 배경과 의도를 분석한다.

Point 3　조선 초의 요동 정벌이 갖는 역사적 의미와 좌절된 요인, 그리고 그
것이 후대의 정치에 미친 영향을 종합적으로 분석한다.

공부를 더 하고 싶다면

《이성계》(권태문 지음, 파랑새어린이)
역사학자 33인이 추천한 어린이 역사 총서의 하나로, 태조 이성계의 일대기를 쉽고 재미있게
풀어낸다. 함경도의 벽촌에서 태어난 시골뜨기였으나 탁월한 실력과 왜구 토벌로 민중의 지지
를 받으며 결국 신진사대부와 함께 조선을 건국하는 과정을 파노라마처럼 엮었다.

《태종 조선의 길을 열다》(이한우 지음, 해냄)
태종은 형제를 죽이고 왕위에 오른 비정의 인물인 동시에 왕권을 세워 안정적인 국정 기반을
다진 군주였다. 세종의 르네상스가 태종의 악역이 있었기에 가능했음을 피력하며, 선과 악의
줄타기를 했던 태종의 면모를 새로운 시각으로 바라본다.

《궁궐과 왕릉》(주정자, 박미정 외 지음, 창해)
서울 궁궐은 조선시대의 정치, 경제, 사회, 문화의 중심공간이고, 조선의 문화유산을 대표하는
문화재이다. 왕릉은 조선의 정치이념인 유교사상을 상징적으로 보여주는 의례공간이다. 궁궐
과 왕릉은 이런 의미에서 조선 이해의 참고서이다.

2

세종, 유교국가의 체계화

한 줄로 읽는 우리 역사

세종은 유교적 농본과 위민 정치를 위해 집현전에서 젊고 유능한 친위 세력을 양성하고, 이를 바탕으로 훈민정음 창제, 과학 진흥, 세제 개편, 4군 6진 개척 등의 개혁 정책을 추진했다. 말년에는 왕권과 신권의 조화를 위해 의정부서사제를 실시했다.

정몽주를 죽인 조선 개국의 주인공이며 형제들까지 죽이면서 왕위에 오른 태종은 이제 조선왕조가 안정기에 접어들었다고 판단하고, 마상에서 천하를 다스리는 난세의 군왕이 아니라 태평성대를 꾸려나갈 성군 재목으로 충녕대군을 선택했다. 그리하여 조선이 개국한 지 26년 만인 1418년, 세종이 22세의 나이로 왕위에 올랐다.●

세종의 능묘인 영릉 | 세종대왕의 능묘는 본래 양주 배봉산에 있었는데 정통성이 취약했던 수양대군이 이장을 논의했고, 예종이 오늘날의 위치인 여주로 옮겼다.

태종은 정치적인 업무는 세종에게 양위했지만, 여전히 병권을 장악하고 있었다. 세종이 아직 어려서 강한 통치권을 발휘하지 못할 것을 염려했기 때문이다. 태종은 오랜 경험을 통해 병권이 곧 권력임을 누구보다 잘 알고 있었고, 세종은 그런 부왕의 그늘 아래서 착실하게 군주의 길을 닦아나갔다.

세종, 훈민정음과 그가 꿈꾼 조선

세종(1418~1450)이 즉위한 지 보름도 안 된 어느 날 병조에서 군무를 신왕인 세종에게만 보고하자 상왕인 태종은 병권을 발동하여 병조참판 강상인과 병조판서 박습을 처형했다.

1419년 6월에는 이종무에게 277척의 병선에 1만 7천 명의 군사를 이끌고 왜구의 소굴인 대마도를 정벌하게 했다.●●
이와 같은 일들은 신하들의 월권이나 도전을 걸코 용서하지 않고 정국을 주도하는 상왕 태종의 전략적 승부수였다.

세종은 병권을 장악한 태종이 언제 자신을 왕위에서 내칠지 모르는 불안 속에서 친위 세력을 양성하기 위해 1420년에 집현전●●●●을 설치했다. 보수적 정치 원로인 황희, 맹사성, 허조를 끌어들여 신구 세력을 조화시키고 기득권 세력을 안심시켰다.

한편으로 집현전 출신의 변계량, 신숙주, 정인지, 성삼문, 최항과 같은 신진 학자들을 중용하여 의정부와 6조를 장악하고 개혁에 반대하는 태조, 태종 시기에 관직에 나선 원로 대신을 견제했다.

●세종의 개혁 정책
훈민정음 창제, 공법(전분 6등법, 연분 9등법) 제정, 영토 확장(4군 6진), 과학 증진(측우기, 갑인자, 자격루 등), 집현전 운영
(검) 1-3, (검) 1-6, (검) 4-초
(검) 5-초, (검) 9-초, (검) 48-기본, (검) 49-심화

●●대마도 정벌
세종 원년(태종 추도), 이종무 출전, 여말선초, 왜구 근거지, 통신사의 숙영지, 3포 개항 후 조선 무역 독점
(검) 2-1, (검) 4-초

●●●집현전
학문 연구기관, 훈민정음 창제, 세종 때 조직 확대(1420), 업무는 경연과 서연 주관, 학사들이 계유정난에 비판적, 세조 때 폐지, 성종 때 홍문관이 대행
(검) 2-4, (검) 3-6, (검) 8-3

●집현전
고려부터 조선 초기까지 궁중에 설치되었던 학문 연구기관이다. 1420년에 세종이 학자 양성과 학문 연구를 위해 집현전을 확대했는데, 주요 업무는 경연과 서연이었다. 경연은 왕과 신하들이 경전을 강론하는 자리이고, 서연은 왕세자를 교육하는 일을 말한다. 사육신과 생육신 사건을 겪은 세조(수양대군)가 집현전을 폐지했고, 성종 시기에는 홍문관이 그 기능을 대신했다.

훈민정음이 탄생한 집현전(현재 수정전) | 훈민정음은 세종의 인재 양성기관인 집현전에서 연구되고 창제되었다. 원래 집현전 건물은 임진왜란으로 소실되었고, 흥선대원군이 경복궁을 중건하며 그 자리에 수정전을 세웠다.

세종의 개혁 목표는 유교국가 건설

●**세종의 유교 이념**
집현전 설치, 갑인자 제작, 농업 진흥, 과학기기 제작, 《삼강행실도》 간행, 훈민정음 창제, 사가독서제 실시
(검) 1-3, (검) 1-4, (검) 1-5, (검) 2-1, (검) 3-2, (검) 6-고, (검) 7-4, (검) 8-초, (검) 9-초, (검) 50-기본, (수한) 2021

●**《삼강행실도》**
세종 13년(1431)에 집현전 부제학 설순 등이 왕명에 따라 엮은 3권 1책의 도덕윤리 서책. 군신, 부자, 부부의 관계에서 모범이 될 만한 105명의 사례를 가려 뽑아 그들의 행적을 칭송하는 글을 모아 편집했다.

세종은 유교 이념 확산에도 노력을 기울였다.● 고려시대에 불교가 민생을 해쳤다는 인식 아래 5교 양종(천태종, 조계종)의 교단을 선종과 교종으로 통합하고 종단 각 18개 총 36개의 사찰만 인정하여 불교를 억제했다.

일반 백성에게는 충효를 장려하기 위해 1432년에 집현전에서 《삼강행실도》●를 저술하여 백성에게 보급했고, 박연에게 아악을 정리하여 국가 행사에서 향악을 대체하도록 했는데, 이는 조선을 유교국가로 만드는 수순이었다.

왕조의 정통성을 세우기 위해 《고려사》를 편찬하고(1421), 《조선왕조실록》●●을 보관하는 춘추관과 충주·전주·성주 사

전주 사고와 《조선왕조실록》 보전 기적비 | 전주 사고는 《조선왕조실록》을 보관하던 사고이다. 조선 초기에 네 곳의 사고에 보관 중이던 실록 가운데 임진왜란 이후 유일하게 남아 세계기록유산으로 등재되었다.

고를 세워 역사의 엄정함을 후대에 귀감으로 삼고자 했으며, 《용비어천가》●●●●●를 지어 조선왕조의 개창과 태조, 태종으로 이어지는 정통성을 찬양했다.

세종 시기에 발달한 인쇄 문화는 활자의 개량이 원동력이었다. 1434(세종 16)에 이천, 장영실 등이 만든 20여 만 자의 갑인자는 글자체가 아름답고 선명하며, 중국 서체의 모방이 아닌 우리 고유의 글자체라는 점에서 역사적 가치가 크다.

훈민정음(訓民正音) 창제는 세종이 왕권을 세우고 백성과 직접 소통하고자 하는 소신의 결정체였다. 백성이 글을 몰라 억울한 일을 당하고 윤리를 지키지 않는 까닭은 배움이 없는 데서 기인하며, 그것이 어려운 한자 때문임을 알고, 세종은 읽기 쉽고 쓰기 편한 조선의 문자를 만들고자 했다.

●● **《조선왕조실록》**
태조~철종 시대 기록, 국왕 사후 사초와 시정기를 기초로 작성, 기록은 춘추관, 편찬은 실록청, 보관은 사고
(검) 2-1

●●● **조선 초기 편찬 서적**
《동국사략》(1402, 권근), 《신증 동국여지승람》(1530, 이행), 《삼강행실도》(1431, 설순), 《용비어천가》(1447, 정인지), 《고려사》(1451, 김종서), 《고려사절요》(1452, 김종서), 《세종실록지리지》(1454), 《동국통감》(1458, 서거정)
(검) 2-2, (검) 2-3, (검) 5-고, (수국) 2010

●● **《용비어천가》**
조선의 창업을 노래하는 125장의 서사시로 구성되었다. 최초의 한글 서책으로 서문은 정인지, 발문은 최항이 썼다. 정인지, 안지, 권제 등이 본문을 짓고 성삼문, 박팽년, 이개 등이 주석했다.

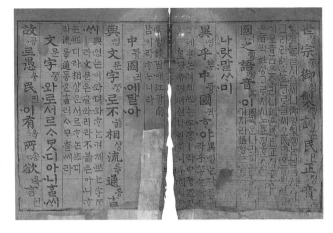

《훈민정음 해례본》

세종 28년(1446)에 창제한 훈민
정음의 제자 원리를 기록한 책
자로 국보 70호이며 세계기록
유산이다. 훈민정음 원본이라고
하는데, 1940년에 안동에서 발
견된 안동본과 2008년에 상주
에서 발견된 상주본, 그리고 한
글 언해본이 전해진다. 주요 내
용은 세종의 어제 서문, 본문에
해당되는 예의(例義), 제자 원리
를 담은 해례(解例), 정인지가 쓴
서(序)로 구성되어 있다.

●**최만리의 한글 창제 반대**

최만리가 한글 창제를 반대한
이유는 중국 중심의 세계관에서
이탈하는 것이며, 한문의 독점
권이 사라지면서 신분 질서가 해
체되고, 오랑캐만이 한자가 아닌
다른 문자를 만든다는 것이었다.

●●**4군 6진**

세종 시기에 압록강과 두만강 유
역을 개척하고 새롭게 설치한 군
진이다. 4군은 1433년 4월에 최
윤덕등이 압록강변의 여진족을
몰아내고 설치한 여연, 자성, 무
창, 우예이다. 6진은 12월에 김종
서 등이 압록강변을 개척하고 설
치한 종성, 온성, 회령, 경원, 경흥,
부령이다.

●**4군 6진**

세종 시기 개척, 김종서(6진)
와 최윤덕(4군)의 활약, 조선
초기의 북방 경제, 삼남 지방
백성을 사민, 지역 토호를 토
관(장관)으로 임명, 여진족과
무역소 설치
(검) 3-5, (검) 6-고, (검) 9-초,
(수) 2006,

이에 최만리●를 비롯한 사대부와 관리들은 오랑캐만이
한자를 버리고 자국의 문자를 사용한다며 반대했다. 그러
나 세종은 주변 국가에서 만들었던 문자(거란, 여진, 위구르, 몽
골 문자)를 참조하여, 1443년에 소리와 뜻과 표기가 동일한
훈민정음(한글)을 만들고 1446년 10월에 드디어 세상에 반
포했다.

세계기록유산으로 지정된 《훈민정음 해례본》에 따르면
한글은 창제 원리와 목적, 과정 등이 기록으로 남은 유일한
문자이며 가장 과학적인 음소문자로 세계 문자 역사의 혁명
이었다.

세종의 국방 정책은 4군 6진●●●으로 나타났다. 조선은 유
교적 명분인 화이관(華夷觀)에 따라 4군6진을 개혁하여 조
선과 오랑캐를 구분했다.

우선 1433년 4월에 중군상장군 최윤덕은 이순몽, 최해
산, 이각을 이끌고 압록강변의 여진족을 토벌하고 순차적으
로 여연, 자성, 무창, 우예에 4군을 설치했다.

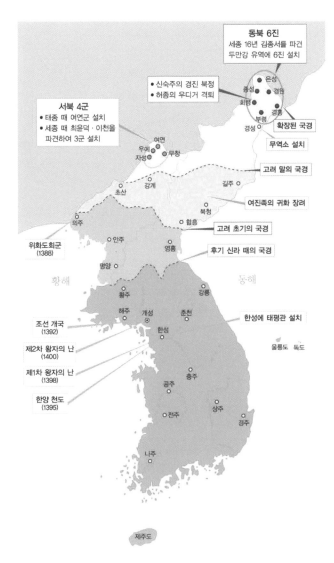

동북 6진
세종 16년 김종서를 파견
두만강 유역에 6진 설치

• 신숙주의 경진 북정
• 허종의 우디거 격퇴

온성
종성 ● ● 경원
회령 ●
● 경흥
부령 ●
● 확장된 국경
경성 ●

서북 4군
• 태종 때 여연군 설치
• 세종 때 최윤덕·이천을
파견하여 3군 설치

여연 ●
우예 ● ● 무창
자성 ●

무역소 설치

고려 말의 국경

초산
강계
길주

여진족의 귀화 장려

북청
의주 ●
● 함흥

고려 초기의 국경

위화도회군
(1388)
○ 안주
영흥 ●

후기 신라 때의 국경

평양 ○

황해
동해

황주 ○
● 강릉

해주 ○ 개성 ○ 춘천

한성에 태평관 설치

조선 개국
(1392)

한성 ○

울릉도 독도

제2차 왕자의 난
(1400)

제1차 왕자의 난
(1398)

충주
공주 ○

한양 천도
(1395)

전주 ○
상주
경주

나주 ○

제주도

◀ **4군 6진 개척**
세종 시기에 김종서, 최윤덕 등
이 개척한 압록강 유역의 4군과
두만강 유역의 6진은 영토 개척
의 의미가 크지만, 역으로 우리
역사를 한반도로 축소시키는
무의식의 국경이 되었다.

사극 〈뿌리 깊은 나무〉
2011년에 sbs에서 방영한 사극
으로 세종대왕의 한글 창제에 얽
힌 비밀과 역사를 그렸다.

　　1433년 12월에는 이조우참판 겸 함길도 관찰사 김종서
가 하경복, 심도원, 성달생, 송호미, 이징옥을 이끌고 두만강
유역의 종성, 온성, 회령, 경원, 경흥, 부령에 6진을 설치했다.

수표교 | 청계천의 대표적인 돌다리이다. 내를 건너는 용도 외에 교각에 물의 양을 재는 수표를 새겨 과학적인 수위 측정을 했다. 현재 장충단공원에 옮겨져 있다.

이때부터 압록강과 두만강을 경계로 조선은 성리학이 지배하는 소중화이고, 건너편에 사는 여진족은 오랑캐로 규정되었다.

세종의 경제 개혁은 공정한 세율을 위한 공법 실시, 농업을 장려하기 위한《농사직설》● 등의 농서 편찬, 과학적인 영농을 돕기 위한 측우기, 수표, 풍기대와 과학기기 제작으로 실현되었다.

세종에게 있어 농업 중심의 국가 경제는 성리학이 추구하는 민본정치의 실현을 위한 기본적인 경제 정책●이었다. 이른바 농본상말(農本商末)의 성리학적 경제이념이 드디어 조선의 기본 정책으로 자리 잡은 것이다.

조세	전세(田稅) = 지세(地稅)	원칙 : 토지 소유자에게 결(結)당 부과 1) 과전법* : 1결당 생산량을 300두로 상정 → 10분의 1세인 30두 부과 2) 공법 : 세종 시기, 전분 6등법과 연분 9등법 → 1결당 4~20두 부과
공납	호세(戶稅)	원칙 : 공물량을 군현에 부과 → 군현에서 각 호에 할당 폐단 : 생산량 감소, 생산지 변동 등으로 타지에서 현물 구입하여 납부
역	신세(身稅) = 역세(力稅)	원칙 : 정남(16~60세 양인)에게 부과하되 양반과 서리, 향리는 면제 1) 군역 : 현역병인 정군, 정군의 비용을 부담하는 보인(봉족)으로 구분 2) 요역 : 토목 공사에 노동력 동원 → 8결당 1정 징발, 연 6일 이내(성종 시기)
재정 운동		수입 : 조세, 공물, 역 이외에 염전, 광산, 어장, 수공업자에게 세금 징수 지출 : 군량미와 구휼미, 왕실 경비, 공공 행사비, 녹봉으로 사용

세제 개혁, 전분 6등법과 연분 9등법을 시행하다

고려시대 이래 토지의 비옥도를 3등급으로 규정한 3등 전품제는 그동안 발전해온 농업생산력을 제대로 반영하지 못하고 수조권의 기준을 잡는 데 많은 문제점을 보였다.

이에 따라 세종은 1436년에 공법상정소를 설치하고 17만 명이 참가한 여론 조사와 투표를 거쳐 공법을 확정했고, 1443년에는 전제상정소를 두어 세법을 논의한 끝에 6등법과 연분 9등법●●●을 제정했다.

전분 6등법은 전국 토지의 품질을 6단계로 나누고 등급에 따라 다른 세율을 적용하여 백성들의 균등하게 하려는 것이 목적이었다. 연분 9등법은 풍년이나 흉년 등 자연 재해로 인한 농작물의 수확이 크게 차이 나므로 농사의 상태를 9등급으로 분류하여 세율을 조정하는 것이다. 공법은 1450년에 전라도에서 처음 실시되어 점차 전국으로 확대되었다.

● **과전법**
신진사대부의 개혁 정책, 조선 개국의 혁명 이념, 정도전과 조준이 주도, 토지를 몰수하여 국가에 귀속, 수조권의 통일, 수조권자에게 수확량의 10% 납부
(검) 51-기본, (검) 52-기본, (수) 2006

● **전분 6등법과 연분 9등법**
토지의 비옥도를 6등급으로 조정한 조세법을 전분 6등법이라 하고, 그해 농사의 풍흉에 따라 세금을 부과한 조세법을 연분 9등법이라 한다. 인조 12년(1634)에 지역별로 토지의 비옥도를 표준으로 삼아 고정된 세율을 적용하는 영정법이 실시되면서 연분 9등법은 혁파되었다.

●● **전분 6등법, 연분 9등법**
1) 전분 6등법 : 풍흉에 관계없이 토지의 비옥도 근거, 6등급 분류 징수, 1결의 기준 면적 축소, 퇴결 수는 증가, 세종 때 제정(1444)
2) 언분 9등법 : 풍흉을 근거, 지역 단위로 결정, 수확량도 조사(답험손실법), 9등급 분류 징수, 세종 때 제정(1443), 영정법 실시로 폐지(1634)
(검) 7-고, (수) 2009, (검) 3-3, (수한) 2019, (수한) 2020

조선 전기 토지 제도의 변화

구분	과전법	직전법	관수관급제	녹봉제
시행 시기	고려 공양왕(1391)	세조(1466)	성종(1470)	명종(16세기)
지급 대상	전직, 현직 관료		현직 관료	
주요 내용	•전직, 현직 관료에 수조권 지급 •경기에 한정, 수신전과 휼양전 지급	•현직 관료에게만 수조권 지급 •수신전과 휼양전 폐지	•관료수조권을 국가가 대행	•녹봉만 지급 •수조권 분급 제도 폐지
실시 배경	•권문세족과 사원의 토지 독점으로 인한 국가 재정의 궁핍	•공신, 관료 등의 증가로 경기 지역의 과전 부족 현상	•관료의 수조권 남용 •과전에 대한 과도한 수취 발생	•과전법 체제 붕괴
실시 목적	•국가 재정 증대 •사대부 관료의 경제 기반 확복	•토지 부족 보완 •세조의 공신 우대	•토지의 국가지배력 강화	•사림의 경제 기반 수립(관료제 기반화)
후대 영향	•경자유전 법칙에 따른 농민 경작권 보장	•훈구파의 토지 점유 확산	•소유권 중심의 토지 제도로 이양	•조선 후기에 농장 보편화 및 지주전호제 일반화

●**조선 전기 농업 정책**
목화 재배 확대, 면포의 화폐화, 밭농사(조, 보리, 콩)의 2년 3모작, 남부의 모내기 활성화(벼와 보리의 2모작), 직파법(벼농사)이 일반적
(검) 1-5, (검) 4-고, (수) 2005, (수한) 2018

세종 시기는 조선 전기를 대표하는 문예부흥기였고, 농업●과 과학●●이 최고 수준에 이른 시기였다. 태조, 정종, 태종 때 공신 책봉이 많았던 것에 비추어보면 세종 때에는 공신 책봉 사례도 없었다. 이는 세종 치세 기간이 그만큼 변란이 없는 태평성대였으며 세종이 뛰어난 정치가이자 경세가였

| **세종 시대의 발명품들** |

앙부일구 | 해시계

혼천의 | 천체의 운행과 위치를 관측하던 장비

음을 말해준다.

●● 세종 시기의 과학기술
측우기(강우량), 《농사직설》
(이앙법), 인쇄술(갑인자), 수
표(수량), 풍기대(바람), 자격
루(시계), 앙부일구(시간), 의
학(《향약집성방》《의방유
취》), 국방(신기전기), 천문관
측(칠정산), 천문기기(혼천의,
간의, 옥루, 규표)
(검) 1-3, (검) 1-4, (검) 1-5,
(검) 1-6, (검) 2-1, (검) 2-3,
(검) 2-6, (검) 3-3, (검) 3-5,
(검) 3-6, (검) 4-초, (검) 5-초,
(검) 5-4, (검) 5-3, (검) 6-4,
(검) 6-3, (검) 6-고, (검) 7-4,
(검) 7-고 (검) 8-초, (검) 8-4,
(검) 8-3, (검) 8-고, (검) 9-4,
(검) 9-3, (검) 9-고 , (검) 47-
심화, (검) 48-기본, (검) 48-
심화, (검) 49-기본, (검) 52-
기본, (수) 2008

김종서와 황보인, 단종을 대신한 황표정사

세종에게는 뛰어난 자식들이 많았다. 보통의 사대부 가
문에 뛰어난 자식이 많으면 가족의 행복이요 번영의 토대가
되었지만 왕실에서는 분란의 씨앗이 되었다.

재능과 학문에 소질이 남달랐던 세종의 장자 문종, 야심
이 조부인 태종을 닮았던 둘째아들 수양대군(진양대군), 예
술적 감각이 뛰어났던 셋째아들 안평대군, 재능을 숨겨야
했던 넷째아들 임영대군, 수양과 성격이 비슷했던 여섯째아
들 금성대군이 훗날 역사의 거센 소용돌이를 일으키는 주
역들이다.

문종(1450~1452)은 학문과 무예가 뛰어나고 의욕도 넘치
는 군주였다. 그는 세자로 있으면서 20여 년이나 세종을 도
와 훈민정음 창제, 자격루 제작 등에 참여했고, 1445년
에는 병중인 세종을 대신해서

금속활자 | 대량 인쇄와
유교의 확산에 기여

측우기 | 비의 양을 측정하던 기구

자격루 | 물의 흐름을 이용해
시간을 알 수 있게 만든 물시계

7장 조선 전기, 훈구의 시대 169

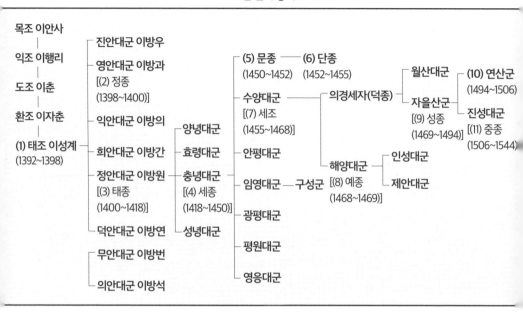

목조 이안사
|
익조 이행리
|
도조 이춘
|
환조 이자춘
|
(1) 태조 이성계
(1392~1398)

진안대군 이방우

영안대군 이방과
[(2) 정종
(1398~1400)]

익안대군 이방의

희안대군 이방간

정안대군 이방원
[(3) 태종
(1400~1418)]

덕안대군 이방연

무안대군 이방번

의안대군 이방석

양녕대군

효령대군

충녕대군
[(4) 세종
(1418~1450)]

성녕대군

(5) 문종 ── (6) 단종
(1450~1452) (1452~1455)

수양대군
[(7) 세조
(1455~1468)]

안평대군

임영대군 ── 구성군

광평대군

평원대군

영응대군

의경세자(덕종)

해양대군
[(8) 예종
(1468~1469)]

월산대군

자을산군
[(9) 성종
(1469~1494)]

인성대군

제안대군

(10) 연산군
(1494~1506)

진성대군
[(11) 중종
(1506~1544)]

● 신기전, 신기전기, 화차
신기전(神機箭)은 고려 말 최무선이 발명한 주화(走火)를 세종 30년(1488)에 개량한 로켓형 화기로 대신기전, 산화신기전, 중신기전, 소신기전 등이 있다. 문종 1년(1451)에 제작한 신기전기(神機箭機)는 동시에 100발의 신기전을 발사할 수 있는 기계이며, 화차(火車)는 신기전기를 싣고 이동하는 수레이다. 신기전을 설명한 《병기도설》은 로켓 병기에 관한 세계에서 가장 오래된 기록이다.

국사를 처리하기도 했다. 재위 기간에 《동국병감》을 편찬하고, 신기전기*와 같은 신무기를 개발했으며, 군제를 5사 체제로 개편했다.

그러나 문종은 건강과 가정사가 좋지 않았다. 아버지를 닮아 비만형에 당뇨가 심했다. 첫째 부인 휘빈 김씨와 둘째 부인 순빈 봉씨는 부왕인 세종에 의해 궁중에서 폐출되었고, 나중에는 세종이 간택한 후궁 세 명을 맞이하여 그중 현덕왕후 권씨에게서 아들 단종(1452~1457)을 얻었다. 문종이 세상을 떠났을 때 단종은 12세에 불과했다.

문종은 세상을 뜨기 직전에 영의정 황보인, 우의정 남지, 좌의정 김종서를 단종의 고명대신으로 삼고 정치적 야심이 적은 동생 안평대군을 종실의 후견인으로 삼았다.

안평대군은 단종의 숙부이며 수양대군의 동생이다. 시(詩)·서(書)·화(畵)에 능해서 삼절(三絶)이라 불렸는데, 1447년에 세종의 치세를 태평성대로 보고 자신이 꿈속에서 본 복숭아밭(도화원)을 안견에게 그리도록 한 〈몽유도원도〉●●의 일화가 아직도 전해진다.

단종은 모후 현덕왕후 권씨가 단종을 낳은 뒤 세상을 떠난 데다 문종이 왕비를 책봉하지 않은 채 승하했기 때문에 수렴청정을 할 만한 궁중의 어른이 없었다. 이에 안평대군과 황보인, 김종서가 단종을 보필하며 정사를 도왔는데 그 중에서 대표적인 사례가 황표정사(黃標政事)●●였다.

조선의 관리들에 대한 인사고과는 이조(문신)와 병조(무신)가 담당하여 인사철이 되면 명단을 임금에게 올렸다.●● 그런데 단종은 아직 정치 경험이 부족하여 조정의 복잡한 관직 기구와 신하들의 면모를 제대로 파악하지 못했다. 그래서 고명대신들이 미리 낙점한 관리들의 이름 옆에 노란 점 표시를 해두면 단종은 그것을 보고 그대로 결재하던 것을 황표정사라고 한다.

수양대군은 황표정사를 군사반란의 명분으로 삼았다. 군주의 고유 권한인 인사권을 신하들이 사사롭게 처리했다는 지적이었다. 여러 대군, 왕족, 종친들은 태종, 세종 시대에 약해졌던 신권이 어린 단종을 앞세워 다시 강해지고, 그로 인해 왕실 세력이 약화되면 자칫 제거당할 수도 있다는 위기감을 뼈저리게 느끼며 수양대군에 동조했다. 이때 조선 역사상 처음으로 신하가 군주를 내쫓는 정변의 싹이 움트고 있었다.

● 조선 전기 회화 예술
〈고사관수도〉(강희안), 〈몽유도원도〉(안견), 〈송하보월도〉(이상좌), 사군자(매, 난, 국, 죽), 담백한 백자 유행(유교 문화와 연관, 사대부의 취향, 관청인 분원소 주관)
(검) 3-1, (검) 3-6, (검) 5-4, (검) 48-기본, (수) 2002

● 〈몽유도원도〉
세종 29년(1447)에 세종의 셋째 아들인 안평대군이 꿈에서 본 복숭아밭의 풍경을 듣고 화가인 안견이 부감법을 구사하여 3일 만에 완성했다는 그림으로, 중국의 도연명이 쓴 《도화원기》를 배경으로 한다. 세종대왕의 치세를 태평성대로 묘사하려는 정치적 의도가 깃들어 있다. 현재 일본 천리대에 소장되어 있다.

●● 황표정사
문종 1년(1451)에 왕족들의 정치적 힘이 강해져서, 이들이 추천하는 사람의 명단이 왕에게 올려지면 인사권자인 왕이 적임자의 난에 노란색 표시를 하여 임명을 허락하던 관행이다. 문종 사후에 어린 단종을 도와 고명대신이 노란 점 표식으로 정사를 대신했는데 수양대군이 계유정난을 일으키며 거사의 명분으로 삼던 부당한 인사행정의 대표적 사례이다.

●● 조선의 인사 관리 제도
도목정사, 상피제, 향피제, 비삼망(천망), 분경금지법, 서경제, 인사고과
(검) 2-3, (검) 5-3, (검) 50-심화

세종대왕은 왜 여론 조사를 했을까?

조선은 농본상말(農本商末)을 국사로 삼은 유교국가였다. 농본 정책은 사회 안정과 농민 생활의 보장을 기본으로 하다. 세종은 국가 생산력의 기본 동력인 농민들의 삶과 의식을 유교식으로 바꾸는 데 주력했다. 이를 위한 노력이 바로 과학기기의 발명과 제작,《농사직설》편찬,《삼강행실도》배포, 훈민정음 창제, 공정한 세법 제정이었다. 이 중 세법 제정은 농민 생활에 가장 직접적인 영향을 주었다.

공정 세율의 핵심은 세금 징수의 기준이었다. 이때 문제가 된 것이 지역 수령의 자의적인 수확량 계산(답험손실법)과 엉터리로 기록된 토지대장(양안)의 토지 등급(3등급)으로, 대부분 힘없는 백성에게 불리했다. 이에 세종은 토지의 품질을 6등급으로 나누는 전분 6등급과 1년 단위로 풍흉을 9단계로 계산하는 연분 9등법으로 세액을 정하는 공법을 제안했다. 그러자 숨겨놓은 땅이 있거나 토지 등급 변경을 우려한 기득권 세력의 반발이 심했다. 이에 세종은 다수의 민의를 수렴하는 여론 조사를 제시하여 반대 논리를 민주적으로 해결하려고 했다.

1430년 3월 5일부터 8월 10일까지 실시된 여론 조사는 호조에서 주관하고 해당 지역의 관리들이 농가를 찾아가 직접 세법을 설명하고 찬반을 묻는 대면 방식이었다. 총 17만 2천 806가구가 참여하여 찬성이 9만 8천 657(57%), 반대가 7만 4천 149(43%) 가구였다. 찬성 측은 하급 관리와 전라도·경상도의 농민이었고, 반대 측은 고급 관리와 함경도·평안도의 농민이었다. 다수의 지지와 공론을 확보한 세종은 다시 토론과 수정을 거듭하며 공법의 문제점을 보완했다. 그리고 14년이 지난 1444년에 전제상정소를 두어 드디어 공법을 제정했으며, 다시 6년이 지난 1450년에 비로소 전라도에서 처음 시행했다.

세종대왕이 훈민정음을 창제한 실제적인 목적은 무엇이었을까?

Point 1　한자를 기본으로 사용하는 동아시아에서 독자적인 문자를 가진 민족을 추려내고, 이들이 문자를 만든 목적은 무엇인지 살펴본다.

Point 2　고조선 이래 고려 말까지 민족 고유 문자를 사용하지 않은 것으로 추정되는 우리나라에서 조선시대에 들어와 훈민정음을 만들게 된 요인을 알아낸다.

Point 3　훈민정음의 역사적 의미와 그것이 사회에 끼친 영향, 한글 사용이 문화 전반을 변화시킨 내용 등을 체계적이고 종합적으로 구성한다.

공부를 더 하고 싶다면

《세종의 수성 리더십》(박현모 지음, 삼성경제연구소)
세종이란 인물을 통치자라는 관점에서 보고자 했다. 건국 초기의 혼란기를 극복하기 위해 노력한 세종의 실용 외교, 북방 정책, 지식경영, 위민정치, 개혁 방식 등을 여러 각도에서 살핀다.

《민족의 얼을 지킨 겨레 과학》(장수하늘소 지음, 푸른나무)
조선 초기는 장영실, 이천과 같은 인물들이 혜성처럼 나타나 〈천상열차분야지도〉, 표준 도량형, 활자, 자격루, 측우기, 훈민정음, 《농사직설》 등을 세상에 내놓았다. 조선시대에 화려하게 꽃피운 겨레 과학을 살펴보기에 훌륭한 지침서이다.

《서울 옛길 사용설명서》(오정윤, 우덕희 외 지음, 창해)
서울은 산의 도시이고 물의 도시이고 길의 도시이다. 이 책은 현재의 서울 중구와 종로구에 남아 있는 조선시대 옥류동천, 백운동천, 안국동천, 남산동천, 묵사동천 등 조선시대 옛길에 담겨 있는 문화콘텐츠의 발굴보고서이다.

3

세조와 성종, 훈구파의 등장

한 줄로 읽는 우리 역사

세조는 김종서와 황보인의 황표정사를 빌미로 계유정난을 일으켜 조카인 단종을 몰아내고 권력을 장악하였으며, 사육신과 생육신은 사대부의 충절을 들어 저항했다. 세조는 부도덕한 권력을 유지하고자 훈신들을 중용했고 이는 훈구파 형성의 계기가 되었다.

조선시대에 세조(1455~1468)와 성종(1469~1494)만큼 사대부들을 고민스럽게 만든 군주도 없을 것이다. 그것은 두 군주가 걸은 길이 너무나 대조적으로 달랐기 때문이다.

조선의 역사에서 세조는 최초로 신하의 지위에서 충성을 맹세한 군주를 죽이고 왕위를 찬탈했고, 그의 손자인 성종은 절의와 충효를 최고의 정치 덕목으로 신봉하는 사림파를 등용하여 도덕정치를 부활시켰다.

영월 청령포 | 노산군으로 강등되어 영월로 유배된 단종은 삼면이 강으로 둘러싸인 청령포에 갇혀 지냈다. 아름다운 산하의 속내에 는 숙부에게 버림받은 조카의 슬픔과 애환이 서려 있다.

조선시대 500년을 전기와 후기로 나눌 때 전기를 특징짓는 것은 훈구파와 사림파의 노선 투쟁, 후기는 권력을 장악한 사림파의 붕당정치라 할 수 있다.

조선 전기*에 훈구파와 사림파는 성리학의 이념 실천과 도덕성을 놓고 치열하게 권력 경쟁을 했는데, 훈구파가 세조 시기에 자리를 잡았다면 사림파는 성종 시기에 성장했다. 할아버지와 손자는 이처럼 상반된 역사의 길을 걸었다.

계유정난(1453), 수양대군의 승부수

세종이 설치한 의정부서사제*에 의해 권력을 장악한 의정부 원로대신과 안평대군이 주도하는 정국 운영에 반기를 든 세력은 신권(臣權)에 위기의식을 느낀 종친, 양녕대군의 지지를 받고 있는 수양대군과 청장년층이 포진한 집현전 출신의 신진 관료들이었다.

수양대군은 조선 초 성리학의 대가인 권근의 손자이며 《역대병요((歷代兵要))》**를 편찬할 때 함께 참여했던 권람을 측근에 두고, 권람의 소개로 친교를 맺은 한명회를 책사로 삼아 정변을 일으킬 준비를 착실하게 진행했다. 황보인을 견제하고자 집현전 출신의 원로학자인 정인지와 신숙주를 포섭하고, 무장 세력인 김종서를 제거하기 위해 중간급 무관인 내금위 소속의 홍달손과 양정을 끌어들였다.

1453년(계유년) 10월 10일에 수양대군은 김종서가 자신을 제거할 명분과 기회를 노리고 있다는 사실을 탐지하고

● 조선 전기의 통치 체제
태조(재상정치, 정도전, 한양 천도), 태종(국왕 중심, 6조 직할), 세종(왕권과 신권 조화, 의정부 서사제), 세조(왕권 강화, 집현전 폐지), 성종(유교 통치, 홍문관,《경국대전》) (검) 6-고, (검) 51-기본, (검) 52-심화

※ 조선 전기의 유학 경향
개국 초(도덕지상주의, 척불론, 도성 사대문 명칭), 세종 시기(중앙집권, 왕권 강화, 유불 병립), 성종 시기(도학정치, 사림파 형성), 사화 시기(서원 교육, 이념 추구), 선조 시기(붕당 형성), 광해군 시기(중립 외교, 사대의리) (검) 2-1, (검) 2-6, (검) 4-초, (검) 9-초, (수국) 2011

● 의정부서사제
왕권을 견제하기 위해 정도전이 설계한 신권정치의 대표적인 제도이다. 이 제도에 따르면 6조에서 건의한 업무를 삼정승이 판단하여 왕에게 보고하고, 결정된 사항은 의정부를 거쳐 6조에 다시 내려가는 절차를 거치기 때문에 의정부의 기능이 강화되고 왕권을 대표하는 6조 직할 체제는 견제를 받았다. 태종과 세조는 6조 직할 체제를 시행했고, 세종은 말년에 의정부서사제를 도입했다.

●●《역대병요》
1450년에 세종대왕의 명으로 수양대군의 지휘 아래 정인지, 서거정 등이 참여하여 1453년에 완성된 13권 13책의 병서(兵書)이며, 책명은 세종이 직접 지었다. 동아시아의 주요한 전쟁과 선학들의 평가를 정리하였는데, 권람은 1451년에 집현전 교리로 있으면서 《역대병요》의 편찬에 참여했다.

●안평대군
비해당, 〈몽유도원도〉(안견),
황표정사, 송설체(조맹부)
(검) 48-기본

●계유정난
수양대군이 계유년(1453) 10월
에 권람, 한명회 등과 함께 군사
정변을 일으켜 단종의 고명대신
인 영의정 황보인, 우의정 김종
서 등을 죽이고 권력을 잡은 사
건이다. 정인지, 한확, 홍달손, 권
람, 한명회 등 37명이 정난공신
이 되었다.

곧바로 반격에 들어갔다. 자신이 직접 홍달손, 양정을 이끌고 서대문 밖에 있는 김종서의 가택을 방문하여 단칼에 김종서를 베고, 궁중으로 돌아와 퇴청한 대신들을 긴급히 소집했다.

영문을 모른 채 궁궐에 들어오던 대신들 가운데 영의정 황보인, 이조판서 조극관, 찬성 이양은 한명회가 작성한 살생부에 의거해 궐문에서 죽었고, 안평대군●은 강화도에 유배되었다가 나중에 사약을 받았다.

계유정난●으로 정권을 장악한 수양대군은 반대파를 모두 숙청하고 내정을 맡는 의정부 영사, 인사권을 담당하는 이조판서와 병조판서를 겸임하고, 반대파의 거사를 막기 위해 내외병마도통사도 맡았다. 좌의정은 정인지, 우의정은 한확이 맡았다. 이제 남은 절차는 단종의 폐위였다.

김종서의 당인이었던 함길도 도절제사 이징옥은 두만강 건너 여진족과 연계하여 대금황제(大金皇帝)를 칭하고 수양대군을 반대하는 반란을 일으켰다. 이징옥은 고구려의 역사가 깃든 오국성(국내성)에 도읍을 정하기로 결정하고 두만강을 건너고자 종성에 머물렀다.

이때 종성판관 정종, 호군 이행검이 이징옥을 습격하여 살해했다. 황제를 꿈꾸었던 이징옥의 거사는 실패로 끝났지만 민심은 결코 수양대군에게 우호적이지 않았다. 특히 세종 시기에 개척된 4군 6진의 주민들은 더욱 반감이 컸다. 이것이 이징옥의 반란(1453)으로 드러났고, 나중에 이시애의 난(1467)으로 다시 표출되었다.

사육신, 단종 복위운동을 일으키다

수양대군은 1455년 1월에 단종의 혼사를 거행했다. 이것은 선왕인 문종의 국상 중에 어린 단종을 제거할 수 없었기 때문에 국혼을 빙자하여 국상 정국을 국혼 정국으로 바꾸려는 계책이었다.

사육신묘
단종 복위운동에 목숨을 바친 사육신 박팽년, 유응부, 이개, 성삼문, 하위지, 유성원과 더불어 나중에 추가된 김문기 등 7기의 무덤이 있다. 현재 서울 동작구 노량진동에 위치한다.

수양대군은 6월에 정적인 금성대군에게 역모죄를 씌워 삭녕, 광주로 유배시켰다. 그리고 6월 11일, 단종을 상왕으로 추대하고 자신이 조선의 7대 임금인 세조(1455~1468)로 즉위했다.

세종의 은혜를 입은 집현전 학사들은 신하가 군주를 폐위시키고 왕위를 빼앗은 계유정난을 불충의 죄악으로 여기고 세조 폐위와 단종 복위를 꾀했다. 무관인 유응부, 성승과 집현전의 학사 출신인 성삼문, 박팽년, 하위지, 이개, 유성원,

장릉 | 영월에 자리 잡은 단종의 능묘. 단종은 사육신의 단종복위운동이 실패로 끝난 뒤 영월 객사인 관풍헌에서 죽임을 당했다.

관풍헌
영월 객사의 동헌으로 단종이 죽임을 당한 곳이며, 조선 후기에 방랑 시인 김병연(김삿갓)이 향시에서 급제를 한 곳이기도 하다.

● **궁궐과 의례 시설**
경복궁, 창덕궁, 창경궁, 덕수궁, 경희궁, 종묘, 사직단, 환구단, 선농단, 선잠단
(검) 48-기본, (검) 48-심화, (검) 51-기본

● **성삼문의 시조**
이 몸이 주거 가셔
무어시 될꼬 하니
봉래산 제일봉에
낙락장송 되야 이셔
백설이 만건곤할 제
독야청청하리라
(이 몸이 죽은 뒤에
무엇이 될까 생각해 보니
봉래산 제일 높은 봉우리에
우뚝 솟은 소나무가 되어서
흰 눈이 온 세상을 뒤덮을 때
홀로 푸른빛을 발하리라)

김문기는 1455년 10월에 명나라에서 조선에 책명사(임금의 책명을 전하던 벼슬아치)를 보내자 드디어 거사를 준비했다.

1456년 6월 1일에 창덕궁●에서 명나라의 사신을 환송하는 연회가 벌어졌다. 임금을 호위하는 별운검을 맡은 성승과 유응부는 이때 세조의 목을 베기로 했다. 그런데 당일에 한명회는 갑자기 별운검을 세우지 않았고, 거사는 미루어졌다. 김질은 거사가 탄로 날까 두려워서 장인인 정창손에게 비밀을 누설했고, 정창손은 이를 세조에게 고해 단종복위운동(1456)은 실패했다.

세조는 주동자인 유응부, 성삼문●, 박팽년, 하위지, 이개, 유응부, 김문기 등 70여 명을 처형했다. 유성원은 거사가 실패하자 스스로 목숨을 끊었다. 충절을 중시했던 사림은 후세에 이들을 사육신(이개, 하위지, 유성원, 성삼문, 유응부, 박팽년)으로 받들었고, 세조의 치세에서는 벼슬을 하지 않고 절개를 지킨 김시습, 원호, 이맹전, 조려, 성담수, 남효온을 생육신으로 추앙했다. 세조는 1457년에 상왕인 단종을 노산군으로 강등하여 영월 청령포로 유배시켰다.

1457년 10월에 순흥으로 유배지를 옮긴 금성대군은 이

곳에서 순흥부사 이보흠과 함께 영월에 있는 단종을 복위
시킬 계획을 꾸몄으나 관노의 밀고로 실패해 10월 21일에
사사되었다. 세조는 곧바로 복위운동의 근원을 없애고자
10월 24일에 사약을 내려 조카인 단종(노산군)을 죽였다.

세조, 훈신정치의 폐해가 시작되다

세조에 반대하여 연이어 일어난 이징옥의 난, 사육신과
금성대군의 단종복위운동은 세조로 하여금 측근정치, 가
신정치, 훈신정치*를 하도록 만들었다. 세조는 공신들을 주
요 관직에 앉히고, 문종의 영향력이 여전히 남아 있는 집현
전을 폐지하고 경연을 중지했으며, 자신에게 비판적인 사헌
부와 사간원 등 언론 기능을 축소시켰다. 측근정치를 위해
승정원과 6조의 기능을 강화했다. 아울러 1466년에는 관
료의 증가와 과전의 부족을 해결하고자 현직 관료에게 수
조권을 주는 직전제**를 실시했다.

또한 세조는 취약한 정통성을 세우기 위해 여러 차례에
걸쳐 세종대왕의 능묘 이장을 시도했다. 선왕인 단종에게
는 불충했지만 부왕인 세종에게는 효자라는 상징성을 부
각하려는 의도였다. 당시에는 능묘 이장을 성사시키지 못했
으나 아들인 예종이 결국은 여주로 이장했다.

세조는 어머니 소헌왕후에 대한 효성을 표시하기 위해
《월인석보》도 편찬했는데, 이것도 불충을 효성으로 대체하
려는 의도였다. 예종이 부왕인 수양대군의 묘호를 세조라고

●훈신정치
수양대군이 계유정난(1453)을
일으키고 권력을 장악한 뒤 실
시한 훈신정치(원상 제도)는 조
선에서 훈구파가 정착하는 절
대적인 계기였다.

●●직전제
세조 12년(1466)에 공신과 관료
의 증가로 경기 지역의 과전이
부족해지자, 토지 부족을 보완
하고 공신들을 우대하기 위해
현직 관리에게만 수조권을 부여
하는 제도를 시행했는데 이를
직전제라고 한다. 이 제도의 시
행으로 훈구파의 토지 점유가
확대되었다.

한 것도 결국 세종의 계승자라는 것을 내세우기 위함이었다. 태종 이방원이 아버지 태조의 묘호를 계승한 선례를 참조한 것이다.

여진 정벌도 세종의 북방 개척을 계승한다는 차원에서 정통성을 얻으려는 노력의 일환이었다. 당시 세조에 반대하는 이시애가 1467년 5월 여진으로 넘어가 반란을 일으켰지만 강순, 어소유, 남이가 이끄는 토벌군에게 진압되었다.

이때 명나라는 건주여진(남만주 지방의 여진)의 세력이 급성장하자 정벌군을 일으켜 조선에 협공을 제안했다. 세조는 명나라로부터 확고한 지지를 받고자 북방에 남았던 강순, 남이에게 토벌군을 이끌고 합류하도록 했다. 1만의 조선군은 곧바로 길주에서 북상하여 압록강을 건너 건주 여진의 본거지를 초토화시켰다. 남이는 이시애의 난을 평정하고 여진족을 토벌한 공로로 28세에 병조판서가 되었다.

세조는 취약한 정통성을 측근 중용, 대외 정벌, 세종의 계승자 표방 등을 통해 극복했다. 그렇지만 정인지, 신숙주, 한확, 한명회, 권람, 홍달손, 최항, 이사철과 같은 공신 세력을 승정원에 배치하여 가신정치의 틀을 벗어나지 못한 것은 커다란 실책이었다.

측근정치, 가신정치는 결국 권력 독점, 권력 남용, 부정 부패로 이어졌고, 이들은 점차 훈구파를 형성●하여 독단적으로 정국 운영을 주도했다. 이에 정국 쇄신을 추구하는 개혁적이고 비판적인 사림들이 훈구파를 공격했고, 이는 4대 사화●●로 이어지는 결과를 낳았다.

●훈구파의 형성
관학파 계승, 부국강병 추구, 성리학 일변도 탈피, 사장 중심(15세기), 공신의 세력화, 외척의 권세(한명회), 원상 제도, 왕족의 관직 금지(《경국대전》), 수렴청정(인수대비)
(검) 4-고, (검) 7-4

●●사화의 발생
무오사화(1498, 김종직의〈조의제문〉), 갑자사화(1504, 폐비 윤씨, 궁중파가 주도), 기묘사화(1519, 조광조 제거, 위훈 삭제 문제, 기묘삼간이 주도), 을사사화(1545 대윤과 소윤, 봉성군 사건), 정묘사화(1547, 양재역 벽서 사건)
(검) 2-1, (검) 2-2, (검) 8-고

180

예종, 훈구파의 도전을 받다

세조는 말년에 원활한 국정 운영을 위해 원로대신을 매일 승정원에 출근시켜, 이들이 서로 국정을 논의하고 서무를 의결하면 왕은 형식적인 결재만 하는 원상 제도를 도입했다. 세조가 지목한 원상은 한명회, 신숙주, 구치관이었다. 하지만 측근들의 권한이 비대해지자 병약한 예종의 앞날이 걱정되어 종친들도 관직에 나갈 수 있도록 조치했다.

세조는 말년에 예종을 도와 공신과 측근 세력을 견제할

◀ 조선 초·중기 사회적 혼란과 동요

조선 초기, 중기는 왕자의 난, 계유정난, 중종반정과 같은 내정 혼란이 연이어 일어나고, 권력을 남용하고 부정부패한 훈구파와 이에 저항하는 사림파가 충돌하면서 사회적 혼란이 가중되었다.

인물로 고모의 아들인 외사촌 남이와 친조카인 구성군을 주목했다. 1468년에 세조는 전격적으로 남이를 병조판서에, 구성군을 영의정에 임명했다. 남이(1441~1468)는 태종의 넷째 딸인 정선공주의 아들이었고, 구성군은 세종의 넷째 아들인 임영대군의 아들로 대표적인 왕실 세력이었다.

예종(1468~1469)은 세조의 둘째아들이고 한명회의 사위이다. 예종은 병약하고 과단성이 부족하여 어머니인 정희왕후 윤씨가 수렴청정을 했고, 주요 업무는 원상이 처리했다. 훈구대신들은 유자광의 고변을 근거로 병권을 가진 남이를 역모죄로 몰아 거열형에 처했다. 이로써 훈구파들은 남이와 강순 등의 적개공신●을 제거하고 권력을 독점하게 되었다.

1469년에 예종은 친정을 시작했지만 11월 28일에 갑자기 세상을 떠나고 말았다. 사람들은 예종이 친정을 강화하려 하자 훈구 세력이 독살한 것으로 믿었다.

예종에게는 인순왕후 한씨와의 사이에서 태어난 4세의 제안대군이 있었지만 정희왕후 윤씨, 한명회, 소혜왕후 한씨는 자신들의 입지를 유지하고 권력을 지속적으로 독점하기 위해 예종이 죽은 당일 13세의 자산군을 성종으로 추대했다.

자산군은 세조의 맏아들이자 예종의 형인 의경세자의 둘째아들이다. 제안대군이 나이가 어려 왕위를 잇지 못한 다면 의경세자의 맏아들인 16세의 월산대군이 계승하는 것이 원칙이었으나, 훈구대신들은 나이가 들고 강단이 있는 월산대군보다는 효성이 지극하고 품성이 유약한 자산군이 왕위에 있는 것이 자신들의 권력 유지에 유리하다고 판단한 것이다.

훈구대신들은 세조와 예종 시기에 드디어 훈구파를 형

● 적개공신
세조 13년(1467)에 함경도에서 일어난 이시애의 반란을 평정하는데 공을 세운 이준, 조석문, 어유소 등 44명을 적개공신이라 한다. 적개는 반란을 일으킨 적군에게 기개를 떨쳤다는 뜻이다.

구분	훈구파	사림파
기원	혁명파 사대부(정도전, 권근 등)	온건파 사대부(정몽주, 길재 등)
성격	중앙 정계에 진출해 유학 이념을 실천하는 관료	향촌에 은거하여 수신과 학문에 힘쓰는 유학자
등장 배경	① 공신 세력의 형성 - 7왕(태조~성종) 시기 총 8차 400여 명 ② 외척과 수렴청정 - 한명회, 정희왕후 윤씨, 소혜왕후 한씨(인목 대비) ③ 훈신정치(원상 제도) - 구성군(세종의 넷째아들 임영대군의 아들) 견제 ④ 왕족 정치 참여 배제 - 1470년에 《경국대전》 편찬하면서 규정	① 고려사수파와 절의파, 향촌은거파 - 불사이군(정몽주)과 출사 거부(길재) - 두문동 72현과 같이 향촌 은거(향반) ② 사육신과 생육신 - 선왕에 대한 충성, 훈구에 대한 저항 ③ 성종의 홍문관 - 사림의 성장 : 중앙 정계에 사림파 등장 ④ 서원과 사제 간 학통 - 사림의 세력화
이념	중앙집권, 부국강병 추구	향촌 자치와 왕도정치 추구
학품	사장(詞章) 중심	경학(經學) 중심
사상	성리학 이외의 사상에 관대	성리학 이외의 학문 배척
업적	15세기 민족문화 발전에 기여	16세기 이후 심성론 발전 주도,

성하기에 이르렀다. 이들은 여러 차례에 걸친 공신 책봉으로 막대한 공신전을 획득하여 튼튼한 경제력을 확보하고, 수렴청정이란 무기로 왕권을 견제했으며, 원상 제도*를 통해 국정을 장악했다. 나아가 왕실 세력인 남이를 제거하고, 1479년에는 구성군(1441~1479)마저 정계에서 축출했다.

또한 훈구대신들은 성종 시기에 편찬한 《경국대전》에서 왕실 종친의 관리 임용을 금지시키고, 왕실과 혼인하거나 가문끼리 통혼하여 혼맥을 구축했다. 이로써 훈구대신들은 왕권을 능가하는 정치, 경제, 군사적 권력을 장악하고 드디어 훈구파의 토대를 완전하게 굳혔다.

●원상 제도
왕이 죽은 뒤 어린 임금을 보좌하여 정무를 맡아보던 임시 벼슬. 계유정난으로 집권한 세조는 정통성을 보완하기 위해 원로대신을 승정원에 출근시켜 국정을 논의하게 하고 국왕은 형식적으로 결재를 했는데 이것이 원상 제도의 시작이다. 예종이 즉위하자 대비가 수렴청정을 하고, 신숙주, 한명회, 구치관이 공식적으로 원상이 되어 승정원에서 정무를 보좌했는데, 이 제도는 이후 훈신정치의 폐단과 훈구파를 형성하는 계기가 되었다.

성종, 사림파의 형성을 준비

● **성종의 유교 정책**
《경국대전》 편찬, 신진 사림
기용(김종직 등), 훈구파 견
제, 홍문관 설치, 유교 제도
정착
(검) 9-4, (검) 47-심화, (검)
50-기본, (검) 51-기본

● **관수관급제**
세조 때 실시된 직전제 이래 관
리들에 의한 토지 세습과 겸병
으로 백성 수탈이 심해지자 성
종이 1470년에 실시했다. 관료
수조권을 국가에서 대행하여 수
조권 남용과 과도한 수취를 막
고자 시행한 제도이다. 이 제도
는 관료에게는 현물로 녹봉을
지급하고, 토지에 대한 국가의
지배력 강화와 더불어 토지 제
도가 소유권 중심으로 전환되는
계기가 되었다.

성종(1469~1494)●은 13세에 왕위에 올랐지만 궁궐 밖에
서 자라 세상 물정에 밝고, 성균관에서 공부하여 유교적 소
양이 깊은 유학 군주였다. 즉위 초기에는 대비인 정희왕후
윤씨가 7년간이나 수렴청정을 했다.

성종은 즉위년에 국가에서 수조권을 행사하고 관료에게
는 급료를 지불하는 관수관급제●를 실시하고, 백성을 수탈
하는 제도로 변질된 직전제를 폐지했다. 1474년에는 《경
국대전》을 편찬하여 법적, 제도적 통치 체제를 갖추었다.
1475년에 성종의 비인 공혜왕후 한씨는 한명회의 넷째딸
이었는데 아이를 낳다가 세상을 떠나자 한명회의 권세도 꺾
였다.

1476년에 성종의 친정이 시작되었는데 이 해에 훈구대신
신숙주와 홍윤성이 세상을 떠나고 이듬해에는 정인지가 죽
었다. 성종은 원상 제도를 폐지하고 왕의 자문기관인 홍문

성종의 태실
항일 전쟁 시기에 일제는 조선
왕실의 맥을 끊고자 전국에 산
재해 있는 왕실의 태실을 서오
릉에 모았다. 미처 그곳으로 옮
기지 못한 성종 태실은 창경궁
에 자리잡았다.

관●을 설치하여 친위 세력을 양성하고 사림을 등용하는 창구로 삼았다. 홍문관은 국초에 있었던 사헌부, 사간원과 함께 3사(三司)●●●로 불리면서 사림들이 훈구파의 부패와 타락을 비판하는 중심 기관으로 성장했다.

성종은 1480년에 사림들이 이상적인 스승으로 여기던 정몽주, 길재의 후손에게 국록을 내렸으며 정몽주, 길재로 이어지는 사림의 학통을 이어받은 김숙자의 아들인 김종직을 우대하여 경연관으로 삼았다.

또한 1491년에 젊고 유능한 관리들을 선발하여 수양하고 연구하는 호당을 상설 기구로 만들어 '남호독서당'이라고 했는데, 이것도 사림을 우대하는 정책이었다. 세종 8년(1426)에 재주와 덕행이 뛰어난 선비들을 뽑아 '사가독서'라는 휴가를 주고 북한산의 비봉 아래 장의사(藏義寺)에서 공부를 시킨 것이 독서당의 시작이다.

김종직은 성종의 총애를 바탕으로 훈구파들과 대척점을 이루며 자신의 문하생인 정여창, 김굉필, 김일손, 유호인, 남효온을 관직에 등용하여 중앙 정계에 사림파를 형성했다.

본래 유학자는 학문을 닦는 학자이면서 관직에 나아가 나랏일을 맡아보기도 했다. 관직에 나선 사람을 관학파라고 한다면, 향촌에 남아 학문에 힘쓰는 사람들을 사림파●●라고 한다.

관학파가 경제적 이득과 정치권력을 장악하고 부패하자 사림들은 이들을 훈구파라고 공격하고, 향촌에서 수양과 충효를 지키며 학문을 익힌 자신들을 사림파라고 칭했다. 이로써 성종 시기에 중앙 정계는 훈구파와 사림파가 양대 세력을 이루게 되었다.

훈구파 대 사림파

조선시대는 전기는 사화, 중기는 양란, 후기는 붕당의 시대였다. 사화는 훈구파와 사림파, 왕권과 신권의 대결에서 비롯되었다. 훈구파는 관학파라고도 하는데, 중앙 정계에 진출하여 위민 정치를 주로 하는 정치적 사대부를 말하고, 사림은 향촌에 은거하여 도덕 수양을 우선하는 철학적 사대부를 말한다. 훈구파가 대지주 계층, 고위 관료들로서 경제·치학을 중시했다면, 사림파는 향촌 지배, 언관 출신으로 학문과 도덕·윤리를 중시했다.

훈구파는 공신 세력으로부터 형성된다. 조선 개국과 왕자의 난, 계유정난, 이시애의 난을 거치면서 권력 독점과 경제 이익을 보장받은 공신들은 가문끼리 혼맥을 구축했다. 또한 도덕성이 취약했던 세조 시기에 원상 제도를 통해 권력을 독점하였으며 성종 시기에 외척이 되어 수렴청정을 하고 《경국대전》을 편찬하면서 왕족의 관직 진출을 봉쇄하는 데 성공하고 중앙 권력을 완전히 장악했다. 사림파는 이들 관학파들을 고려 말의 권문세족과 다를 바 없다는 뜻에서 '훈구파'라고 불렀다.

사림파는 고려사수파, 고려절의파에 뿌리를 둔다. 이들은 조선이 개국되자 향촌에 은거하여 충효를 제창하고 학문과 도덕 수양에 힘썼다. 세종 때는 집현전에 들어가 훈구파를 견제했고, 주자가 편찬한 《소학》을 중시하고, 세조 때는 단종복위운동을 일으켰다.

성종 시기는 훈구파와 사림파가 세력 균형을 이루었고, 사림파들은 주로 홍문관·사간원·사헌부 등 3사에 있으면서 도덕성을 앞세워 훈구파와 왕권을 비판하고 견제했다. 연산군이 즉위하자 왕당파가 등장하고, 훈구파와 사림파의 균형이 무너졌다. 이로부터 사림파가 주로 화를 당하는 무오사화, 갑자사화, 기묘사화, 을사사화가 일어나게 되었다.

조선시대에 사림파의 후진 양성기관이었던 서원은 어떤 기능을 했으며, 사림파가 서원을 세우게 되는 요인은 무엇인가?

Point 1 조선 초기에 중앙정치를 장악한 훈구파와 향촌에 은거한 사림파의 형성 과정과 그들이 각각 추구한 가치를 비교하여 분석한다.

Point 2 훈구파와 사림파의 권력 투쟁이 어떤 형태를 거쳐 진행되었는지 알아보고, 사림파가 향촌에 은거하게 된 원인이 무엇인지 생각한다.

Point 3 지방에 세워진 서원에는 어떤 곳이 있으며, 그 기능과 역할이 무엇인지 사림파의 성장에 어떤 기여를 했는지 알아본다.

공부를 더 하고 싶다면

《조선시대의 명문 사학 서원을 가다》(장영훈 지음, 담디)
조선시대 향촌에 은거하여 학문과 수양에 힘쓴 사림들은 서원을 세워 후학을 양성했다. 국립대학인 성균관의 권위를 넘어서는 서원의 힘을 찾고자 소수서원, 도산서원, 병산서원, 덕천서원 등을 답사하고 그 해답을 독자에게 던져준다.

《김종직, 조선 도학의 분수령》(정성희 지음, 성균관대학교 출판부)
무오사화의 발단이 되었던 김종직의 〈조의제문〉, 그리고 참혹하게 죽임을 당한 그의 제자들, 훈구파와 사림파의 격렬한 대결이 시작되는 4대 사화의 시대에 김종직은 어떤 이념과 학문의 깊이를 가졌는지 집중적으로 밝힌다.

《사화와 반정의 시대》(김범 지음, 역사비평사)
사화의 발단에서 결말에 이르는 성종, 연산군, 중종의 시대를 훈구파와 사림파의 대결로만 보는 인식의 틀에서 벗어나 사화와 반정을 두 가지 축으로 하여 왕, 대신, 3사를 다원 구도로 살펴본다.

4대 사화, 사림파의 도전

한 줄로 읽는 우리 역사

훈구파들의 권력 독점에 반대하는 사림파들은 성종이 설치한 홍문관을 통해 중앙 정계에 진출했다. 이에 따라 훈구파와 사림파 간에 네 차례에 걸친 사화가 발생했다. 사화의 발단이 된 김종직, 사화의 희생자인 김일손, 김굉필, 조광조 등은 사림의 사표로 받들어졌다.

사화(士禍)는 사림파와 훈구파의 노선 투쟁에서 '사림파(사)가 당한 재앙(화)'을 말한다. 성종의 지원 아래 사헌부, 사간원, 홍문관 등 3사에 포진한 젊은 선비들은 대의와 도덕성을 무기로 훈구파의 부패와 무능을 공격했다.

그런데 성종이 죽고 폐비 윤씨의 아들인 연산군이 즉위하면서 사림파에게는 위기가 닥쳤다. 연산군은 모후의 죽음을 초래한 원인을 쇠약한 왕권과

소쇄원 | 전남 담양에 있는 조선시대의 정원. 기묘사화로 조광조가 화를 당하자 그의 제자인 양산보가 고향으로 돌아와 지었다.

비대해진 신하들의 권력에서 찾았다.

연산군(1494~1506)은 훈구파와 사림파의 대결 구도 아래서 궁중파를 이용해 훈구파●와 사림파●●를 동시에 약화시키는 여러 가지 제도적 조치를 취했다. 이런 정국 구도에서 서서히 비극의 싹이 잉태되고 있었다.

김종직의 〈조의제문〉, 무오사화를 부르다

성종은 한명회의 딸인 공혜왕후가 죽자 따로 왕비를 간택하지 않고 8명의 후궁 가운데 집현전 교리와 판봉상시사를 지낸 윤기현의 딸인 숙의 윤씨를 왕비로 맞이해 연산군을 낳았다.

그런데 윤비는 성종이 숙의 엄씨, 숙용 정씨에게 마음이 기울자 이를 질투하여 궁중에서 많은 문제를 일으켰다. 결국 1479년에 성종과 소혜왕후(인수대비) 한씨는 윤비를 평민으로 강등하여 궁중에서 폐출했다.

1482(성종 13), 대사헌 채수가 연산군의 어머니 폐비 윤씨●●●의 보호를 건의했다. 성종은 원자(연산군)가 성장하여 왕위에 오르면 폐비가 궁중으로 들어와 대비가 되어 피의 보복을 일으킬까 염려되어 좌승지 이세좌를 시켜 윤비에게 사약을 내렸다. 폐비 윤씨의 죽음은 훗날 연산군이 왕위에 올라 일으킨 갑자사화의 발단이 된다.

연산군은 할머니 인수대비(소혜왕후)와 계모인 정현왕후 윤씨에게 양육되면서 구박과 질시를 받으며 성장했다. 그런

● **훈구파**
유학자들은 학문과 수양을 기본으로 삼는 학자의 면모와 중앙 정계에 출사하여 정치적 경륜을 펼치는 정치가의 입장을 동시에 지닌 지배 계층이었다. 이 중에서 고려 말에 조선 개국에 참여한 이는 공신에 책봉되어 재산과 명예를 차지했다. 나아가 왕족의 정치 참여를 금지시켜 권력마저 장악한 이들을 후대의 사림파들이 고려 말의 권문 세족과 다를 바 없다는 뜻으로 훈구파라 불렀다.

●● **사림파**
고려 말에 개국을 반대하고 고려 왕실을 지키려는 정몽주, 길재의 학통을 따르는 선비들로, 주로 향촌에 은거하여 학문과 수양에 힘쓴 선비들을 지칭한다. 연산군 시기부터 여러 차례 사화에 희생 당한 사림들은 향촌에서 서원을 세우고 제자를 양성하다가 선조 시기에 중앙 정계를 장악했다.

●●● **폐비 윤씨**
폐비 윤씨는 사림의 일원인 판봉상시사 윤기현의 딸이자 연산군의 모후이다. 1474년에 공혜왕후가 죽자 후궁이었던 윤씨는 1476년에 왕비가 되었다. 중앙 조정의 권력 다툼 속에서 1479년에 폐비가 되어 궁중에서 쫓겨났고, 1482년에 사약을 받았다. 연산군이 즉위한 뒤 폐비 사건의 진상을 들추어 갑자사화(1504년)를 일으켰다.

데 정현왕후가 1488년에 진성대군을 낳으면서 상황이 급박하게 변했다. 만일 진성대군이 어른이 된다면 연산군은 세자의 지위도 위협받을 수 있는 지경이었다. 이런 가운데 1494년에 성종이 세상을 떠나면서 18세의 연산군이 즉위했다. 당시 진성대군은 겨우 6세에 불과했다.

연산군은 성종이 활성화시킨 경연을 없애고, 왕과 대신들을 견제하는 대간 제도를 약화시켰다. 특히 자신에게 비판의 날을 세운 사헌부, 사간원, 홍문관의 사림들을 싫어했다.

이때 대표적인 철새 정치인이자 사림으로부터 간신으로 지목받고 있던 유자광이 연산군의 의중을 파악하고 사림을 제거할 꼬투리를 찾기 시작했다. 1498년에 춘추관의 당상관에 오른 이극돈은 《성종실록》의 사초에 김일손이 자기의 스승인 김종직의 〈조의제문(弔義帝文)〉*을 끼워 넣은 것을 발견하고 유자광을 시켜 무오사화를 일으키게 했다.

유자광은 일찍이 함양에 놀러 왔다가 함양의 아름다움에 취해 시를 지어 현판했는데 김종직이 함양군수로 왔을 때 천하의 간신인 유자광의 현판을 함양에 걸 수 없다며 바로 떼어내 소각한 일이 있었다. 사림이 웃음거리로 삼은 함양 현판 소각 사건은 유자광에게 더없는 치욕이었다.

한편 이극돈은 김일손이 성종 시기에 춘추관의 사관으로 있으면서 자신의 비리를 사초에 넣으려고 하자 이에 앙심을 품고 복수할 기회를 노리고 있었다.

〈조의제문〉은 김종직이 초패왕 항우에게 죽임을 다해 빈강(彬江 : 중국 남방의 강)에 던져진 의제(義帝)를 위로하며 지은 제문이지만, 실제로는 세조에 의해 억울하게 죽어 동강에 버려진 단종을 비유하고, 나아가 세조의 왕위 찬탈을 부정

● 〈조의제문〉
김종직이 작성, 김일손이 사초에 기록, 수양대군의 왕위 찬탈 비난, 무오사화의 원인
(검) 2-2, (검) 4-3, (검) 9-3, (검) 47-심화, (검) 48-심화, (검) 49-기본, (수한) 2019

	무오사화	갑자사화	기묘사화	을사사화
연도	1498년	1504년	1519년	1545년
원인	김종직의 〈조의제문〉	폐비 윤씨(1479), 궁중파의 야심	사림파의 위훈 삭제	대윤(윤임)과 소윤(윤원형) 대결
과정	훈구파 유자광이 김일손 고변	궁중파(임사홍, 신수근)가 훈구파(윤필상 등)와 사림(정여창, 남효온 등) 공격	기묘삼간(홍경주, 남곤, 심정)이 중종의 지시로 사림(조광조) 공격	윤원형이 윤임 제거(봉성군 사건)
결과	김종직은 부관참시, 김일손 사사, 김굉필 유배	김굉필 사사, 정여창 등 부관참시	대사헌 조광조와 사림파 대거 사사	대윤파 제거와 사림파 공격 : 양재역 사건(1547) 후속으로 사림파 제거

하는 내용이었다.

연산군은 이를 왕통을 부정하는 사림을 제거할 명분으로 삼고 대대적인 숙청에 나섰다. 연산군은 김종직을 주동자로 단정하고 이미 세상을 떠난 지 6년이 넘은 그의 시신을 무덤에서 끌어내 철퇴로 박살을 내서 광화문 네거리에 버려두는 부관참시●를 단행했다.

김일손, 권경유를 수괴로 지목해 능지처참●●을 했고 권오복, 이목, 허반은 선왕을 욕보인 죄목으로 죽였다. 또한 정여창, 강겸, 이수공, 정승조, 홍한, 정희랑은 이를 알고도 모른체했다는 죄를 씌워 죽였다.

김굉필, 이계맹, 이종준, 최부, 이주, 박한주, 임희재, 강백진, 이원, 강혼은 김종직의 제자로서 국법으로 금하고 있는 붕당을 만들어 〈조의제문〉을 사초에 끼워 넣은 일을 방조했다는 죄목으로 귀양을 보냈다. 무오사화는 사림파에 대한 훈구파들의 공세가 시작되었음을 알리는 신호였다.

●부관참시
죽은 사람의 죄가 드러났을 때 무덤을 파고 관을 꺼내 시신을 베거나 목을 잘라 거리에 내걸거나 수레로 깔아 뭉개는 형벌이다. 연산군 때 김종직, 한명회, 정여창, 남효온 등이 죽은 뒤 이 형벌을 받았다.

●●능지처참
조선시대에 10가지 죄악 중 가장 무거운 대역죄를 범한 사람에게 시행한 최대의 극형으로, 능지처사라고도 한다. 죄인을 기둥에 묶고 포를 뜨듯이 살점을 베어 내 과다 출혈로 죽게 하거나, 죄인의 팔다리를 먼저 자르고 그 뒤 어깨, 가슴을 베고 나중에 신장을 찌르고 목을 베어 죽이는 방법도 있다. 《홍길동》의 저자인 허균이 대역죄로 능치처참을 당했다.

폐비 윤씨가 부른 갑자사화

조선의 세법은 수입과 지출을 똑같이 하는 '양입계출(量入計出)'의 원리로 정해진 수입에 맞추어 정부의 재정 지출을 결정했는데, 이는 예산 낭비를 막기 위한 정책이었다.

그런데 연산군은 1501년 4월에 신유공안●을 제정하여 공납 체제를 뒤흔들었다. 신유공안에 따르면 공식적인 국가 행사 이외에 나들이, 잔치 등 왕실의 여러 행사를 위해 상급 기관이 하급 기관의 예산을 전용할 수 있었다. 이때부터 예산이 부족한 하급 기관과 지방 관청은 여러 가지 공납 세목을 만들어 백성들을 수탈하여 공납의 폐단●이 시작되었다.

무오사화를 일으켜 비판적인 사림을 제거한 연산군은 1504년에 다시 갑자사화를 일으켜 훈구파를 숙청했는데, 이때 또다시 사림들이 연루되었다. 사화의 발단은 연산의 모후인 폐비 윤씨 사건이었다. 왕실의 외척으로 궁중파(왕당파)를 형성한 임사홍은 중앙 정계에서 경쟁 상대인 훈구파를 몰아내고자 폐비 윤씨 사건을 거론했다.

연산군은 윤비와 다투었던 소용 정씨, 숙의 엄씨를 직접 살해하고 대비인 인수대비를 구타하여 죽게 만들었다. 연산군은 윤필상, 한치형, 한명회, 정창손, 어세겸, 심회, 이파, 김승경, 이세좌, 권주, 이극균, 성준을 폐비 사건의 12간(奸)으로 지목했다. 이미 죽은 한명회 한치형, 정창손, 어세겸, 심회, 이파는 부관참시를 했고 윤필상, 이극균, 이세좌, 권주와 가족들은 극형에 처하거나 유배시켰다.

정적인 훈구파를 제거하는 데 성공한 임사홍은 사림이 아직도 세력을 유지하고 있는 이상 권력 독점이 어려울 것

●신유공안
1501년(신유년)에 연산군이 공납 제도를 변경한 사건이다. 이 제도 시행으로 시작된 공납의 폐단은 훗날 대동법 시행의 원인이 되었다.

●대동법
공납 폐단 개혁 제도, 토지 면적 기준, 쌀(미곡)과 베(포)로 납세, 한백겸의 제안, 이원익의 재청, 광해군 때 시행(1608), 담당 관청은 선혜청(중앙), 대동청(지방), 경기도에서 시행
(검) 2-1, (검) 3-1, (검) 3-2, (검) 3-4, (검) 4-4, (검) 5-3, (검) 5-4, (검) 8-3, 검) 49-심화, (검) 50-기본, (수한) 2021

으로 판단했다. 이에 임사홍은 사림파가 지난날 폐비 사건에 동조하거나 묵인했고, 지금도 여전히 연산군의 국사를 비난하고 비방하는 일에 앞장선다며 무고했다.

연산군은 이를 빌미로 사림파의 영수인 정여창을 부관참시하고, 남효온을 단종의 어머니인 현덕왕후의 소릉을 복위했다는 죄목으로 역시 부관참시했으며, 유배 중인 김굉필에게 사약을 내렸다. 이로써 궁중파를 대표하는 임사홍과 신수근은 중앙권력을 장악했다.

조광조의 삭훈이 만든 사화, 기묘사화(1519)

연산군은 대간들의 직언을 금지하는 신언패(愼言牌)를 실시했고, 사대부들의 학문의 성지인 성균관●을 오락 장소로 이용했다. 또한 도성 밖 30리에 있는 민가를 철거하고, 백성들이 쉬운 한글로 연산군을 비판하는 대자보를 붙이자 한글(언문) 사용을 금했다.

연산군의 폭정이 점차 심해지고, 민심이 점차 이반되는 가운데 권력의 지위가 불안해진 훈구파 세력 박원종과 성희안은 이조판서 유순정, 군자감부정 신윤무, 수원부사 장정, 군기시첨정 박영문, 사복시첨정 홍경주 등과 함께 1506년 9월 1일에 정변을 일으켰다.

반정 세력은 궁중파인 임사홍, 신수근 신수영, 임사영을 죽이고 연산군을 폐위시킨 뒤 강화도 교동으로 유배하고, 9월 2일에 연산군의 아우인 진성대군을 중종(1506~1544)으

●조선시대의 교육기관
성균관(국립 대학, 생원과 진사 입학), 4학(중앙 중등 교육기관, 한양에 소재, 동서남북에 소재), 향교(지방 중등 교육기관, 중앙에서 교원 파견), 서당(사립 교육, 훈장이 개설), 서원(사립 대학, 교육 및 선현 추모)
(검) 6-4, (검) 7-고, (검) 8-4, (검) 9-고, (건) 47-신화, (검) 49-기본, (검) 50-심화, (검) 51-기본

로 추대했다.

반정공신 세력은 중종의 부인인 단경왕후 신씨가 궁중파인 신수근의 딸이라 왕비로 받들 수 없다며 폐비시켰다. 이처럼 반정공신에 의해 옹립된 중종은 즉위 초기에 부인조차 지킬 수 없는 허수아비 군주였다. 그러나 1510년에 반정공신의 대표인 박원종이 죽고 점차 공신들의 세력이 약화되자 중종은 사림파를 끌어들여 왕권을 강화해나갔다.

중종은 무오사화, 갑자사화 때 희생당한 사림파를 신원시키고, 김굉필의 제자로 사림파의 정통을 계승한 조광조를 끌어들여 훈구파를 견제하고 유교정치의 이상인 도학정치를 구현하고자 했다.

조광조는 사림들의 향촌 지배 수단●인 향약●●을 실시하고 유교적 정통주의에 거슬리는 소격서를 폐지했다. 또한 공납의 문제점을 해결하기 위해 대공수미법 같은 경제 개혁을 추진했다.

조광조●●●는 현량과●를 실시하여 사림파를 중앙 정계에 등용시키고, 훈구파를 견제하기 위해 사림들을 집중적으로 사헌부, 사간원, 승정원, 성균관, 홍문관에 포진시켰다. 조광조는 드디어 승부수를 던졌다. 1519년 11월에 중종반정을 일으킨 공신 세력의 도덕성에 치명타를 가하는 위훈 삭제(삭훈)를 제기한 것이다.

그러자 위기에 몰린 훈구파들은 반격에 나섰다. 기묘삼간이라 불리는 심정, 남곤, 홍경주는 중종을 비밀리에 독대하여 사림파의 위훈 삭제는 궁극적으로 중종반정의 정당성을 부정하고 결국은 중종 폐위로 이어진다고 주장했다.

중종은 훈구파의 의견에 동조하여 밀지를 내려 대사헌

신무문 | 신무문은 경복궁의 북문으로 현무문이라고도 한다. 내시부가 관리했고, 군왕이 과거장인 경무대에 갈 때 열던 문이다. (사진 ⓒ 연합뉴스)

조광조, 우참찬 이자, 형조판서 김정, 도승지 유인숙, 좌부승지 박세희, 우부승지 홍언필, 동부승지 박훈, 대사성 김식, 부제학 김구 등 조광조 일파를 숙청했다.●

　조광조 일파의 죄목은 붕당을 만들고, 요직을 독점했으며, 임금을 속이고 국정을 어지럽혔다는 내용이었다. 중종은 화순 능주에 유배한 조광조에게 사약을 내리고 김정, 기준, 한충, 김식은 귀양을 보낸 뒤 나중에 사형시켰다. 김구, 김안국, 김정국 등은 파직되었다.

　중종의 배신으로 사림파는 몰락했고, 현량과는 폐지되었으며, 훈구파들은 공신의 지위를 되찾았다. 이로써 조광조를 중심으로 뭉친 사림파의 도학정치는 아쉽게도 좌절되었다.

●**신무문의 변**
1519년에 기묘사화를 일으킨 기묘삼간(홍경주, 남곤, 심정)은 승정원이 관리하는 경복궁의 3문이 아닌 내시부 관할의 현무문으로 들어가 중종의 밀지를 받고, 조광조 일파를 제거했다. 이를 신무문의 변이라고 한다.

대윤과 소윤의 다툼, 을사사화

기묘사화는 사림파에게 결정적인 타격을 입혔다. 대부분의 사림들은 정계에서 물러나 향촌에 은거하며 후학을 양성하는 교육에 매진했다. 중앙 정계는 기묘삼간인 심정, 남곤, 홍경주를 비롯한 훈구파들이 장악했다.

이런 와중에 남곤과 심정이 세상을 떠나고, 홍경주는 대표적인 권신인 김안로의 탄핵을 받아 물러났다.

1537년에 중종은 윤안임과 양연을 시켜 김안로를 제거했다. 중앙권력은 다시 중종의 계비였던 장경왕후 윤씨와 문정왕후● 윤씨를 중심으로 재편되었고, 1544년 11월에 장경왕후의 소생인 세자가 인종으로 즉위했다. 인종의 외삼촌인 윤임(대윤파)은 문정왕후와 윤원형(소윤파)을 견제하고자 사림파인 이언적 유관, 유인숙, 송인수, 김인후와 연대했다.

인종(1544~1545)은 사림파에 대해 동정적이어서, 기묘사화로 희생당한 조광조와 김정을 복권시키고, 사림의 등용문인 현량과를 재개했다. 사림은 인종의 특혜를 받아 다시 중앙 정계에 진출할 발판을 마련했다. 그러나 병약한 인종은 즉위한 지 9개월 만에 세상을 떠나고 동생인 명종이 왕위를 계승했다.

명종(1545~1567)은 문정왕후의 아들이며 윤임의 조카였다. 명종은 즉위 시 12세에 불과하여 어머니인 문정왕후가 수렴청정을 했다. 이때부터 다시 외척의 발호가 시작되었다. 윤원형은 문정왕후에 대해 비판적이었던 사림파와 정적인 윤임을 공격했다.

이 무렵은 양주의 백정이었던 임꺽정이 황해도 구월산을

●보우(普雨)

보우(1509-1565)는 법호가 허응당, 나암으로 서울의 봉은사에서 불경 간행과 승려 양성에 힘을 기울인 조선 불교 중흥조이다. 중종 시기에 정난정의 추천으로 문정왕후의 지지를 얻어 조선 불교 선종과 교종을 부활시키고 승과를 두어 서산(휴정), 사명(유정) 등을 길러냈다. 1565년에 문정왕후가 죽고 유림의 공격으로 제주에 유배되었다가 그곳에서 죽임을 당하였다.

철원 고석정 | 고석정은 명종 시기에 경기도 칠장사, 황해도 구월산에서 활동했던 의적 임꺽정의 역사가 깃든 곳이다. 수려한 풍광 아래 세상을 바꾸자고 외치던 조선 민초들의 한이 서린 듯하다.

근거지로 의적 활동을 하던 시기이기도 하다. 훗날 실학자 이익은 《성호사설》에서 임꺽정, 홍길동, 장길산을 조선의 3대 의적이라고 평가했다.

윤원형은 공작 정치의 일인자답게 1545년에 을사사화를 일으켰다. 윤원형은 대윤과 사이가 좋지 않은 중추부지사 정순붕, 병조판서 이기, 호조판서 임백령, 공조판서 허자, 경기 관찰사 김명윤을 끌어들여 윤임이 그의 조카이자 중종의 8남인 봉성군을 추대하려는 역모를 꾸몄다고 밀고했다.

또한 인종이 승하했을 때 윤임이 성종의 3남인 계림군을 옹립하려고 했는데 이때 사림파인 유관, 유인숙이 동조했다고 무고했다. 문정왕후는 윤임을 사사하고 자신에 대해 비판적이었던 이휘, 나숙, 정희등, 곽순, 박광우, 이중열, 이문건,

화암사 터 | 회암사는 무학대사와 이성계가 주석했던 사찰이다. 명종 시기에 문정왕후와 허응당 보우가 불교 중흥을 꾀하다 가 실패한 뒤 유림들이 사찰을 소각하고 파괴했다.

나식 등 사림파들을 죽이거나 유배시켰다.

1547년 9월, 양재역에 왕실을 비난하는 벽서(대자보)가 붙었다. 벽서는 문정왕후가 여왕으로 등극해 정권을 잡고, 간신 이기가 권세를 농락하여 나라가 망치려 하니 어찌 이 것을 보고만 있을 것이냐 하는 내용이었다.

소윤파에 속한 이기와 정명순은 을사사화에서 살아남은 잔당의 뿌리가 아직도 남아 있는 증거라고 주장했고, 윤원 형은 이 벽서 사건을 대윤파의 남은 세력과 사림파를 제거 하는 기회로 삼았다. 이에 유배 중인 봉성군, 사림파인 송인 수, 이약빙, 임형수를 죽이고 권발과 이언적 등 20여 명을 유배시켰다. 이 사건을 벽서의 옥이라고도 하고 정미사화라고 한다.

사림파는 50여 년 동안 무오사화, 갑자사화, 기묘사화, 을사사화, 정미사화●를 거치면서 훈구파에게 패하여 중앙 정계에서 모두 물러났다.

명종은 1553년에 친정을 하면서 기대승, 허엽, 윤근수 등 사림들을 다시 중앙 정계에 불러들였다. 1565년에 문정왕후가 세상을 떠나자 사림의 탄핵을 받은 윤원형은 부인 정난정과 함께 강음으로 도망했지만 결국 사약을 받았다. 이로써 훈구파는 공식적으로 무너지고 조선의 중앙 정계는 사림파의 세상이 되었다.

●정미사화
정미년(1547)에 일어난 양재역 벽서사건과 그 결과 많은 선비들이 화를 당한 사건이다. 문정왕후와 윤원형은 벽서가 윤임 잔당이 벌인 짓이라 단정하고 일파로 지목한 봉성군, 송인수 등은 죽이고 권벌, 이언적 등 사림은 유배시켰다.

조선시대 10대 사건

구분	연대	사건 내용
①	1392년	태조 이성계와 신진사대부의 조선 건국
②	1446년	세종대왕, 민본과 왕권을 위해 훈민정음 반포
③	1498년	4대 사화의 시작(1498~1545), 사림파의 수난
④	1592년	임진왜란(1592~1598), 해양 세력 일본의 조선 침략
⑤	1623년	인조반정, 대명의리론을 주창한 서인의 집권
⑥	1636년	병자호란 발발, 정묘호란(1627) 뒤 후금의 조선 침략
⑦	1708년	대동법의 전국 실시, 자본주의 맹아와 실학의 발전
⑧	1776년	정조대왕의 즉위와 개혁, 화성 축조(1798)
⑨	1861년	최제우의 동학 창시, 농민이 역사의 주체로서 자각
⑩	1863년	고종 즉위와 흥선대원군의 섭정, 한국 근대의 시작

무오사화를 부른 〈조의제문〉

〈조의제문〉은 사림파가 재앙을 당하는 사화의 발단이었다. 정몽주, 길재, 김숙자로 이어지는 사림파의 법통을 계승한 김종직은 신하가 군주를 죽이는 불충과 권력과 재물을 탐하며 부도덕에 저항하지 못하는 나약한 사대부를 비판하는 〈조의제문〉을 썼다.

1457년 김종직은 밀성에서 경산으로 가는 길목인 답계역에서, 초패왕 항우에게 비참하게 죽은 초나라의 임금인 의제가 나타나 억울함을 호소하는 꿈을 꾸었다. 김종직은 이것을 숙부인 수양대군(세조)에게 죽임을 당한 단종의 일에 비유하여 〈조의제문〉을 쓰고 제자인 김일손에게 넘겨 사초에 올리도록 당부했다.

기원전 208년에 초나라 왕족인 웅심(손심)은 항우의 추대를 받아 초패왕이 되었는데, 기원전 206년에 진나라가 멸망한 뒤 의제로 추대받았다. 하지만 황제의 야심을 가진 항우가 자객을 보내 그를 죽이고 빈강에 버렸다. 김종직은 이 일과 수양대군이 단종을 죽이고 동강에 버린 일을 모두 불충과 부도덕으로 동일시하고 역사의 준엄한 심판으로 기록에 남기고자 했던 것이다.

평소에 사대부로부터 부패한 훈구파로 지목받은 이극돈은 지난날 김종직에게 함양 현판 소각 사건으로 치욕을 당한 유자광을 사주하여 사초에 실린 〈조의제문〉을 연산군에게 밀고했다.

연산군은 군주가 볼 수 없는 사초를 모두 열람하고 사초에 〈조의제문〉 말고도 선왕인 세조의 비행, 단종의 비참한 죽음 등이 기록되어 있는 것을 빌미로 선왕을 욕보이고 왕권을 제약하려는 사림파를 능상죄로 엮어 죽이고 유배시킨 무오사화를 일으켰다.

| 논술 생각나무 키우기 |

〈조의제문〉은 어떤 내용이며, 이것이 훈구파와 사림파의 치열한 대결로 이어진 사화의 발단이 된 연유는 무엇일까?

Point 1 사림파의 계보에서 김종직이 차지하는 위치와 비중을 판단하고, 훈구파들이 〈조의제문〉에서 문제 삼은 내용이 무엇인지 찾아낸다.

Point 2 〈조의제문〉에서 언급한 초패왕 항우와 초나라 의제가 누구인지 알아보고, 이들과 대비되는 당시 조선의 역사 인물과 사건을 비교한다.

Point 3 〈조의제문〉과 무오사화의 연관성을 생각하고, 훈구파가 이를 빌미로 사화를 일으킨 실제 요인이 무엇인지 생각한다.

공부를 더 하고 싶다면

《사화로 보는 조선 역사》(이덕일 지음, 석필)
성리학 사회인 조선의 주도 세력은 신진사대부였으나 권력과 도덕성을 놓고 훈구파와 사림파로 나뉘어 네 차례에 걸쳐 사화를 치렀다. 이 책은 조선 건국부터 사화가 마무리되는 시점까지 사화에 얽힌 다양한 인물과 사건을 쉽고 명확한 관점으로 그려내고 있다.

《사림 열전》(이종범 지음, 아침이슬)
사림파는 중앙 정계에 출사한 관학파에 대항하여 향촌에서 후학을 기르고 학문에 전념하는 사대부를 말한다. 사림파는 4대 사화를 거치며 강력한 세력으로 성장하고 선조의 즉위와 함께 중앙권력을 장악했는데, 이 책은 바로 그 인물들에 대한 기록이다.

《선비의 배반》(박성순 지음, 고즈윈)
조선의 성리학은 도덕윤리를 바탕으로 집권한 사대부의 나라였다. 사대부는 선비라는 이름으로 청렴과 강직을 표상으로 하는 지배세력이었지만, 그들은 조선 백성의 희망과 미래를 꺾은 역사의 배신자들이었다.

8장

조선 중기, 양란의 시대

조선 중기는 임진왜란과 병자호란이 일어난 양란의 시대이다. 양란의 시대는 대륙 세력과 해양 세력의 교체 시기이며 일본이 동아시아에서 변방 국가를 벗어나 중심 국가로 도약하는 분기점이었다. 임진왜란 시기에 조선은 전란으로 피폐화되고, 명나라는 농민 반란 등으로 멸망의 길로 접어들었다.

이때 북방의 만주족이 대륙의 새로운 주인으로 성장했다. 광해군은 전후 복구사업과 민생 경제를 회복하는 데 중점을 두고, 일본과는 강화 협상을 매듭짓고 여진족이 세운 후금과는 중립 외교를 추진했다. 이에 숭명의리를 받드는 서인들이 반정을 일으켜 인조를 추대하고 친명 정책을 내세웠다. 여진족은 1616년에 후금을 세우고 명나라를 공격하기에 앞서 친명사대를 추구하는 조선을 침략했다. 이것이 정묘호란(1627)과 병자호란(1636)이다. 양란을 초래한 원인은 국제 정세를 제대로 읽지 못한 사대부 집권 세력의 역사적 오판이었다.

역사를 보는 눈

백성을 배신한 사대부의 붕당정치

중화 질서에 충실했던 조선은 세계사적 변화를 읽는 데
실패했다. 임진왜란과 병자호란은 변방의 오랑캐라 부르던 일본과 만주족이
동아시아의 주도권을 장악하는 역사의 전환점이었다. 사대부들은 전쟁을
초래한 책임도 지지 않았다. 도덕적 양심이 무너진 사회는 백성을
이념 독재로 억압한다. 붕당정치는 백성의
미래를 배신한 지배권력의 이념 투쟁이었다.

| 16~17세기경 전후의 세계 |

16~17세기경에 이르러 조선과 명나라의 유교 문화권은 해양 세력인 일본, 티베트 불교권인 만주, 몽골 세력의 거센 도전을 받았다. 만주족은 17세기 중반에 몽골과 연합하여 명나라를 무너뜨리고 만청제국을 세웠으며, 티베트와 동투르키스탄 지역까지 세력을 확대했다.

우즈베크, 카자흐족은 티무르제국을 무너뜨리고 부하라칸국, 히바칸국을 세워 오늘날 중앙아시아의 주인이 되었으며, 인도에서는 티무르제국의 후예들이 이슬람 국가인 무굴제국을 세워 영국에게 멸망당하기 전까지 인도를 지배했다. 아랍은 여전히 오스만제국이 강성하여 동유럽의 발칸 지역까지 지배했다.

서유럽은 르네상스의 영향으로 종교 개혁과 종교 전쟁이 벌어지고, 국토회복 운동인 레콩키스타를 성공시킨 에스파냐는 포르투갈과 함께 대항해 시대를 열어 중남미의 잉카, 마야, 아스텍제국을 정복했다. 콜럼버스가 발견한 북미는 아직도 인디언의 세계였다.

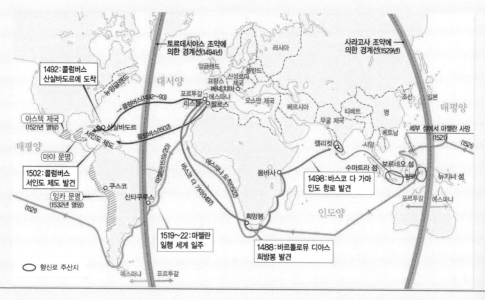

조선 최초의 사액서원
소수서원

우리나라 ▼	주요 연표	▼ 세계
	1521년	에스파냐 중남미 침공, 아스텍(1521), 마야 (1526), 잉카(1532) 멸망
	1531년	미얀마, 퉁구왕조 성립
명종, 백운동서원에 소수서원 사액 하사	1550년	
	1568년	네덜란드 독립전쟁(~1648) 시작
사림이 동인과 서인으로 분당	1575년	
	1589년	프랑스 부르봉왕조(1589~1792, 1814~1830) 성립
동인이 남인과 북인으로 분당	1591년	
임진왜란 발발, 한산도대첩	1592년	
행주대첩	1593년	
정유재란	1596년	
명량대첩	1597년	
	1598년	프랑스 앙리 4세, 낭트 칙령 발표
	1600년	영국 동인도회사 설립(~1874)
	1603년	일본 도쿠가와 이에야스, 에도 막부 세움
	1609년	네덜란드에 암스테르담 은행 설립, 상업 자본주의 역사의 시작
경기도 대동법 실시	1609년	
《동의보감》 간행	1613년	
	1618년	30년 종교 전쟁(~1648) 발발
	1620년	영국의 청교도들, 미국으로 이주
인조반정, 인조 즉위	1623년	
이괄의 난	1624년	
	1625년	후금, 심양으로 천도
정묘호란 발발	1627년	
	1628년	영국 권리청원
	1631년	명나라 농민반란군 이자성의 난(~1644)
	1636년	후금, 국호를 청(淸)으로 고침
병자호란 발발	1636년	
	1642년	영국 청교도 혁명(~1649)
	1644년	명나라 멸망, 청나라 중국 정복

명량대첩을 다룬
영화 〈명량〉

낭트칙령을 발표한 앙리 4세

청태조 황태극(홍타시)의 소릉

병자호란을 기록한 〈산성일기〉

1

사림파, 성리학과 집권 세력

한 줄로 읽는 우리 역사

훈구파에게 패배한 사림들은 향촌에 은거하여 서원을 세우고 성리학적 논리를 체계화하며 후학을 양성했고, 결국 선조 즉위와 함께 중앙권력을 장악했다. 하지만 개혁의 속도, 학통의 차이 등으로 사림은 동서 분당이 되었으며, 이후 동인은 남북 분당을 했다.

사림파는 4대 사화를 거치면서 대부분 중앙 정계에서 몰락했다. 살아남은 사림들은 관직에서 물러나 향촌에 은거하여 학문과 교육에 힘쓰며 세상을 개혁할 인물을 키워나갔다. 경제적 여유가 있는 중소지주 계급의 사림들은 향촌에 사립 대학에 해당되는 서원●을 세워 이곳에서 후학을 양성했다.

훈구파는 세조부터 중종 시기까지 세력을 확장했으나 인종, 명종 시기에 이르러 점차 기세가 꺾이고 축소되어 소수파로 전락했다. 명종 후기에 중앙

소수서원 | 주세붕이 세운 백운동서원이다. 퇴계가 명종에게 소수서원이란 친필을 받아 조선 최초의 사액서원이 되었다.

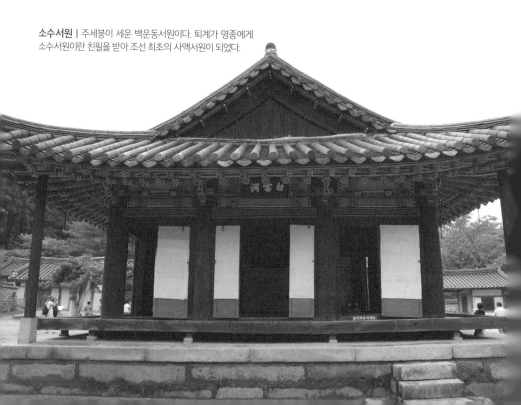

정계에 등장한 신진 사림들은 이황, 기대승, 김안국 등을 중심으로 점차 세력을 확장해 훈구파가 거의 몰락하는 선조 시기에 드디어 조선을 이끄는 주체 세력으로 역사의 전면에 화려하게 재등장했다.●●

이때 사림의 존경을 받은 대표적인 인물로는 서경덕, 이언적, 조식, 이황이 있었고, 그 뒤를 이어서 김안국, 성혼, 이이가 있었다. 이들은 4대 사화에서 희생되었던 사림들의 학문을 계승하여 선조 시기에 집권을 일구어냈다.

사림파, 서원을 세워 세력을 키우다

사림의 이념은 김종직의 제자인 정여창, 김일손, 김굉필을 기점으로 실천윤리와 사회 개혁으로 발전했다. 조광조, 이언적, 김안국은 성리학의 정치이념 경전인 《대학(大學)》에서 탈피하여 사대부들의 실천윤리를 강조하는 주자 《소학(小學)》●을 중시했다. 이는 사림들이 윤리적 도덕적으로 훈구파의 권력 독점과 부패를 비판하는 무기가 되었다.

김안국은 조광조와 함께 김굉필의 제자이다. 조선 초기의 관학파들이 사대부의 역할에 대해 《대학연의(大學衍義)》●●를 공부하여 세상에 나아가 백성을 다스리는 것을 중시했다면, 김종직과 김굉필은 실천윤리를 중시하여 주자가 편집한 《소학》을 강조했다.

이들의 후학인 김안국은 향교에 《소학》을 보급해 사림들이 실천윤리의 지침서로 활용하도록 만들었다. 동문인 조

● 서원
사립 대학, 교육기관(강당), 선현 제사(사당), 제자 양성(기숙사), 사림 결집(향약), 지방 사족의 영향력 확대, 사림의 집권 기반, 성리학 이념의 융성
(검) 2-3, (검) 3-4, (검) 5-4, (검) 6-4, (검) 6-고, (검) 7-고, (검) 8-초, (검) 8-고, (수) 2006, (수) 2008

●● 사림의 형성
중소 지주층 출신, 서원의 학맥 중심, 3사 진출, 경연에 참가, 경학 중심(16세기), 심성론 발전에 기여, 향촌 자치, 왕도정치 지향
(검) 3-4, (검) 4-3, (검) 6-고, (검) 7-4

● 《소학》
송나라의 주희가 어린 학동들에게 유교의 기본 이념과 철학을 교육시키고자 만든 책이다. 조선시대 교육기관인 사학, 서원, 향교, 서당에서 기본 교재로 널리 사용되었고, 주자성리학을 받들던 이들은 더욱 중요하게 여기고 경전처럼 공부했다.

●● 《대학연의》
남송의 성리학자이며 제2의 주자, 또는 작은 주자라고 불린 진덕수가 사서의 하나인 《대학》을 해설한 책. 황제가 반드시 읽어야 하는 책으로 받들어졌고, 그의 다른 저작인 《심경(心經)》과 함께 중국, 조선 성리학자들에게도 깊은 영향을 주었다. 특히 조선에서는 세종 시기에 제작한 갑인자로 간행했다.

●조광조의 도학정치
조광조(1482~1519)는 김굉필의
제자로 사림의 종통을 계승하
였다. 중종의 지지를 받아 도학
정치를 폈으나 기묘사화로 뜻
을 이루지 못하고 죽임을 당하
였다. 그가 펼친 도학정치는 군
자의 도리와 도덕정치의 실현이
었다. 이를 위해 현량과의 실시,
소격서 철폐, 삭훈(위훈 삭제)을
주장하였다.

●●경주 양동마을
조선시대 양반 문화를 고스란
히 간직한 대표적인 집성촌이
다. 동아시아 유교 문화의 전통
과 문화가 여전히 살아 있음이
인정되어 2010년 7월에 안동 하
회마을과 함께 유네스코 세계문
화유산에 등재되었다.

광조가 급진적인 도학정치를 추구했다면 김안국은 실생활에 맞는 생활 개혁을 중시했고, 그의 학문적 전통은 서인에 속하는 이이●와 성혼으로 이어졌다.

조광조는 한양 출신으로 어천찰방인 아버지의 부임지에서 희천에 유배 중인 김굉필을 만나 성리학을 배웠다. 중종이 반정공신을 견제하고자 사림을 등용할 때 성균관 학생이던 조광조●는 천거를 받아 정계에 진출했고, 주로 홍문관에서 일했다.

조광조는 사대부를 수양을 실천하는 군자와 이익을 탐하는 소인으로 구분하고 군자가 다스리는 도학정치를 추구했다. 군자는 사림이고 소인은 훈구파였다. 조광조는 군자를 위해 현량과를 제안했고, 소인을 치기 위해 반정 공신의 위훈 삭제를 추진한 것이다.

조광조의 도학정치, 지치주의(至治主義)는 군신공치(君臣共治)로 이어졌고 신권과 민생 개혁을 추구한 이이에게 계승되어 서인의 학맥으로 이어졌다.

서경덕은 개성(송도) 출신으로 사물의 내면을 관찰하여 진리를 깨닫는 격물치지를 주장했다. 남명 조식과도 깊은 교류를 했고 노장 사상(도가)을 받아들였다. 그의 유물론적인 현실주의와 기론(氣論)은 이율곡의 주기론(主氣論)에 많은 영향을 주었으며, 제자들인 허엽, 박순, 민순, 박지화, 서기, 한백겸, 이지함으로 연결되어 훗날 북인의 사상으로 이어졌다. 허준의 《동의보감》은 인간과 자연을 하나로 보고 치료하는 최고의 의서로 서경덕의 학맥에서 영향을 받았다.

이언적은 사림의 6대손에 해당되며, 경주 양동마을●●에서 태어나 외숙부인 손중돈에게서 성리학을 배웠다. 손숙

돈은 사림의 4대손인 김종직의 제자로 일찍이 조한보와 태극 논쟁●을 벌였는데, 이언적이 그것을 계승하여 20년 이상 연상인 조한보와 재차 논쟁을 했다.

조한보가 우주의 작동 원리인 태극을 초월적인 법칙으로 보았다면, 이언적은 현실에 보편적으로 적용되는 것이라고 했다. 이언적이 내세운 태극론은 실천윤리로 발전하여 퇴계 사상의 핵심인 '경(敬)'으로 이어졌다.

이황, 조선 성리학의 이념을 정립

이황●은 호가 퇴계이며, 안동 사람이다. 그는 사대부들이 청요직(淸要職)●●으로 선망하는 성균관 대사성(1542)과 예문관, 홍문관 대제학(1568)을 지낸 사림파의 영수이다.

1550년 이황이 풍기군수로 있을 때 명종에게 '소수서원(紹修書院)'●●●이란 친필 사액을 받아, 우리나라에 성리학을 도입한 안향을 모신 백운동서원을 최초의 사액서원으로 만들었다.

이황의 학풍은 양동의 이언적에게서 비롯되었다. 퇴계는 이언적의 사상을 계승하여 실천가치인 '경(敬)'을 중시했다. 퇴계의 경 사상은 기본적으로 사회 문제를 해결하는 데 있어서 제도 개혁, 체제 개혁은 미봉책이며, 사람의 행동과 마음이 '경'을 향해야 궁극적인 해결이 된다는 관점이었다. 이것은 이(理)의 절대성을 강조하는 주희(주자)의 이기이원론(주리론)을 계승한 것이다.

도산서원 | 경북 안동을 대표하는 서원으로 사림의 사표이자 영남학파의 영수인 퇴계 이황의 학문을 계승하고 연구하는 산실이다. 초입의 오른쪽에 도산 서당이 있다.

●**이기호발설**
이기이원론에 근거하여 이(理)의 발현인 사단과 기(氣)의 표현인 칠정이 각각 따로 나타난다는 퇴계 이황의 주장이다. 퇴계는 제자인 기대승과 사단칠정 논쟁을 벌였고, 이기일원론을 주장한 율곡과도 논쟁을 벌였다. 이기호발설은 후에 왕권 중심의 정치를 주장한 남인의 입장을 대변했다.

●●**이기겸발설**
사단은 칠정에 속하는 것으로 사단과 칠정을 분리할 수 없다는 기대승의 생각에서 비롯되었다. 이와 기는 동시에 발현한다는 율곡의 이기일원론 사상으로 이어졌고 후에 신권정치를 주장한 서인의 정치이념으로 굳어졌다.

퇴계는 제자인 기대승과 사단칠정(四端七情)을 놓고 8년 동안 편지를 주고받으며 대화를 나누었는데, 이것은 이언적과 조한보의 태극 논쟁에 이은 조선 성리학의 두 번째 논쟁이었다.

퇴계는 이 논쟁에서 이의 절대성을 강조한 주리론(主理論)의 입장에서 이와 기를 나누어 보는 이기호발설(理氣互發說)●을 주장하여 사단은 불변의 원리인 이(理)의 발현으로 보고, 칠정은 변화의 동력인 기(氣)의 작용이라 했다.

이에 반하여 기대승은 이기겸발설(理氣兼發說)●●을 내세워 기는 발현이고 이는 주재하는 것이라 했다. 이이의 이기일원론(理氣一元論)은 기대승의 영향을 받았다.

정치적 관점에서 퇴계가 주장한 실천윤리인 경(敬), 심성론인 인(仁), 이의 초월성을 강조한 주리론, 사단과 칠정을 구분하는 이기호발설은 국왕의 절대권력을 인정하고 신하들이 변화의 주체라는 왕권 사상의 이념이었다.

이는 조광조와 이이가 주장한 신권 사상과는 다른 것이었다. 퇴계가 선조에게 지어서 바친 《성학십도》*는 퇴계의 왕권 사상을 보여주는 대표적 저작이다. 그의 사상과 학맥은 동인으로 계승되었고, 다시 동인이 남인과 북인*으로 분당하자 남인의 학맥으로 이어졌다.

조식은 경남 합천에서 태어나 산청의 덕천재에서 머물며 평생을 관직에 나아가지 않고 재야의 사림으로 남아 제자를 양성했다. 그의 철학은 이언적의 주리론을 계승했지만 퇴계와는 실천 방법이 달랐다.

퇴계가 경과 인을 중심으로 심성의 수양에 가치를 두었다면, 조식은 실천론으로 '의(義)'를 내세우고, 이에 바탕하여 몸소 농사짓고 공부하고 수양하여 타인의 삶을 바꿀 수 있다는 '수기치인(修己治人)'에 가치를 두었다.

임진왜란이 일어났을 때 그의 후학이 가장 많은 의병을 일으킨 것은 의와 수기치인의 실천이었다. 조식의 사상은 오건, 정인홍, 하항, 김우옹, 최영경, 정구에게 전해져 북인의 사상에 커다란 영향을 주었다.

성혼은 서울에서 태어나 주로 파주에서 자랐다. 조광조의 문인인 성수침, 백인걸에게 학문을 배웠으며 퇴계의 인품과 학문도 수용했다. 율곡과는 같은 마을에서 지내며 교유했으며 기호학파의 영수였다.

정치적인 견해는 이이와 같은 서인에 속했지만, 학문적인 경향은 퇴계의 이기호발설을 지지했다. 그의 사상은 조

●《성학십도》
퇴계 이황이 1568년에 선조에게 유교의 이념과 수양의 방법을 설명하기 위해 여러 성리학자들의 저술을 가려 뽑고 자신의 의견을 덧붙여 10개의 그림으로 만든 책이다.

●북인
집권당(광해군), 현실론(일본과 수교, 중립 외교), 대북과 소북(영창대군 지지) 분당, 영창대군 사사(대북), 인목대비 유폐
(검) 7-4

화석정

서인들의 우두머리이며 기호학파의 뿌리인 율곡이 파주의 임진강변에 세운 정자이다. 근저에 율곡을 모신 자운서원과 율곡, 사임당의 묘소가 있다.

●《동호문답》

율곡 이이가 1569년에 바른 군주가 다스리는 왕도정치의 이념을 문답 형식으로 서술하여 선조에게 바친 글이다. 공납의 문제 점을 개선하기 위해 대공수미법 실시를 주장한 개혁 정책이 이 책에 수록되어 있다.

●●《만언봉사》

율곡 이이가 갑술년(1574)에 저술하여 《갑술만언봉사》라고 도 한다. 가장 시급한 개혁 정책을 제시한다는 '경장 시무책 '의 일종으로 유교의 근본 이념이 백성을 편안하게 하는 것임을 제시하고. 공납·세금·제도·향약·사창 등의 내용을 서술했다.

●●●《성학집요》

율곡 이이가 1575년에 신권정치의 입장에서 사서의 하나인 《대학》의 정치철학을 바탕으로 군주도 수양과 학문에 힘써야 한다는 논리를 서술한 책이다.

헌, 황신, 이귀, 정엽, 외손자인 윤선거, 사위 윤증에게 학맥으로 이어졌다.

이이는 어머니 신사임당의 친가가 있는 강릉의 오죽헌에서 태어났다. 정치이념은 조광조의 현실 개혁과 군신공치(君臣共治)를 받아들이고, 사상적 학맥은 서경덕의 기론과 기대승의 이기겸발설을 계승하여 이기일원론(주기론)을 주장했다. 성혼과 함께 기호학파의 영수로 선조 시기에 개혁 정책을 주도했다.

《동호문답》●과 《만언봉사》●●를 지어 성군이 닦아야 할 학문과 왕도정치를 말하고, 선조에게 《성학집요》●●●를 바쳐 군주도 사대부와 같이 수양과 학문에 정진해야 함을 말했다. 이이의 학통은 김장생, 김집, 송준길, 송시열로 이어져 노론의 뿌리가 되었다.

구분	성격	시대	사림의 도통과 계보			
1단계	고려 사수	고려 후기	정몽주(1337~1392))			
2단계	고려 절의	여말선초	길재(1353~1419)			
3단계	향촌 은거	세종~세조	김숙자(1389~1456)			
4단계	중앙 출사	세조~성종	김종직(1431~1492)			
5단계	사화 1세대	연산군	정여창 (1450~1504)	김일손 (1464~1498)		김굉필 (1454~1504)
6단계	사화 2세대	중종	이언적 (1491~1553)	김안국 (1478~1543)		조광조 (1482~1519)
7단계	정계 장악	선조	이황 (1501~1570)	김안국 (1478~1572)	이이 (1536~1584)	성혼 (1535~1598)
			영남학파(동인)		기호학파(서인)	
			주리론		주기론	
			남인	북인	노론	소론
			퇴계학파	남명학파	율곡학파	우계학파

선조, 사림의 집권과 이조전랑

선조(1567~1608)는 퇴계 이황, 고봉 기대승에게 학문을 익혔으며, 사림의 지지를 받아 군주에 오른 유군(儒君)이었다. 또한 조선왕조 건국 이래 처음으로 왕실의 적자인 대군(大君)이 아니라 서자로 왕에 오른 서군(庶君)이었다.

선조는 중종과 창빈 안씨 소생인 7남 덕흥군의 셋째아들(하성군)로 명종의 비인 인순왕후 심씨와 이준경의 도움으로 방계 혈통에서 국왕에 오른 첫 번째 군주이기도 했다.

선조 시기에 사림파는 이미 세력을 확장하고 집권이념을

● 이조전랑
조선시대에 관원을 천거하고 심
사하는 인사권은 이조전랑이라
부르는 정5품 정랑과 정6품 좌
랑에 두었다. 이는 인사권을 당
상관에게 두면 권력이 비대해지
고 견제가 힘들기 때문이었다.
이조전랑은 권력으로부터 자유
로웠고 또한 재상까지 견제할
수 있다는 점에서 붕당을 형성
한 사림들이 가장 선망하는 청
요직이었다. 훗날 사림이 동서
분당을 하는 연유도 이조전랑의
자리 때문이었다.

●● 통청권
전랑통청권이라고 하는데 이조
전랑이 3사(홍문관, 사헌부, 사
간원)에서 간언과 탄핵을 맡는
대간을 선발할 수 있는 독점적
인 권리이다. 대간의 탄핵을 받
으면 재상일지라도 불명예로 여
기는 당시의 도덕률에 비추어
통청권의 중요성을 알 수 있다.

●●● 천대법(자대낭천권)
자대권, 자대낭청권, 전랑천대
법 등 여러 명칭이 있다. 자대권
은 이조전랑의 3가지 인사권 가
운데 자신의 후임을 결정하는
권리를 말한다. 이 권리 때문에
이조전랑은 재상이나 직속 상관
의 견제에서 벗어났고, 청렴하고
강직한 후임을 통해 도학이념을
실천할 수 있었다. 후기에 이르
러 붕당의 대결이 심해지면서 당
쟁의 요소로 변질되었다.

체계화시켰다. 철학적 사유 체계인 성리학은 조선에서 이미 현실과 생활을 규정하는 정치이념으로 탈바꿈했으며, 사림파는 사회 개혁을 위해 적극적으로 중앙 정계에 뛰어들었다. 사림파는 자신들의 입지를 굳히기 위해서 정통성이 취약한 선조를 선택했다.

선조는 사림의 희망대로 무오사화의 원인이 되었던 김종직을 영의정에 추존하고, 기묘삼간 중 한 사람이었던 남곤의 관작을 삭탈했다. 여러 사화에 희생당한 사림들을 복권시켰고, 많은 사림들을 천거하고자 현량과를 재개했으며, 훈구 세력의 관직과 공훈을 빼앗아 그들의 도덕성에 치명타를 가했다.

그러나 중앙 정계를 장악한 사림들은 명종 시기에 정권에 참여한 기성 사림과 선조 시기에 출사한 신진 사림 간에 선명성을 놓고 첨예하게 대립했다. 이들은 척신 세력의 잔재를 어떻게 처리할 것인가를 놓고 격렬하게 다투었다.

이 중에서 이조전랑●을 어느 세력이 맡느냐는 문제가 첨예하게 대두되었다. 이조전랑은 이조에 속한 정5품의 정랑직과 정6품의 좌랑직을 말하며, 정원은 각각 3명이다.

이조전랑이 중요한 이유는 통청권과 천대법을 독점했고, 재야의 청렴한 인사를 추천하는 권한도 있었으며, 대역죄와 같은 중죄가 아니면 탄핵을 받지도 않았기 때문이다.

이 중에서 통청권●●은 사헌부, 사간원, 홍문관 등 3사의 대간을 추천하는 권리를 말하며, 천대법(자대낭천권)●●●은 전임자가 후임 이조전랑을 천거하는 제도를 말한다.

조선의 관리들은 《경국대전》의 규정에 의해 문신은 이조에서, 무신은 병조에서 인사를 담당했다. 그런데 이조 전랑과 대간의 인사권을 이조판서가 가진다면 엄정하고 매서운 간언이나 탄핵은 제약을 받을 수밖에 없다. 그래서 이조전랑에게 막강한 권한을 부여하고, 추천받은 대간은 목숨 걸고 간언과 탄핵을 할 수 있었다. 특히 통청권을 행사하는 이조전랑은 대간을 통해 의정부의 삼정승과 6조의 판서까지 견제할 수 있다는 점에서 사림들이 가장 선망하는 요직이었다.

기성 사림은 심의겸을 정5품 이조정랑으로 밀었다. 심의겸은 명종 비 인순왕후의 남동생으로 온건파에 속했으며 선조를 옹립하는 데 결정적인 역할을 했다. 신진 사림은 심의겸이 왕실의 외척으로 공정성을 행사하는 데 문제가 있다고 공격하고, 조식과 이황의 제자인 김효원을 지지했다.

이런 가운데 1574년에 이조정랑 오건이 물러나면서 김효원을 천거했다. 심의겸은 김효원이 지난날 윤원형의 문객으로 지낸 적이 있다며 반대했다. 김효원은 신진 사림의 지지를 받아 이조정랑에 올라 심의겸과 기성 사림을 훈구파와 결탁한 부도덕 세력으로 공격했다.

나중에 김효원이 물러나자 기성 사림은 은근히 심의겸의 동생인 심충겸을 천거해주기를 기대했으나 김효원은 이를 거절하고 후임에 이발을 추천했다.

심의겸과 김효원의 갈등에서 시작된 신구 사림의 대결은 끝내 화해점을 찾지 못하고 1575년에 동인과 서인으로 분당하기에 이르렀다. 이를 을해분당(乙亥分黨)●이라고 한다.

당시 김효원의 거처가 한양 동쪽의 낙산과 건천동에 있었기 때문에 그를 지지한 세력을 동인이라 불렀고, 심의겸의 집은 한양의 서쪽인 정릉방(정릉동)에 있었기 때문에 그를 지지하는 일파를 서인이라 한 것이다.

● 을해분당
조선 선조 시기에 집권한 사림들은 을해년(1575)에 훈구척신 처리 문제와 함께 통청권, 자대낭천권을 행사하는 이조전랑의 추천 문제로 기성 사림과 신진 사림이 서인과 동인으로 나뉘었다. 이를 을해분당(동서 분당)이라고 한다.

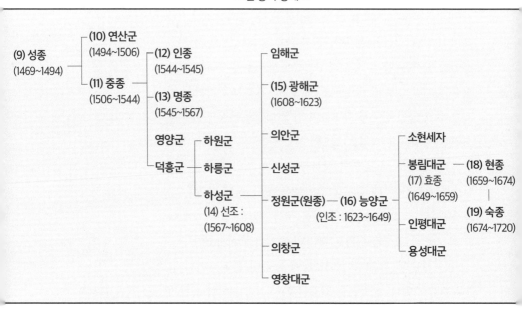

정여립의 난, 사림 분당의 기점이 되다

●**동서 분당**
을해분당, 동인(퇴계와 남명
학통, 김효원 지지, 기축옥사
당함, 왕권정치 추구), 서인
(율곡 학통, 기호학파, 심의겸
지지, 인조반정, 신권정치 추
구, 사대의리론(명), 북벌론
주장, 분당 요인(이조전랑 차
지, 개혁 속도, 훈구파 처리),
이조전랑(정5품 정랑과 정6
품 좌랑, 통청권, 자대권, 낭
청권)
(검) 3-2, (검) 8-고, (검) 9-4,
(검) 47-기본, (수국) 2011

　　사림의 동서 분당●은 이조전랑 추천 문제를 놓고 기성 사림(심의겸)과 신진 사림(김효원)의 갈등에서 비롯된 것이지만, 근본 원인은 학통의 차이에 있었다.

　　이이와 성혼의 학통을 받아들인 서인 계열이 주기론적 관점에서 현실과 타협하며 실천 가능한 제도 개혁을 추구하는 정치적 입장을 가졌다면, 이황과 조식의 학통을 이어받은 동인은 주리론적인 입장에서 명분과 의리를 중시했다.

이런 학풍에 따라 이이, 성혼 계열의 서인들은 훈구대신이나 척신들을 수용하는 입장이었고, 동인들은 척신을 비호하는 서인들을 수용하지 못했다.

선조를 옹립했던 이준경은 왕에게 상소를 올려 사림들의 붕당을 예언했으나 이이는 이를 무시했다. 1584년에 이이가 세상을 떠나자 3사를 중심으로 젊은 사림들이 동인으로 몰려들어 그 세력이 급성장했다. 이때 이이와 성혼의 문인이었던 서인 정여립이 당적을 동인으로 옮겼다.

정여립은 천하에 주인이 따로 없다는 천하공물설(天下公物說)●을 주장하고, 누구라도 임금으로 섬길 수 있다는 '하사비군론(何事非君論)●●'을 내세운 혁신적인 사상가였다. 정여립은 기득권 사림으로 점차 변질되는 서인을 비난하고 스승격인 이이, 성혼, 박순을 비판했다.

당시 '인군위당설(引君爲黨說)●●●'을 내세워 스스로 이이와 성혼의 당인을 자처한 선조는 정여립을 관직에서 내쫓았다. 그 뒤 정여립은 고향인 진안 죽도로 낙향하여 대동계(大同契)●●●●를 조직하고 군사 훈련을 시키며 병력을 양성했다.

1587년에 정여립은 대동계를 이끌고 여수 손죽도를 침략한 왜구를 물리치고 황해도 안악의 변숭복, 해주의 지함두, 운봉의 승려인 의연과 연대하여 조직을 전국으로 확대했다. 그러자 1589년에 황해도 관찰사 한준, 안악군수 이축, 자령군수 박충간이 정여립을 모반죄로 고변했다.

선조는 정여립 모반 사건의 해결을 서인의 강경파인 정철에게 맡겼다. 동인에 대해 악감정을 가졌던 정철은 죄 없는 동인들까지 엮어 기축옥사(1589)●●●●●를 일으켰다. 정여립과 가까웠던 동인의 이발, 이호, 백유양이 처형되고 많은

● 천하공물설
율곡과 성혼의 제자로 전주 출신의 성리학자인 정여립이 주장한 대표적인 혁신 사상으로 '천하는 일정한 주인이 없이 모든 이들이 가질 수 있는 공적인 물건'이라는 뜻이다. 이는 현대적인 정치이념의 입장에서 국가의 주인은 국민이라는 국민주권론에 해당되는 민주 사상을 담고 있다.

●● 하사비군론
정여립이 주장한 정치이념으로 '누구라도 임금으로 섬길 수 있다', 또는 '왕위는 혈통으로 이어갈 것이 아니고 왕의 재목이 되는 인물에게 넘겨야 한다'는 뜻을 지녔다. 이것은 왕권 체제에서는 결코 용납될 수 없는 불온한 주장이었다.

●●● 인군위당설
사림은 붕당론에 의거하여 사욕에 눈먼 훈구파는 소인당, 도학을 실천한 사림은 군자당으로 규정하고, 신하들의 도학 이념이 옳고 그것이 사대부들의 공론이라면 군왕도 이에 따라야 한다는 인군위당설을 내세워 붕당정치를 실현시켰다.

●●●● 대동계
진안 죽도로 낙향한 정여립은 용감하고 근력 있는 청장년과 노비들을 모집해 대동계를 조직했는데, 목적은 왜구의 침입을 방어하기 위한 것으로 보여진다. 1587년에 전남 여수 손죽도에 침입한 왜구를 물리치며 세력을 전국적으로 확대하자 동료였던 한응인, 박충간이 정여립이 모반을 꾸민다고 조정에 고발했다. 이 사건으로 정여립은 자결하고 대동계원과 동인들 1천여 명은 기축옥사 때 참화를 당했다.

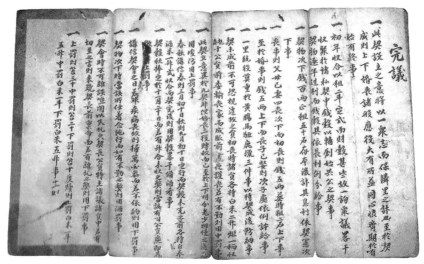

정여립의 대동계 규약 | 서인에서 동인으로 당적을 옮긴 정여립은 대동계를 조직하고 국난을 막고자 했으나 당쟁에 휘말려 끝내 자결했다. 사진은 기축옥사의 발단이 되었던 대동계의 규약이다.

●●●●●**기축옥사**
선조 22년 기축년(1589)에 정여립 모반 사건을 조사하면서 옥사를 맡았던 서인 정철이 동인들에게 가혹한 처벌을 내려 1천명이 화를 당한 사건을 말한다. 이때 전라도는 한시적으로 반역의 땅(반역지향)이라 규정되고 과거 응시와 인재 등용에 제한이 가해졌다.

동인들이 관직에서 물러나거나 유배되었다.

세력이 약화된 동인은 서인에 대한 반격을 준비했다. 그런 와중에서 1591년에 좌의정 정철이 동인의 영의정 이산해, 우의정 유성룡, 부제학 이성중, 대사간 이해수에게 왕세자 책봉 문제(건저 문제)를 함께 건의하자고 제안했다. 당시 선조에게는 정비가 낳은 적자가 없었고 후궁의 소생이 많았기 때문에 사림들은 자신에게 유리한 인물을 왕위계승자로 올리려고 했다.

이때 동인의 이산해는 인빈 김씨의 오라버니인 김공량과 짜고, 서인이 특정한 왕자를 염두에 두고 왕세자 책봉을 건의한 뒤 나중에 인빈의 소생인 신성군(이후)을 죽일 것이라 모함했다.

정철이 예정대로 세자 책봉을 건의하자 평소에 신성군을

무척 아꼈던 선조는 크게 화내며 서인의 핵심 인물인 정철, 윤두수, 윤근수, 백유성, 유공진 등을 관직에서 내쫓거나 외직으로 내려보냈다. 동인들은 건저(建儲) 문제●를 발판으로 재기하여 집권당이 되었다.

그런데 동인들은 정철과 서인들의 옥사를 문책하면서 처벌 수위를 놓고 대립했다. 이발, 이산해, 정인홍은 강경론을 주문했고 유성룡, 우성전, 김성일은 온건론을 주장했다. 이로부터 동인은 강경론을 주장하는 북인과 온건론을 주장하는 남인으로 분당되었다.

이 중에서 북인은 임진왜란이 일어나자 영남을 기반으로 의병 전쟁●에 나서 많은 희생을 했으며, 광해군을 도와 전쟁을 승리로 이끈 명분을 내세워 광해군 시기에 집권당이 되었다.

선조 시기에 집권을 이룬 사림이 동서 분당, 남북 분당●●으로 이어진 것은 결국 학통 때문이었다. 동서 분당이 이황과 이이의 학통 차이로 인한 분당이었다면, 남북 분당은 이황과 조식의 학통 차이로 인한 것이었다.

원래 동인은 이황, 조식, 서경덕의 학문을 이어받은 사람들이었는데 북인은 주로 조식, 서경덕의 제자들이었고, 남인은 이황의 문인들이었다. 이와 같이 학통은 조선시대 사림의 성향과 이념을 구분하는 기준이었으며 당파를 결정하는 핵심 요인이었다.

● 건저 문제
선조 24년(1591)에 왕세자 책봉 문제로 동인과 서인 사이에 일어난 분쟁으로, 건저는 왕세자(저하)를 세운다는 뜻이다. 이때 서인에 속한 정철이 선조의 노여움으로 처벌받고, 기축옥사 때 정철에게 탄압받았던 동인은 이때 정철의 처벌을 놓고 강온 주장이 엇갈려 결국 북인과 남인으로 분당되었다.

● 주요 의병 전쟁
조헌(금산), 곽재우(의령), 고경명(담양), 김천일(나주), 김덕령(담양), 승병장(영규, 사명당, 서산, 처영)
(검) 1-6, (검) 2-6, (검) 3-6, (검) 4-초, (검) 7-4

●● 남북 분당
정여립 사건이 기폭제(1589년 기축옥사, 대동계, 진안 죽도, 천하공물설, 하사비군론), 정철 처리 문제, 학통의 차이(퇴계와 남명), 남인(퇴계 문인, 온건파, 유성룡), 북인(조식 문인, 정인홍, 이발, 이산해, 중립 외교, 광해군 옹립)
(검) 1-3, (검) 2-2, (검) 9-4

퇴계와 율곡, 어떤 점이 다른가?

오늘날 천 원권과 5천 원권 지폐의 주인공인 퇴계(이황)와 율곡(이이) 두 사람은 조선시대를 대표하는 철학자이자 정치가이다. 율곡보다 35년 연상인 퇴계(1501~1570)는 사림파가 화를 당하는 사화의 시대를 살았고, 율곡(1536~1584)은 사화가 끝난 시기에 관직에 나아갔다. 따라서 시대를 대하는 태도와 정치를 보는 관점이 다를 수밖에 없었다.

두 사람은 성리학자이지만 사상적인 차이가 컸다. 퇴계는 인간의 심성인 사단칠정에서 사단은 이(理), 칠정은 기(氣)로 보는 이기이원론(이기호발설)을 내세웠고, 율곡은 칠정인 기의 순수한 것이 사단이라는 이기일원론(이기겸 발설)을 말했다.

정치적 측면에서 퇴계의 이기이원론은 왕권을 신권과 구분하는 논리이지만, 율곡의 이기일원론은 신권을 바탕으로 한 왕권을 논한다. 퇴계는 선조가 성군이 되라는 의미에서 성리학의 심법을 요약한 《성학십도》를 저술했으며, 율곡은 군주의 수양과 학문의 자세를 논하는 《성학집요》를 지었다. 두 사람은 책에서도 군주와 성리학을 대하는 견해가 달랐던 것이다.

퇴계는 주리론적인 입장에서 리(왕)의 신성성을, 율곡은 주기론적 관점에서 기(신하)의 능동성을 중시했다. 따라서 퇴계의 주리론은 왕권 중심, 율곡의 주기론은 신권 중심의 정치이론으로 귀결되었다.

한때 율곡이 퇴계를 스승처럼 여기고 도산서원을 찾아가 3일 동안 토론을 했지만 그때는 이미 건널 수 없는 차이점만 확인했을 따름이었다. 이들의 견해차는 집권 세력인 사림의 분당을 결정짓는 핵심적인 요소였고, 결국 선조 시기에 퇴계를 따르는 영남학파(동인)와 율곡을 계승하는 기호학파(서인)로 나뉘었던 것이다.

퇴계의 이기이원론과 율곡의 이기일원론의 내용은 무엇이고, 양자의 주요한 정치적 입장은 무엇인가?

Point 1 주자성리학에서 이와 기의 개념을 알아보고, 주희가 정립한 성리학의 내용을 이해한다. 그리고 주자의 견해를 조선에서는 어떻게 받아들였는지 퇴계와 율곡의 사상을 통해 살펴본다.

Point 2 퇴계와 율곡의 이기이원론과 이기일원론에서 철학적으로 동일한 내용이 있다면 무엇이고, 차이점이 있다면 무엇인지 각각 구분하여 정리한다.

Point 3 조선 초의 왕권중심론과 신권중심론, 훈구파와 사림파가 견지한 정치적 입장은 어떠했는지 알아보고, 퇴계와 율곡의 철학 사상과 연관 지어서 그 해답을 찾아본다.

공부를 더 하고 싶다면

《당쟁으로 보는 조선 역사》(이덕일 지음, 석필)
당쟁은 사대부들의 정치 투쟁이며 역사에 대한 배신이었다. 도덕성과 수신을 무기로 집권에 성공한 시림은 붕당을 짓고 권력다툼에 몰입했다. 사림들이 어떤 방식으로, 어떤 과정을 거치면서 백성을 배반하게 되는지 역사의 준엄한 기록을 읽는다.

《퇴계와 고봉 편지를 쓰다》(김영두 지음, 소나무)
퇴계는 주자성리학의 정통을 세우고자 노력한 영남의 유학자이며, 고봉은 서경덕의 기학을 바탕으로 퇴계의 학문을 융합하려던 호남의 사림이다. 사제 간의 엄격한 학통 질서를 넘어 진리를 향해 치열하게 논쟁하는 아름다운 모습을 확인할 수 있다.

《안동 문화권》(국민대학교 국사학과 지음, 역사공간)
우리나라 역사와 문화를 금강, 지리산, 경주, 탐라, 영산강, 낙동강, 강화 문화권 등 인문지리적 관점으로 여러 권역별로 나누어 조망하는 독특한 시각과 실험정신이 돋보이는 탐사 문화의 꽃으로, 영남학파의 기틀을 세운 안동 문화권의 선비 문화를 볼 수 있다.

2

임진왜란, 해상 세력의 시대

한 줄로 읽는 우리 역사

임진왜란은 해양 세력인 일본이 일으킨 침략전쟁이었다. 조선은 초기에 패전하여 한양까지 점령당하고 군왕인 선조는 의주까지 피난했다. 이순신, 권율, 의병, 승병들이 반격에 나서 한산도, 북관, 진주, 행주 등지에서 승리하고 최후로 일본군을 이 땅에서 몰아냈다.

임진왜란이 발생한 16세기 말은 세계사적인 변화의 시대였다. 유럽은 15세기에 이미 바다로 눈을 돌렸다. 1492년, 콜럼버스는 아메리카 대륙에 처음 발을 내디뎠다. 그것은 유럽의 역사가 세계사로 발전하는 순간이었다.

임진왜란이 끝난 뒤 이순신의 공을 기념하기 위해 지은 세병관 | 경남 통영에 있는 조선 삼도수군 통제영 본영의 중심 건물. 선조 36년(1603)에 완공한 뒤 약 290년 동안 삼도수군을 총지휘했던 곳이다. 경복궁 경회루, 여수 진남관과 더불어 현존하는 목조 고건축 가운데 가장 넓은 건물이다.

세계사의 변두리였던 일본은 포르투갈, 네덜란드 등 서양 세력과 교류를 통해 항구가 있는 지역별로 꾸준히 발전을 모색하며 해양 세력의 후발 주자로 세계사의 전면에 등장하기 시작했다.

그러나 조선은 시대의 변화를 읽지 못했다. 성리학의 명분론과 심성론이 만든 허구의 논리에 빠져서 청렴과 안빈을 좌우명으로 삼던 사대부 관료*들은 오히려 수구 세력으로 변질되어 국가의 재부를 탕진하고 민생을 파탄으로 내몰았다. 이때 북방에서 세력이 미미했던 여진족이 주변의 여러 부족을 통일하고 서서히 대륙의 주인으로 역사의 전면에 떠올랐다.

● 서애 유성룡
《징비록》, 이순신 천거, 훈련도감 설치 건의, 안동 하회마을, 병산서원
(검) 49-기본, (검) 52-기본, (수한) 2018

임진왜란**의 서막, 군역 제도의 붕괴

16세기 말에 이르러 일본의 무로마치막부(1336~1573)가 세력을 잃자 각지에서 봉건영주들이 군사를 일으켰다. 1562년, 기요스 성의 영주였던 오다 노부나가(織田信長 : 1534~1582)가 통일 전쟁에 나서 1573년, 무로마치막부를 접수했다.

오다 노부나가는 서양에서 도입한 화포와 조총을 앞세워 1582년에 일본의 대부분을 평정했는데, 부하인 아케치 미쓰히데의 습격을 받고 자결했다. 이때 도요토미 히데요시(豊臣秀吉 : 1536~1598)가 군사를 일으켜 미쓰히데를 정벌하고 오다 노부나가를 계승했다.

도요토미 히데요시는 1584년에 최대의 정적인 도쿠가와 이에야스와 협력관계를 맺고, 1585년에 오사카의 앞쪽에 위

●● 임진왜란
한산도대첩(이순신, 해상 장악), 이치·웅치전투(전주 방어), 북관대첩(우회로 차단), 진주대첩(김시민, 호남 사수), 행주대첩(권율, 한양 탈환), 정유재란(귀무덤, 도공 납치)
(검) 1-5, (검) 1-6, (검) 2-3, (검) 4-초, (검) 6-4, (검) 8-4, (검) 9-초, (검) 47-심화, (검) 48-기본, (검) 49-심화, (검) 50-기본, (검) 51-심화

치한 시코쿠(四國)를 점령했다. 히데요시는 1586년에 최고의 관직인 태정대신에 임명되고 도요토미(豊臣)라는 성씨를 받았다. 1587년에 규슈(九州)를 평정하고 1590년에 전국 통일을 이룩하여 모모야마(桃山)시대(1573~1603)의 주인이 되었다.

도요토미 히데요시는 하급 무사 출신으로 관백(關白)이 되었기 때문에 신분에 대한 열등의식을 극복하고자 조선과 명나라를 정벌하려는 계획을 세웠다.* 아울러 충성을 맹세한 다이묘(大名)에 대한 물질적인 보상과 전쟁이 끝나면서 일자리를 잃은 수많은 무사들의 처리를 전쟁이라는 방식으로 해결하고자 했다.

이러한 때 마침 명나라와 조선의 내정 불안은 침략의 구실이 되었다. 1585년부터 조선 침략의 뜻을 가진 히데요시는 대마도주 소 요시시게(宗義調)에게 조선 침략의 실현 가능성을 떠보았다. 대마도주는 전쟁이 일어나면 반드시 대마도(쓰시마섬)가 군사기지가 되어 가장 많은 피해를 입을 것으로 판단하고 조선 정부에 통신사 파견을 요청했다.

조선은 1590년 3월에 정사 황윤길과 부사 김성일을 일본에 파견했고, 이들은 오사카 성에서 도요토미 히데요시를 만났다. 이듬해인 1591년 3월, 선조에게 보고하는 자리에서

●일본의 가도벌명
가도벌명(假道伐明)은 조선에서 길을 빌려 명나라를 치겠다는 일본의 요구 사항으로, 《일본국지》〈조선통대기〉에 따르면 "우리는 조선의 길을 빌려 산과 바다를 건너 곧바로 명나라에 들어갈 것이다."라고 하였다.

조선 후기 수취 체제의 문란

수취 체제	공납	• 방납의 폐단 : 신유공안이 발달, 농민 부담 과중으로 유망(도망)의 증가 • 수미법 : 공물을 현물 대신 쌀로 징수하는 방안(조광조, 이이, 유성룡 제안)
	군역	• 군역의 요역화 : 군인들을 토목 공사에 동원 → 대립 • 방군수포제 : 군포를 내고 실역을 면제, 사람을 사서 대신 군역에 종사 • 군적수포제 : 양반들은 군역 면제, 양인은 군포징수제 확산 → 군포 부담 과중
	환곡	• 지방 수령과 향리들이 환곡의 법정 이자보다 많이 거둬 횡령
영향		• 농민 생활 악화로 유민 증가 → 일부 유민의 도적화(명종 시기 임꺽정 등)

정사 황윤길(서인)은 왜가 반드시 침략할 것이라고 말했고, 부사 김성일(동인)은 왜가 침범하려는 동정이 없다고 말했다.

이때 김성일은 방어 준비가 미비한 상태에서 조선 백성들의 동요를 우려해서 거짓 보고를 했다고 전해지는데, 사실상 가장 중요한 것은 공론을 중시하던 사림이 동서로 분당되어 자신들의 당리를 앞세우느라 국가의 위기를 앞두고 국론을 통일하지 못했다는 점이다. 게다가 조선의 군역 체제가 이미 무너진 상태였다.

조선은 국초에 내 지역의 군사로 내 지역을 지킨다는 자수자방(自守自防)의 원리에 따라 평민과 양반이 모두 군역에 나가는 양인개병제●를 실시하여 100만의 상비군을 보유했다.

그러나 세종과 세조의 여진족 정벌 이후로 평화 체제가 지속되자 방군수포제와 군적수포제가 시행되면서 양반은 군역에서 면제되고, 평민들도 군포를 바치고 군역을 피하는 일이 일반화되었다. 이러한 군역의 문제점으로 인해 선조 시기에 조선의 방어 체제는 거의 무력화된 단계에 이르렀다.

●양인개병제
조선의 군사 제도는 양인개병의 원칙으로, 16세~60세에 이르는 양반과 평민 등 모든 양인은 정규 군인으로 편입되었으며, 노비 계층인 천인은 병역의 의무가 없었다. 이 중에서 현직인 관료와 학생, 종친과 외척, 공신이나 고위 관료의 자제들은 고급 특수군에 편입되었다.

임진왜란, 해양 세력의 도전

1592년 4월 13일 오후 5시경에 대마도의 이즈하라를 출발한 일본 제1군 고니시 유키나가(小西行長)의 선발대 1만 8천 700명이 700여 척의 군선을 타고 부산항에 모습을 드러냈다. 이후 7년간에 걸친 전쟁 임진왜란의 서막이 오른 것이다.

일본은 수군 9천 200명을 독립적으로 편성하고, 육군

15만 7천 명은 9군으로 나누어 조선 침략을 단행했다. 일본군은 14일에 부산진성, 15일에 동래성을 함락하고 한양으로 북상했다. 조선 정부는 4월 17일에 장계를 받고 신립을 삼도순변사로 삼아 일본군의 진격을 막게 했다.

신립은 8천여 명의 관군을 모집하여 4월 28일에 탄금대에서 배수진을 치고 싸웠으나 전멸했다. 4월 30일에 선조는 한양을 떠나 의주로 피난길에 나섰고, 일본군은 5월 3일에 한양을 점령했다. 전쟁이 시작된 지 20일 만이었다. 5월 17일에 김명원이 임진강에서 방어전에 나섰지만 막아내지 못했다.

선조는 6월 14일에 영변에서 왕세자 광해군을 강계로 보내 분조●를 했다. 광해군은 이후 최흥원, 이덕형, 이항복 등과 함께 근왕군을 모집하고 의병을 독려하며 실질적인 전쟁을 수행했다.

일본군은 6월 15일에 평양을 점령했고, 선조는 계속 북상하여 22일에 의주에 이르렀다. 조선의 원병 요청을 받은 명나라는 전쟁의 불길이 요동으로 번지는 것을 막고자 원병을 파견했다. 명나라가 전쟁에 개입함으로써 임진왜란은 국제 전쟁으로 확대되었다.

일본군은 각지에서 지리에 익숙한 조선 의병의 기습 공격에 병력 이동이 쉽지 않고, 전선이 길어져 보급에 어려움을 겪는 한편, 전쟁이 장기화될 것을 고려하여 한양에 주둔 중인 군대 일부를 곡창 지대인 호남으로 보냈다.

6월 5일에 전라감사 이광이 이끄는 5만의 남도근왕군은 용인에서 와키자카가 지휘하는 1천 600명의 일본군에게 반격을 당해 어이없이 대패했다. 호남을 사수할 부대가

●분조(分朝)
분조란 국가가 위기를 맞으면 군왕의 조정과 세자의 조정을 나누어 최악의 경우에 대비하는 장치이다. 1592년 부산진에 상륙한 왜군이 20여 일 만에 한양에 이르고 임진강 방어선이 무너져 한양, 개성, 평양이 잇달아 점령당하자 6월 14일 선조는 명나라에 망명할 계획을 세우고 영변에서 세자인 광해에게 분조를 명했다. 이에 따라 의주로 향한 선조의 의주 행재소는 원조정, 강원도 이천에 자리 잡은 광해군의 소조정은 분조라 했다.

전멸한 상태에서 광주목사 권율은 병력을 이끌고 호남으로 들어오는 길목인 웅치와 이치에 배수진을 쳤다.

일본의 수군은 초기에 경상좌수사 박홍, 경상우수사 원균의 부대를 격파하고 부산과 대마도를 연결하는 보급로를 안전하게 확보했다. 1년 전에 전라좌수사에 임명된 이순신은 일본의 침략을 예상하고 지역별로 방비 태세를 점검하고 수시로 군사 훈련을 실시했으며, 해도를 작성하고, 군선과 화포를 제작하여 만반의 준비를 마친 상태였다.

드디어 전라좌수사 이순신은 5월 7일, 1차 출격을 하여 옥포 해전에서 적선 26척을 격침시키고 최초의 승리를 거두었고, 연이어 합포 해전, 적진포 해전에서 승리했다.

5월 29일, 2차 출격을 떠난 이순신 함대는 사천 해전에서 거북선을 처음 출동시켜 적선 12척을 격침시켰고, 6월 2일에는 통영의 당포 해전에서 적선 21척을 격침시켰고, 연이어 당항포, 율포 해전에서 승리하여 일본 수군을 고립시키고 해상 보급로를 위협했다.

해전에서 연패한 일본군은 육군을 움직여 6월 23일에 금산성을 점령하고 이곳을 거점으로 삼아 7월에 전주성으로 향했고, 수군은 한산도로 진격했다.

작열하는 태양이 조선의 땅을 뜨겁게 달군 7월에 조선의 운명을 결정하는 전투가 벌어졌다. 7월 7일, 웅치에서 결사적으로 방어하던 김제군수 정담은 일본군에게 패배하여 전멸했다. 하지만 다음 날 벌어진 이치전투●에서 권율과 황진은 일본군을 격퇴하여 육전에서 최초의 승리를 거두고 호남을 사수했다.

권율과 합동 작전을 협의한 이순신은 호남 사수를 위해

이치전투를 이끈 권율 장군의 동상으로 경기 고양시 행주산성에 위치

●웅치, 이치전투
임진왜란 초기인 1592년 7월 8일에 광주목사 권율은 대둔산 기슭의 운주와 진산의 경계인 이치에서, 김제군수 정담과 해남현감 변응정, 나주판관 이복남은 웅치에서 호남을 장악하려는 왜군을 저지했다. 웅치, 이치전투와 함께 남해 한산도에서도 이순신이 대승을 거두자 호남 사수와 병력 모집이 원활하게 되어 전세를 역전시키는 발판을 마련했다. 권율은 이때 모집한 8천여 명의 전라병을 이끌고 이듬해 행주대첩을 이루는 계기를 마련했다.

명의 파병
1차 파병 : 조승훈
2차 파병 : 이여송

선조의 피난
(1592. 6~1593. 1)

정문부 ○ 길주

백두산 ▲

서산대사 ▲

○ 의주

평양 함락
(1592. 6. 15)

평양 탈환
(1593. 1. 8)

○ 평양

사명대사 ▲

동해

벽제관(여성령)전투
(1593. 1. 27)
이여송 패함

벽제관 ○ 한성
○ ●
행주

행주대첩
권율

한성 함락
(1592. 5. 2)

한성 탈환
(1593. 4. 20)

충주 탄금대전투
(1592. 5. 2)
신립 : 고니시 유키나가

○ 충주

상주전투
이일

이치대첩
권율

○ 금산

○ 상주

황해

고경명

○ 성주

곽재우

김덕령

○ 담양

○ 의령

김천일

○ 광주

진주

○ 부산포

왜군 20만 상륙
(1592. 4. 14)

○ 나주

한산도

명량

명량대첩
이순신

진주대첩
김시민

한산도대첩
이순신

제주도

일본

▶임진왜란과 의병 활동

임진왜란은 해양 세력인 일본이 일으킨 약탈 전쟁, 문화 전쟁이었다. 친명사대의 노예 근성에 빠져 있던 사대부와 임금은 의주로 피난을 갔고, 정작 나라를 구하고자 나선 것은 백성들이 일으킨 의병이었다.

3차 출격에 나서 7월 6일에 이억기, 원균과 함께 56척의 병선을 이끌고 당포로 이동했다. 와키자카, 구키, 가토가 이끄는 병선 103척 가운데 전투선 70여 척이 견내량에 이르렀다는 첩보를 받은 이순신은 일본 수군을 한산도로 유인해 그곳에서 결전으로 치르고자 했다.

한산도대첩, 호남 사수 전략이 성공하다

1592년 7월 8일, 이른 아침에 이순신은 5척의 척후선을 견내량에 파견하여 적선을 한산도로 유인했다. 70여 척의 적선이 한산도 바다에 들어오자 조선 수군 56척은 학익진을 펼치고 좌우에서 일제히 총통을 발사했다.

일본 수군은 조선 수군에 근접하여 조총을 발사하고 배에 올라 도검을 휘두르는 전통적인 전술을 구사했는데, 이순신은 이를 간파하고 미리 준비한 화포전으로 대응했다. 적선은 접근도 못한 채 한꺼번에 66척이 불타고 그중 47척이 격침되어 수많은 일본 병사가 물에 뛰어들어가 익사하거나 섬으로 달아나 굶주림으로 죽었다.

이순신은 계속 안골포로 진격하여 적선 42척을 격침시키고 3차 출격을 마무리했다. 한산도대첩**으로 조선 수군은 일본 수군에게서 남해 제해권을 완전히 되찾고 호남을 방어했다.

보은현감 조헌은 의병 1천 600명을 이끌고 영규의 승군 1천 명, 충청도방어사 이옥의 관군 500명과 합세하여 8월

● 임진왜란의 전세를 역전시킨 3대 대첩
- 한산도대첩(이순신)
- 진주대첩(김시민)
- 행주대첩(권율)

● 한산도대첩
이순신 장군, 조선 수군이 제해권 장악, 호남 사수의 결정적 요인, 조선 수군 승리 요인 (지리적인 이점, 좌우 회전이 빠름, 현지인 활용, 당파 전략에 맞는 튼튼한 판옥선, 우수한 화포), 이순신(충무공, 전라좌수사, 한산도대첩, 아산 현충사, 세종로 동상), 명보극장 앞 건천 생가 터, 정조 때 《충무공 전서》 발간 (검) 2-2, (검) 2-5, (검) 2-6, (검) 3-2, (검) 5-초

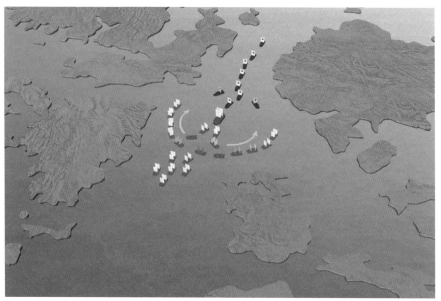

한산도대첩을 승리로 이끈 학익진 전법 | 한산도대첩은 지역 사정에 밝은 현지 병사, 지역민과의 협조 체제, 중거리 조선 화포, 복잡한 해안선에 알맞은 함선이 조화를 이룬 전략의 승리였다.

2일에 청주성을 탈환하고, 8월 18일에 금산성을 공격했다.

조헌과 승려 영규를 포함한 700명은 연곤평에서 전사하고 탈환 작전은 실패했다. 하지만 의병들의 공격에 시달린 일본 제6군 고바야가와는 호남 침략을 포기하고 경기도로 북상해서 한양 방어에 치중하는 전략으로 바꾸었다.

9월에 일본군은 부산에 진주한 부대를 움직여 남강의 진주성을 공격했다. 이곳을 거점 삼아 호남으로 다시 진출하려는 전략이었다. 나카오카는 2만 군사를 이끌고 10월 5일에 진주성을 공격했다.

진주목사 김시민이 지휘하는 3천 800여 명의 조선군은 필사적으로 방어했다. 이곳이 뚫리면 호남이 일본군 수중으로 떨어지는 것이었다. 곽재우 의병 부대는 일본군의 배

영은사 | 공주 공산성에 있는 사찰로, 임진왜란이 일어났을 때 승병장인 영규가 승군을 이끌던 지휘부였다. 영규는 금산전투에서 전사하고 금산의 칠백의총에 묻혔다.

후에서 기습전과 시위전을 전개하며 보급로를 위협했다.

일본군은 엿새 동안 막강한 화력과 병력으로 공격하다가 결국 물러났다. 진주대첩으로 조선군은 경상도 북쪽과 호남을 지킬 수 있게 되었다.

한편 호남 사수 전략을 성공시킨 권율은 한양과 부산으로 이어지는 일본군의 보급로를 차단하기 위해 병력을 이끌고 오산의 독산성에 주둔했다. 일본군은 12월 11일에 독산성을 공격했으나 이기지 못하고 한양으로 퇴각했다. 권율은 한양의 일본군을 측면에서 공격하기 위해 다시 2천 300명의 병력을 이끌고 행주산성에 들어갔다. 권율은 전략가답게 일본군의 약점을 정확히 파악하고 대처했다.

행주대첩,* 한양 탈환 작전의 전환점을 세우다

● **행주대첩**
권율 장군, 승병장 처영, 비격
진천뢰, 신기전, 한양 탈환의
분기점
(검) 3-5, (검) 3-6, (검) 4-초,
(검) 6-3, (검) 9-초

● **노원평전투**
행주대첩에서 패배한 일본군이
한양 고립을 탈피하고, 조선군
은 한양에 주둔한 일본군을 포
위 하려는 전략에 따라 1593년
3월 25일부터 27일까지 서울 노
원평 일대에서 벌어진 전투이
다. 경기방어사 겸 양주목사 고
언백이 지휘하고 삼도방어사 이
시언, 평안좌방어사 정희립, 평
안조 방장 박명현, 조전장 박진
남, 의승병장 유정 참여한 조선
연합군은 불암산성, 노원, 우이
동 지역에서 대승을 거두고 일
본군으로 하여금 한양을 버리
고 영남지역으로 후퇴시킨 계기
를 만든 전투이다.

1593년 1월 6일, 조명 연합군은 일본군의 북상을 제압하고 드디어 평양성을 탈환했다. 평양성전투에서 패하고 한양으로 퇴각한 일본군은 행주산성에 포진한 권율이 측면을 공격할 것으로 여기고 2월 12일에 행주산성을 공격했다.

조선군은 비격진천뢰, 신기전기와 같은 신무기를 총동원하여 우키타, 이시다, 기카와가 이끄는 3만의 일본군을 격퇴했다. 행주대첩과 노원평전투*로 수세에 몰린 일본군은 도요토미 히데요시의 철수 명령에 따라 4월 17일부터 한양을 버리고 낙동강 이남으로 물러났다. 4월 20일에 조명 연합군은 한양을 수복했다.

일본군은 경상도를 거점으로 진주성을 다시 공격했다(제2차 진주성전투). 그 목적은 진주성을 점령하여 강화 협상에 유리한 고지를 선점하고, 지난날 진주성에서 패한 복수를 하기 위함이었다. 도요토미의 명령에 의해 가토, 고니시, 우키타가 이끄는 7만 명의 일본군은 6월 15일에 진주성에 이르렀다.

진주성에는 창의사 김천일, 경상우병사 최경회, 충청병사 황진, 사천현감 장윤, 의병장 고종후 등 3천 400명의 병력과 7만여 명의 백성이 머물고 있었다. 6월 22일부터 일본군의 공격이 시작되어 29일에 끝내 진주성은 함락되었고, 일본군은 항복한 백성을 포함하여 6만여 명을 학살했다.

당시 경상우병사 최경회의 후처였던 주논개는 촉석루에서 벌어진 승전 축하연에 참석한 기생으로 위장하여 술에 취한 왜장 게야무라 로구스케를 끌어안고 의암에서 남강으로 투신하여 조선 백성의 복수를 했다.

경남 진주의 촉석루
제2차 진주전투에서 조선은 패배했다. 논개는 촉석루에서 벌어진 일본군의 승전 축하연에 기생으로 위장하여 참석했다가 왜장을 끌어안고 남강에 투신했다.

약탈과 살육의 전쟁, 정유재란

일본군은 이순신에게 남해의 제해권을 빼앗기자 언제 후방인 부산이 공격을 받을까 두려워 명나라와 조선을 상대로 1) 명나라의 공주를 일본의 후비로 보낼 것, 2) 조선의 8도 가운데 4도를 할양할 것, 3) 조선은 일본의 속국이 되어 조공을 바칠 것 등을 강화 조건으로 내걸었다.

이때 일본의 주력 부대는 모두 철수하고 부산에 1만 명, 안골포 5천 명, 가덕도 1천 명, 죽도 1천 명, 서생포 3천 명 등 모두 2만여 명이 잔류하고 있었다.

1596년 9월에 일본 오사카 성에서 진행된 강화 회담이 최종적으로 결렬되었다. 일본은 재침공을 준비하고, 조선은 금오성, 동산성, 화왕산성을 수축하고 침략에 대비했다.

도요토미 히데요시는 1596년 12월에 14만 5천 명의 병력을 보내 정유재란을 일으켰다. 고니시 병력이 먼저 부산에 상륙하고 이듬해 1월에 가토 부대가 다대포에 상륙했다.

일본군은 전면전보다는 경상, 전라, 충청도를 장악하고 전주를 사령부로 삼아 천천히 북상한다는 전략을 세웠다.

이순신은 일본 수군의 전략을 탐색하며 공세를 준비하고 있었다. 그런데 선조와 서인들은 이순신이 탁월한 전공을 세우고 백성의 신망을 얻자 이를 시기하고 질투하여 제거할 기회를 노렸다. 이순신이 여러 차례 출전 지시를 이행하지 않고 계속 사태를 관망하고 있을 때 서인들은 이순신이 고의적으로 적장인 가토를 놓쳤다는 죄목을 들어 1597년 2월 26일에 삼도수군통제사에서 해직시키고 그 자리에 원균을 앉혔다.

일본 수군은 이순신이 없는 조선 수군을 겁낼 이유가 없었다. 7월 8일에 700여 척의 일본군 선단이 부산포에 도착했다. 권율은 원균에게 부산포 공격을 명령했다. 원균은 출전을 미루다 권율에게 태장을 맞는 수모를 겪고 결국 7월 15일에 부산포를 공격했지만 20여 척을 잃고 칠천량으로 회군했다.

이튿날 일본 수군이 기습하여 조선 수군은 130여 척의 판옥선이 격침되고 원균은 전사했다. 경상우수사 배설이 겨우 전선 12척과 120여 명의 군사를 이끌고 탈출했다. 선조는 7월 22일에 이순신을 다시 삼도수군통제사로 임명했다.

귀무덤
임진왜란과 정유재란 시기에 침략의 원흉인 도요토미 히데요시는 승전 보고를 조선 백성의 귀와 코를 베어 온 숫자로 확인했다. 현재 그 비극의 역사가 교토(京都)에 귀무덤으로 남아 있다.

조선 수군이 전멸하자 일본군은 호남을 점령하고자 총공세를 펼쳐 8월 7일에 구례를 함락시키고, 8월 15일에는 남원을 점령했다. 8월 19일에는 호남의 중심인 전주성에 무혈 입성하고 일본 우군과 합세한 뒤 부대를 다시 좌우로 나누어 좌군은 정읍, 장성, 강진, 해남으로 남하하고 우군은 9월 3일에 충청도 공주를 점령했다.

　9월 7일에 직산전투에서 조명 연합군은 일본 우군과 여섯 차례에 걸친 접전을 벌여 승리했다. 결국 일본 우군은 북상이 좌절되자 천안, 청주, 보은을 거쳐 경상도로 퇴각했다.

명량 해전, 임진왜란의 분수령이 되다

　가토, 와시카가, 구루시마가 이끄는 330여 척의 일본 선단은 하동을 거쳐 9월 7일에 해남의 어란포에 나타났다. 이 날은 조명 연합군이 경기도 직산에서 일본 우군을 격파한 날이었다.

　9월 16일에 일본 수군이 드디어 진도 앞바다 명량해협에 들어왔다. 울돌목이라 불리는 명량해협은 물살이 거세고 수로의 폭이 좁아 대규모의 선단이 쉽게 통과할 수 없는 지역이었다.

　이순신은 주력선 12척과 나중에 합류한 1척을 보태 이곳에 배수진을 쳤다. 그리고 초탐선 32척

진도 명량(울돌목)
명량대첩의 역사현장인 진도 울돌목(명량)으로 건너편에 이순신 장군 동상이 위치

등 100여 척의 피난선을 뒤쪽에 배치하여 마치 거대한 규모의 선단인 양 꾸미고, 일본 선단이 유인책에 걸려 해협으로 진입하자 곧바로 공격을 감행했다.

불의의 기습을 받은 데다 마침 조류도 밀물에서 썰물로 바뀌어 일본 수군의 선두에 있던 31척이 순식간에 격침되었다. 서로 엉켜 부서지면서 수로를 통과하지 못한 일본 선단은 결국 퇴각하여 부산포로 달아났다.

조명 연합군은 1597년 12월부터 이듬해인 1월까지 울산 왜성을 공격했으나 함락시키지 못했다. 그러나 일본군은 군량미 부족과 조선 수군의 역공, 조명 연합군의 전면적인 공세로 경상도 지역에 고립되었다.

육전과 해전이 한참 벌어지고 있던 8월 18일, 도요토미 히데요시가 교토의 후시미성에서 세상을 떠났다. 이는 전쟁이 끝났다는 신호였다. 일본은 8월 29일과 9월 5일에 철군을 결정했고, 모든 일본군은 10월 15일까지 부산에 집결하여 철수하라는 명령서가 10월 1일 부산에 당도했다.

조명 연합군은 9월부터 10월까지 대공세를 전개하여 순천 왜성(고니시 군), 사천 왜성(시마즈 군), 울산 왜성(가토 군)을

《조선왕조실록》 수난사

《조선왕조실록》과 관련 있는 기관 담당 : 춘추관, 예문관(편수관, 기사관) / 편찬 : 실록청 / 보관:사고			
조선 초기에 《조선왕조실록》을 보관하던 4곳 사고			
춘추관	청주 사고	전주 사고	성주 사고
전주 사고(임진왜란 후 유일본) - 전주 사고본으로 다시 편찬하여 보관하던 5곳 사고			
춘추관	태백산	묘향산	마니산(전주 사고본)	오대산
이괄의 난으로 멸실됨	정부기록 보존소로 이송	6·25 전쟁 때 북한으로 이송	정족산성 사고로 이송 → 서울대 규장각으로 이송	동경제대로 이송, 1923년 동경 대지진으로 대부분 멸실됨

공격했다. 왜교성전투, 제2차 울산성전투, 사천전투에서 일본군에 타격을 주었으나 이기지는 못했다.

이순신은 일본군의 철수를 그냥 두지 않기로 결심하고 11월 18일에 전함을 노량에 주둔시켰다. 명나라 수군 제독 진린과 함께 철수하는 적선 300척과 최후의 결전을 벌여 200여 척을 격파하고, 이순신은 이튿날 19일 전투가 끝나갈 무렵 유탄에 맞아 전사했다. 일본군이 부산에서 모두 빠져나간 11월 20일, 7년에 걸쳐 벌어졌던 임진왜란은 공식적으로 끝이 났다.

결과만 보면 임진왜란은 조선이 승리한 전쟁이었다. 그러나 국토는 전장으로 변해 초토화되었고, 농토는 170만 결에서 54만 결로 줄었다. 수많은 젊은이들이 전투에 나가서 목숨을 잃었고, 인구는 급속히 감소했다. 게다가 전국적으로 전염병이 돌아 민심은 흉흉했다. 결국 임진왜란은 이기고도 패한 전쟁이었다.

임진왜란은 조선 사회에 너무나도 큰 영향을 끼쳤다.● 전쟁 중에 부족한 전비를 마련하기 위해 공명첩이 발급되고 납속제가 시행되어 신분 질서가 빠르게 무너졌다.

군사적으로 군무기구인 비변사의 기능이 강화되고, 중앙군인 훈련도감●●과 지방군인 속오군이 신설되었다. 사상적으로 명나라에 대한 사대주의가 심화되었고, 전란의 책임을 모면하기 위해 사대부들은 가부장제 질서를 더욱 강조하고, 주자학을 사상 독재의 도구로 이용하여 당쟁이 심화되었다. 경제적 측면에서는 공납의 폐단을 해결하기 위해 대동법이 시행되었다.

● **조선 중기 사회 변화**
양란으로 인구 감소, 공노비의 면천, 양반의 증가(납속책, 공명첩), 친영례 정착, 양자 제도의 확산, 장자 상속제, 여성 차별 심화(사림 집권) (검) 2-4, (검) 3-2, (검) 4-고, (검) 5-4, (검) 8-3, (수) 1996, (수) 2001, (수) 2007

●● **훈련도감**
중종 때 설치(여진, 왜구 목적), 선조 때 확대 상설, 일본 조총 부대 대적, 3수병제(포수, 사수, 살수), 후기에 5군영에 편제, 효종 때 북벌 추진 중심 기구, 순조 때 노론 벽파가 장악(세도정치) (검) 3-3

사림파는 왜 분당했을까?

선조 시기에 이르러 사림파는 훈구파를 누르고 중앙 정계를 장악했다. 그러나 훈구척신 제거에 적극적인 신진 사림과 소극적인 기성 사림으로 입장 차이가 드러나 곧바로 분당했다. 사림파의 분당은 크게 동서 분당, 동인의 남북 분당, 서인의 노소 분당을 들 수 있다. 동서 분당(1575)은 훈구파에 대한 입장 차이, 개혁의 속도, 지역과 학통의 차이, 이조전랑 추천 문제에서 비롯되었다.

기호 지역에서 율곡과 성혼의 학통을 따르는 노장파 사림은 훈척인 심의겸을 이조전랑으로 추천했고, 정치적으로 완만한 개혁과 훈척 처벌에 대해 온건한 입장을 취했다. 반면 퇴계와 조식의 문인이 많았던 영남 지역 소장파 사림은 퇴계의 제자인 김효원을 이조전랑으로 추천했으며, 철저한 개혁과 훈척에 대해 강경한 입장이었다. 이로써 심의겸을 지지하는 사림은 서인, 김효원을 지지하는 사림은 동인이 되었다.

동인의 남북 분당(1591)은 건저 문제로 실각한 정철에 대한 처벌 문제에서 비롯되었다. 동인 가운데 강력한 응징을 주장한 이산해, 정인홍, 우영경, 이이첨 등은 북인, 온건론을 펼친 우성전, 유성룡, 이원익, 이덕형 등은 남인으로 분당했다. 그런데 동인은 학통의 차이가 컸다. 북인은 대부분 남명 조식의 문인이었고, 남인은 퇴계의 학통을 따랐다. 서인의 노소 분당(1683)은 경신환국으로 집권한 서인들이 남인 처벌에 대해 강온파가 대립하면서 시작되었다. 강경파들은 송시열을 중심으로 명분론과 숭명의리, 주자의 절대성을 강조했고, 박세채와 윤증 등이 현실론과 민생 안정을 중시하고 주자의 절대성을 부정했다.

결국 서인은 송시열의 독선을 비판한 윤증을 따르는 소론과 송시열을 지지하는 노론으로 분당했다. 이처럼 도덕적인 명분과 의리를 중시하는 사림들은 권력과 이념을 추종하고 백성을 배신한 채 당쟁의 수렁에 빠져들었다.

임진왜란이 일어난 원인과 조선이 전쟁에서 승리한 요인,
그리고 임진왜란이 조선 사회에 끼친 영향은 무엇일까?

Point 1   전쟁 당사국인 조선과 일본의 국내 상황과 함께 관련국인 명나라와 여진족의 정세를 분석한다. 도요토미 히데요시가 전쟁을 일으킨 개인적 이유와 다른 요인들도 알아본다.

Point 2   일본이 초전에 승리했던 요인과 후반에 조선이 반격에 성공하여 승리하게 된 요인을 알아보고, 임진왜란의 전세를 바꾼 주요 전투도 찾아본다.

Point 3   전쟁이 조선, 명, 후금, 일본 사회에 미친 영향을 살펴본다. 또한 조선과 일본, 명과 후금, 조선과 후금의 국제 관계도 연계하여 알아본다.

공부를 더 하고 싶다면

《선조 조선의 난세를 넘다》(이한우 지음, 해냄)
임진왜란 기간 동안 대처에 무기력하고, 의주로 도망했으며, 의병장과 장군들을 의심하던 무능한 군주 선조. 선조에 대한 기존 인식을 뒤집어보고자 실록의 기록을 재해석하려는 저자의 의도가 얼마만큼 역사의 진실을 반영하는지, 판단의 몫은 독자에게 남겨둔다.

《이순신의 두 얼굴》(김태훈 지음, 창해)
이순신의 23전 불패 신화가 만들어진 과정과 요소, 이순신의 인간적인 매력, 평범한 인간에서 비범한 영웅으로 받들어진 요인 등을 다루고 있다. 처음부터 끝까지 단숨에 읽게 만드는 마력을 지닌 이순신에 관한 보기 드문 평전이다.

《임진왜란과 한중관계》(한명기 지음, 역사비평사)
임진왜란은 조선과 일본, 명나라, 여진족(후금), 몽골족 등이 관련된 국제전쟁이었다. 조선은 변모하는 국제정세를 냉철하게 볼 수 있는 눈을 잃고 명분과 허상에 사로잡혀 역사의 고난을 자초하였다.

3

광해군과 인조, 중립 외교와 사대의리

한 줄로 읽는 우리 역사

광해군은 전후 복구사업에 전력을 기울였다. 또한 대동법을 시행하고, 일본과 강화조약을 맺었으며 북방의 후금과 중립 외교를 추구했다. 친명사대 세력인 서인들은 광해군의 이런 개혁 정책에 반대하여 명나라를 섬기는 사대의리를 내세우고 인조반정을 일으켰다.

임진왜란을 거치면서 조선과 명나라는 쇠락의 길로 들어섰고, 일본과 여진족은 해양과 대륙에서 부흥의 단초를 열었다. 당시 조선의 당면 과제는 전후 복구사업을 진행하여 민생을 안정시키고, 요동에서 급성장한 여진족의 정세를 파악하고 일본의 향후 동향을 탐지하여 전쟁의 재발을 막는 것이었다.

일본은 도요토미 히데요시의 아들인 도요토미 히데요리와 도쿠가와 이에

덕수궁 석어당 | 광해군 시기에 집권당이었던 대북은 영창대군을 증살하고 인목대비를 덕수궁 석어당에 유폐했다. 인조반정이 일어나 광해군이 폐위될 때 인목대비는 이곳에서 광해군의 죄를 물었다.

야스가 천하를 놓고 다시 전투를 벌였다. 1600년에 도쿠가와 이에야스는 세키가하라전투에서 이시다 미츠나리, 모리데루토모, 고니시 유키나가, 우키타 히에이에를 중심으로 하는 히데요시 파를 누르고 천하 통일의 발판을 마련했다.

1603년에 정이대장군에 오른 도쿠카와 이에야스는 오늘날 도쿄(동경)인 에도(강호)에 막부를 설치하고 조선과의 화평조약을 추진했다. 임진왜란을 전후하여 여진족의 누르하치는 내부 안정과 부족 통합, 그리고 명나라의 압력을 피하

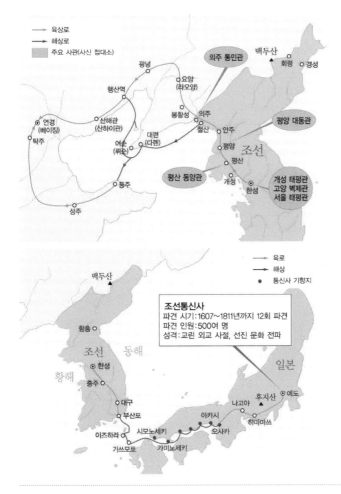

◀연경사와 조선통신사의 행로
연경사 행로는 북쪽 청나라에 대한 사대의 예와 함께 선진문물을 받아들이는 통로였고, 조선통신사는 남쪽의 일본 에도 막부에 조선이 보낸 문화 교류단이자 외교 사절단이었다.

는 일에 집중했다.

광해군은 일본과 여진의 정세를 면밀히 파악한 뒤 전후 복구사업을 위해서는 우선 주변국과 평화적인 관계를 맺어야 한다고 판단했다. 그리하여 일본과 기유약조(己酉約條)●를 맺고 조선통신사를 파견했으며, 여진족에는 중립 정책을 표방했다.

● **기유약조**
임진왜란이 끝나고 조선과 일본 사이에 기유년(1609)에 맺은 전문 13조의 송사 조약(送使條約)이다. 이 조약으로 국교 재개, 조선에 왜관 설치, 제한 범위에서의 상거래와 정치 교류가 이루어졌고, 조선통신사가 일본에 사절단으로 가게 되었다.

광해군, 전후 복구사업과 대동법을 실시하다

● **광해군 시기의 주요 사건**
기유약조(일본과 수교), 조선통신사 파견, 전후 복구사업, 《동의보감》 편찬(허준), 중립 외교(명과 후금), 경희궁 건축, 영창대군 사사, 인목대비 유폐
(검) 1-4, (검) 1-5, (검) 2-4, (검) 3-4, (검) 3-6, (검) 5-4, (검) 7-4, (검) 9-3, (검) 48-기본, (검) 52-기본, (검) 52-심화

광해군●은 선조와 공빈 김씨의 둘째아들로 서자이다. 임진왜란이 일어나자 선조는 광해군을 세자로 책봉하고 실질적인 전쟁 지휘권을 맡겼다. 광해군은 근왕병을 모집하고 의병을 독려하며 임진왜란을 승리로 이끌어 백성의 지지를 받았으며, 신하들에게는 군왕의 자질을 유감없이 보여주었다.

1606년에 선조와 계비인 인목왕후 김씨 사이에 적자인 영창대군이 태어났다. 선조는 전쟁의 영웅인 광해군을 시기하고 질투했다. 백성들이 의주로 피난 갔던 선조를 더 이상 군왕으로 여기지 않았기 때문이다. 선조는 세자인 광해군을 폐위시키고 적자인 영창대군을 왕위에 올리고 싶어 했으나 임진왜란을 승리로 이끈 광해군의 정치적 지위와 공로를 무시할 수 없었다.

임진왜란 기간에 가장 많은 의병장을 배출한 북인들은 광해군을 지지했고, 선조를 호종하는 데 가장 많은 공신(호종공신)을 배출하여 정권을 장악한 서인과 북인에서 분당한

소북은 영창대군을 밀었다. 후계자 문제를 처리하지 못한 상태에서 선조가 승하하자 광해군이 왕위에 올랐다.

광해군(1608~1623)은 북인(대북)과 함께 전후 복구사업을 우선으로 시행했다. 전염병을 예방하기 위해 민간인들도 쉽게 처방할 수 있도록 허준에게 《동의보감》을 편찬하게 했으며, 경제 개혁에 착수하여 폐단이 심한 공납의 문제점을 해결하고자 서인과 지주·관청 모리배·지방 향리 등 기득권 세력의 반대를 물리치고 1608년에 이원익의 건의를 받아들여 주무관청인 선혜청●을 두고 경기도에 한해 대동법●●을 시행했다.

대동법은 조세, 부역, 군역과 함께 백성이 국가에 부담해야 하는 공납의 폐단을 없애기 위한 혁명적인 경제 개혁 조치이자 공평 과세의 실현이었다.

지역별 특산물을 바치는 기존의 공납 제도는 가호(家戶)를 기준으로 배당했기 때문에 부담이 크고 지방 수령의 이

● 선혜청
조선시대 숭례문 근방에 있었던 관청으로 대동법을 시행하면서 설치되었다. 국초에 있었던 상평창과 비변사의 진휼청을 병합했고, 1753년에는 균역청까지 병합했다가 1894년 갑오개혁 때 폐지되었다. 주로 대동미, 대동포, 대동전의 출납을 관장했다.

●● 대동법
특산물로 바치던 공물을 쌀(미곡)이나 베(포)로 바치는 납세 제도이다. 한백겸의 제안과 이원익의 재청으로 1608년에 담당 관청인 선혜청(중앙)과 대동청(지방)을 두고 경기도에서 시행했고, 100년이 지난 1708년에 전국적으로 실시했다. 이 제도로 백성의 공납 부담이 줄고 공물을 대납하는 공인이 출현하여 상업의 발달을 촉진시켰다.

대동법 시행 관련 주요 내용

세목 : 미곡(쌀), 포(베)	기준 : 토지 면적	제안 : 한백겸 / 재청 : 이원
원인	• 지역에 일정한 액수의 공납 부과, 이를 가호에 할당 • 토지와 인구를 기준으로 하지 않은 부당한 할당량으로 농민 부담 증가 • 신유공안(1501)으로 공납 체제 파괴, 방납업자의 폭리와 매납 등 발생	
내용	• 조광조가 공납의 폐단을 해결하기 위해 대미법 제안, 기묘사화로 실패 • 1569년 이이가 공물을 미곡으로 대체하는 대공수미법 제안(《동호문답》), 지배층의 반대로 무산 • 1594년 유성룡의 제안으로 대공수미법 시행, 1년 만에 폐지 • 1608년 임진왜란 이후 광해군이 한백겸과 이원익의 제안을 수용해 대동법 실시 : 시행 법령(선혜법),	
경과	• 1623년(인조 1) 조익의 건의로 강원도에 실시 • 1651년(효종 2) 김육 등의 건의로 충청도에 확대 • 1658년 전라도, 1666년 함경도, 1677년 경상도에 실시 • 1708년 전국적으로 실시	
영향	• 조세 정의 실현 : 토지 면적을 기준으로 부과하여 세금의 형평성이 유지됨 • 공인 등장 : 관청 물품을 조달하는 새로운 직업, 서양의 부르주아 계급과 유사 • 선대제 출현 : 상인 자본이 수공업을 지배하는 형태로 초기 자본주의 형성	

영화 〈광해, 왕이 된 남자〉
폭군으로 인식된 광해군의 재평가와 인간적 고뇌를 그린 2012년 작품으로 감독은 추창민, 주연은 이병헌, 류승룡, 한효주가 맡았다.

권이 개입되어 백성의 고통이 심했다. 반면 대동법은 토지 면적을 기준으로, 여러 가지 공물 대신 현물화폐이자 물가 변동의 폭이 적은 미곡(쌀)과 베(포)를 바치도록 하여 백성들의 절대적인 지지를 받았다.

중립 외교와 후금의 건국

광해군은 정치 안정을 위해 북인 중심의 권력 구조에 남인이나 서인들을 두루 등용하여 연립 정권을 만들었다. 하지만 주도권을 장악한 강경파인 대북 정권은 소수 정권의 한계를 넘지 못하고 정치적 무리수를 두어 광해군의 발목을 잡았다.

1609년에는 적국인 일본과 포로 송환과 국교 재개를 위한 기유약조를 맺었는데, 이는 일본의 재침을 방지하고 북방에서 성장하는 여진족의 침략을 막기 위한 것이었다. 북방에서는 만주족의 누르하치가 1607년경에 대부분의 여진족을 통일하고 1616년에 혁도아랍(홍경)에 도읍을 정하고 국호를 후금이라 했다.

청태조 누르하치(1616~1626)는 1618년에 명나라가 여진족에게 일곱 가지 잘못을 저질렀다는 '7대한(七大恨)'●을 선포하고 명나라 정벌을 선언했다. 광해군은 만주족이 세운 후금의 정세를 주시하며 명과 후금 사이에서 중립 등거리 외교를 펼쳤다.

1619년, 명나라는 후금을 정벌하기 위해 조선에 원병을 요청했다. 명나라와 후금 가운데 누가 대륙의 주인이 될지

심양고궁 대정전과 십왕정 | 혁도아랍성에서 대칸의 자리에 오른 청태조 누르하치는 1625년에 심양으로 천도하고 대정전 (대칸)에서 8기제의 수령인 8패륵(십왕정)과 공동으로 정무를 주관했다.

모르는 상황에서 민생 안전과 전후 복구사업에 주력하던 광해군은 강홍립에게 1만의 병력을 내주면서 형세를 보아 향배를 정하라는 밀지를 내렸다.

　3월 1일에 조선군은 심하에서 후금군과 처음으로 전투를 치렀는데 대패했다. 곧이어 벌어진 싸르후전투●에서 명나라의 47만 대군이 6만의 후금군에게 전멸하자 강홍립은 후금에 투항했다. 후금은 광해군의 중립 정책을 진정성이 있다고 여겨 조선에 항의하지 않았다.

　북인의 정적이던 서인은 성리학적 조공 질서를 정치적인 이념으로 받들고, 광해군의 중립 외교가 임진왜란 때 명나라가 원병을 보낸 재조지은●●과 건국 이래 명나라를 황제국으로 받들었던 사대의리를 배신하는 행위라고 비난했다. 동인에서 북인과 분당했던 남인들도 북인의 권력 독점을 비판하면서 서인을 지지하고 광해군을 반대했다.

●**싸르후전투**

후금의 태조 누르하치가 명나라에 7대한을 선포하고 1618년에 무순을 점령하자 위기를 느낀 명나라가 반격을 시도했다. 마침내 1619년 3월 2일에 명나라 47만 병력과 후금의 6만 병력이 오늘날 만주 무순의 싸르후에서 전투를 벌였다. 싸르후전투에서 대승을 거둔 후금은 여세를 몰아 1621년에 요동을 차지하고 만주의 주인이 되었다.

●●**재조지은**

임진왜란 때 명나라가 원병을 보내 조선이 종묘사직을 보존할 수 있었다는 서인들의 주장을 말한다. 재조는 조선을 다시 만들었다는 뜻이다. 서인들은 대명의리의 명분으로 친명반청을 주장했는데, 이는 정묘호란 (1627)과 병자호란(1636)을 초래한 원인이 되기도 했다.

인조반정, 숭명사대와 이괄의 난

광해군과 북인(대북파)의 권력 전횡에 불만을 가진 김류, 김자점, 이귀, 이괄, 최명길 등 이이와 성혼의 문인들과 능양군(인조)은 1623년 3월 12일에 홍제원에서 정변을 일으켰다. 이들은 명에 대한 사대의리 배신, 후금에 대한 중립 외교, 서자들의 모임인 칠서(七庶)●가 영창대군을 옹립하려 했다고 모함하여 왕위계승권을 가진 영창대군을 강화도 교동에 유배시킨 뒤 증살한 죄목(계축옥사)●●, 1618년에 명목상으로 모후에 해당되는 인목대비를 서궁(덕수궁)에 유폐시킨 패륜 등을 반정의 명분으로 거론했다.

능양군은 선조의 5자인 정원군의 아들이다. 형인 능풍군이 일찍 죽어 실질적인 장자였다. 동생으로 능원군, 능창군을 두었는데 능창군이 1615년에 역모죄로 처형당한 데다 1617년에 서대문 안쪽에 왕기가 서린다는 유언비어에 광해군이 이곳에 살던 정원군을 내쫓고 경덕궁(경희궁)을 짓자 숙부인 광해군에게 반감을 갖고 정변에 참여했다.

이괄이 이끄는 반정군은 쉽게 창의문으로 진입하여 궁궐을 점령하고 덕수궁에 유폐된 인목대비의 윤허를 받아 3월 14일에 광해군을 폐위하고 능양군을 인조(1623~1649)로 옹립했다. 이로써 대북파의 집권은 끝나고 남인과 연립한 서인 정권이 탄생했다.

정사공신의 칭호를 받은 반정 세력은 군사지휘권을 독점하고, 후금과 외교 관계를 끊었으며, 1621년에 가도를 점령하고 청나라의 후방을 괴롭히던 모문룡을 지원했다. 그런데 반정의 공이 가장 큰 이괄은 평안도 철주 출신에 서인의 중

●**칠서의 옥(獄)**
광해군 5년(1613)에 《홍길동전》을 지은 허균과 교류하던 박응서, 서양갑, 심우영, 이경준, 박치인, 박치의, 김평손 등 7명이 서자라는 이유로 벼슬길이 막히자 세상을 비판하면서 소양강변에 무륜당(無倫堂)이라는 정자를 세우고 자신들을 강변칠우라 했다. 북인의 모사인 이이첨이 이들과 영창대군을 역모죄로 엮어 모두 죽이니 이를 칠서의 옥, 또는 박응서의 옥이라 하며, 영창대군을 사사한 사건은 계축옥사라 한다.

●●**계축옥사**
계축년(1613)에 강변칠우라고 호칭하던 7명의 서자들이 강도 짓을 하다 포도청에 잡혔는데 대북의 영수인 이이첨이 이것을 영창대군의 외조부인 김제남의 역모로 몰아 그를 죽였다. 한편 인목대비는 덕수궁 석어당에 유폐시키고, 강화도 교동으로 보낸 영창대군은 증살한 사건을 말한다. 계축화옥이라고도 한다.

즉조당 | 인조반정으로 광해군이 폐위되고 덕수궁 석어당에 유폐되었던 인목대비는 인조에게 왕위와 옥새를 건넸다. 인조는 즉조당에서 인목대비의 재가를 받아 즉위했다.

심 인물이 아니라는 이유로 논공행상에서 이등 공신과 한성부판윤의 관직을 받았다.

1623년 5월, 인조는 여진족의 침입을 우려하여 이괄을 도원수로 삼아 영변으로 좌천시켰다. 그러자 이듬해 1월 22일, 이괄이 안주에서 1만 2천의 군사를 이끌고 반란을 일으켰다. 2월 11일에 한양을 점령한 이괄은 흥안군을 임금으로 추대했으나 이틀 만에 장만의 군대에게 반격을 당해 이천으로 달아났다가 부하인 기익헌에게 죽임을 당했다. 이괄 반란의 선봉장이었던 한명련의 아들 한윤은 압록강을 건너 후금으로 들어가 조선이 실질적으로 명나라와 은밀하게 교류한다는 사실을 털어놓았다. 그리고 이것은 정묘호란의 빌미가 되었다.

누르하치의 뒤를 이어 왕위에 오른 청태종은 명과 일전을 벌이기 위해서 후방의 조선을 복속시키거나 중립을 지키도록 해야 했다. 전쟁의 먹구름이 이미 조선의 하늘을 뒤덮고 있었지만 사대의리와 명분에 치우친 인조 정권은 아무런 대비도 하지 못했다.

대동법은 무엇인가?

조선시대에는 백성들의 국가에 대한 의무로, 토지에 대한 조세(租稅), 개인에 대한 부역(賦役), 가호(家戶)에 대한 공납(貢納), 정남(丁男)의 병역인 군역(軍役)의 수취 제도가 있었다. 이 중에서 지방민이 국왕에게 특산물을 바치던 공납은 조선시대 국가 수입의 절반을 차지할 정도로 큰 비중을 차지했다.

공부상정도감에서는 공납의 품목과 수량을 정하고 장부인 공안을 마련하여 수취의 공정성을 꾀했지만 백성의 부담이 컸다. 이에 세조는 중앙 관청의 경비 명세서와 국가 재정의 세출 예산표인 횡간을 만들어 공납의 부담을 줄였다.

그런데 연산군이 공납 제도를 바꾼 신유공안(1501)은 중앙 정부가 부족한 예산을 하급 기관에서 전용할 수 있게 만든 악법으로, 이후 공납의 폐단이 본격화되었다. 율곡은 조광조의 대공수미법 제안을 계승하여 이를 실시할 것을 주장했다. 그러나 토지 결수를 공납액의 기준으로 삼는 대공수미법은 양반 관료들과 전호지주들의 강력한 반대로 실현되지 못했다.

임진왜란으로 국토가 피폐화되고 민생이 도탄에 빠지자 광해군은 1608년에 한백겸과 이원익이 제안한 대동법을 받아들였다. 대동법은 주관 부서로 중앙에 선혜청, 지방에 대동청을 세우고, 공납 물목은 물가 변동의 폭이 좁고 쉽게 구할 수 있는 쌀(또는 면포)로 납부하며, 가호에 배당하는 액수도 토지 면적의 다소에 따라 내게 하는 혁명적인 조세 개혁 법안이었다.

하지만 처음에는 지주들과 대신들의 반대가 심하여 우선 경기도에서만 대동법이 실시되었다. 그로부터 100년이 지난 1708년에 전국적으로 확대되어 사회의 불평등과 내부 모순의 완화에 기여했고, 나아가 영조·정조 시대에 문예부흥이 일어나는 원동력이 되었다.

광해군이 명나라와 후금 사이에서 중립 외교를 취한 이유는 무엇일까?

Point 1 명나라의 내분과 후금의 등장이 당시 국제 정세에 어떤 영향을 미쳤는지, 임진왜란 이후 조선의 사대부들은 명나라에 대해 어떤 인식을 갖고 있었는지 알아본다.

Point 2 조선의 대표적 붕당인 서인, 남인, 북인의 세력을 비교하고, 광해군 시기의 집권 세력인 북인과 그 정적인 서인, 남인의 견해를 구분하여 정리한다.

Point 3 광해군의 중립 외교에 대해 긍정적인 요소와 문제점을 찾아내고, 인조반정이 갖는 역사적 의미와 조선에 대한 후금의 정책을 알아본다.

공부를 더 하고 싶다면

《광해군》(한명기 지음, 역사비평사)
광해군은 폭군인가에 대한 근본적인 물음부터 시작해서 시대 상황, 전후 복구사업, 일본과의 강화 교섭 과정을 살펴본다. 또 북방의 후금과 중립 외교를 추진한 고독한 군주, 그리고 소수 정권의 한계를 지닌 고립된 군주로서 광해군에 대한 새로운 해석을 보여준다.

《책문, 시대의 물음에 답하라》(김태완 지음, 소나무)
조선시대의 천재적인 지식인들, 날카로운 시대인식을 간직한 반항아들, 당대의 핵심 의제에 대한 장원급제자들의 논술 답안지가 책문이다. 정치적으로 중요한 순간에 벌어진 군주와 신하 간의 첨예한 시대인식, 그리고 과제 해결에 대한 고민을 읽을 수 있다.

《조선 당쟁사》(이성무 지음, 아름다운날)
조선 전기가 훈구파와 사림파가 대결한 사화의 시대라면, 후기는 여러 붕당이 권력·정책·이념을 놓고 경쟁하던 당쟁의 시대이다. 흐름을 따라 읽다보면 당쟁의 전모를 한눈에 파악할 수 있다.

4

병자호란, 친명 정책과 명청 교체

한 줄로 읽는 우리 역사

인조는 광해군의 중립 외교를 버리고 친명배금 정책을 표방했다. 이에 후금은 병자호란을 일으켜 남한 산성을 포위하고, 인조는 삼전도에서 치욕적인 항복을 했다. 병자호란은 임진왜란의 교훈을 망각한 지배권력이 초래한 국난이었고, 그 피해는 백성에게 돌아갔다.

당시 후금은 조선의 중립을 원했다. 1115년 금나라를 세운 여진족이 부모의 나라인 고려를 침략하지 않고 군신 관계로 매듭지은 선례에 따라 조선과 후금의 충돌을 충분히 피할 수도 있었다. 그러나 조선의 서인들은 명나라에 대한 사대의리와 재조지은의 명분에 치우쳐 전쟁을 자초했다.

조선은 후금이 이미 명나라의 전력을 누를 정도로 막강한 군세를 보유하고

보길도 | 고산 윤선도는 병자호란 시기에 군왕을 구하고자 했으나 실패로 끝난 뒤 보길도에서 은거하며 지냈다. 보길도 곳곳에는 윤선도의 발자취가 서려 있다.

있다는 사실조차 믿지 않았다. 대략 6만여 명으로 구성된 후금의 8기군은 병농일치의 농군이면서 훈련과 보급, 기동력과 전투 경험이 수십만 명의 정규군을 능가하고 있었다.

1619년 싸르후전투에서 보여준 후금의 군사력은 조선을 단번에 정복할 수 있을 정도였다. 지난날 거란족이나 몽골족이 고려의 내부 사정을 거의 모른 채 무모한 도발을 했다가 패배한 상황과는 전혀 달랐다. 후금은 이미 조선의 내정과 군비 상황을 파악하고 있었다.

정묘호란, 형제국의 맹약을 맺다

이괄의 난(1624)을 전후하여 후금은 1621년에 요양과 심양을 점령하고 실질적으로 요동의 주인이 되었다. 1621년에는 요양(동경)에 도읍하고, 1625년에는 심양(성경)으로 천도했다. 1626년에 태조 누르하치가 광녕성에서 명나라 대장군 원숭환에게 패해 회군 중인 8월 11일에 세상을 떠나자 그의 여덟째아들인 홍타시(황태극)가 청태종(1626~1643)으로 즉위했다.

청태종은 광해군의 중립 정책이 인조에 이르러 친명 노선으로 변경되자 이를 구실로 삼아 1627년 1월 13일에 압록강을 건너 조선을 공격했다.

후금이 전쟁을 일으킨 명분은 1) 조선이 명나라를 도와 후금을 공격하고, 2) 가도에 있는 모문룡을 지원하고, 3) 명나라와 여진족의 유망민들이 후금에서 노략질을 하는데 조

병자호란 전후의 국내외 정세

양국의 군왕		주요 사건		
조선 군주	후금 군주	사건명	연도	내용
선조 (1567~ 1608)	청태조 누르하치 (1616~1626)	임진왜란	1592년	조선과 일본의 7년 전쟁(1592~1598)
		여진 통일	1607년	누르하치가 호륜 4부를 누르고 여진 통일
		대동법 실시	1608년	광해군, 전후 복구사업으로 대동법 실시
광해군 (1608~ 1623)		기유약조	1609년	일본(도쿠가와 막부)과 강화조약 성립
		후금 건국	1616년	누르하치가 흥경성에서 후금 건국
		싸르후전투	1619년	후금과 명의 전쟁, 조선 중립, 후금 승리
		이괄의 난	1624년	광해군 폐위, 친명파 인조 즉위
인조 (1623~ 1649)	청태종 황태극 (1626~1643)	정묘호란	1627년	청, 몽골을 침략하고자 후방의 조선 견제
		몽골 통합	1635년	몽골 36부를 통합, 원나라의 정통 승계
		황제 즉위	1636년	국호를 청으로 고치고 만주, 몽골의 대칸(황제)으로 즉위

선에서 방관하고, 4) 청태조의 장례에 조선이 조문객을 보내지 않았다는 것이었다. 이때 후금의 실질적인 목적은 조선 점령이 아니라 중립을 확보하는 것이었다.

후금군은 1월 21일에 안주를 점령하고 1월 24일 평양에 무혈 입성했다. 인조는 1월 27일에 강화도로 피난을 갔는데 후금은 평양에서 진격을 멈추고 사신을 보내 강화를 요청했다.

결국 인조는 3월 3일에 후금의 총사령관 아민과 1) 조선과 후금은 형제국이 되고, 2) 조선 왕의 아우를 인질로 보낼 것, 3) 조선은 명과 후금의 연호를 쓰지 않아도 되며, 4) 조선은 후금에 물품을 지원할 것을 결정했다. 이로써 정묘호란은 50일 만에 막을 내리고 동북아시아의 주도권은 후금으로 넘어갔다.

후금, 북원 몽골부를 병합하다

청태종은 조선의 중립을 약속받은 뒤 부왕인 청태조의 복수를 위해 5월 6일에 영원, 금주를 공격했지만 6월 12일에 패배하고 심양으로 돌아왔다. 그 뒤 후금은 먼저 북원(몽골)을 정복하고, 이어서 명나라를 도모하는 전략으로 바꾸어 1635년 12월에 몽골의 36부족 왕공들이 원세조의 옥새를 청태종에게 바치고 후금에 합류했다.

후금은 몽골과 혼인동맹을 맺어 두 부족 간의 결속을 다지고, 티베트 불교를 받아들여 원세조 쿠빌라이의 정통성을 승계받았다. 원세조는 1279년에 중국의 남송을 점령하고, 곧이어 티베트 불교 사캬파의 파스파*를 대칸의 스승인 제사(帝師)로 받들어 몽골제국이 다스리는 모든 지역의 종교적 수장으로 추대했다. 몽골제국의 정치적 지배와 티베트 불교의 종교적 우위가 결합된 정교 일치의 몽골제국이 탄생한 것이다.

청태종은 이제 명나라 침공이 원나라의 영토를 회복하는 정의로운 전쟁이라는 도덕적 명분을 세울 수 있었다. 또한 북원(1368~1735)의 마지막 대칸이었던 린탄칸(林丹汗)의 황후 두 명을 부인으로 맞이하여 실질적으로 만주와 몽골의 혈연 동맹을 강화했다.

이로써 청태종은 지난날 몽골제국이 다스리던 모든 영토의 상징적인 주인이자 대칸이 되었으며 후금은 만몽제국으로 확대되었다. 이후 후금의 모든 공문서와 비문에는 만주어, 몽골어, 티베트어가 병기되었다.

1636년 2월 24일에 후금은 만몽제국의 이름으로 조선에 대해 형제국의 관계를 군신 관계로 바꿀 것을 요구했다. 그

●파스파(1235-1280)
원세조 쿠빌라이의 종교적 스승이며, 원나라 국교인 티벳불교 사캬파의 5대 종사이다. 오늘날 티벳이 다양한 종교, 정치, 문화적 배경 아래서도 티벳 역사공동체의 통일성을 유지하는 토대를 세웠고, 또한 티벳 문자를 바탕으로 몽골 문자를 만들어 주었으며, 이 파스파 문자는 세종대왕의 한글창제에 많은 영향을 주었다.

러나 조선은 단호하게 이를 거절했다. 4월 11일에 청태종은 국호를 청(淸), 종족의 명칭을 만주족으로 바꾸고 연호를 숭덕이라 하고 황제의 자리에 올랐다.

조선에서는 만주족의 요구에 대해 주전론(척화파)과 주화론(협상파)이 팽팽하게 맞섰다.● 윤집, 오달제, 홍익환, 김상헌 등 주전파는 숭명의리에 의거하여 청나라와는 사대 관계가 불가능하므로 무력으로 응징해야 한다고 주장했다.

주화파인 최명길은 명분과 실리를 중시하는 양명학자로, 조선은 여전히 전후 복구사업이 중요하고 청나라의 기세가 명나라를 누르고 있으므로, 우선 외교적 협상을 하여 국내

▼ 정묘호란과 병자호란
인조반정으로 집권한 서인은 중립 외교를 버리고 친명정책을 선택했다. 후금(청)은 병자호란을 일으켜 조선을 굴복시키고, 여세를 몰아 명나라마저 멸하고 천하의 주인이 되었다.

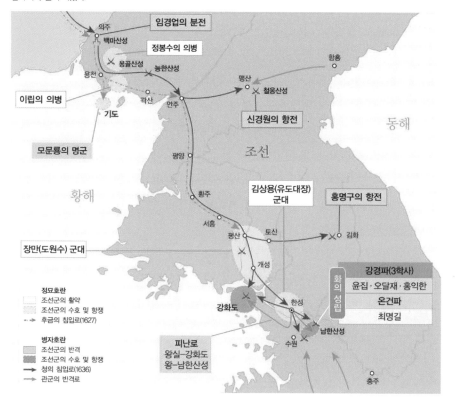

정세를 안정시키고 실력을 양성하여 후에 청나라를 치자고
했다.

● 주전론(척화론)
주전론자(홍익한, 윤집, 오달
제, 김상헌), 친명배금(숭명
반청) 의식, 후금에 대한 강
경책, 이이 학통의 서인이 주
장, 효종 시기 북벌운동의 사
상적 배경, 국제 관계를 의리
론과 가족론으로 인식, 최명
길은 주화론
(검) 4-3, (검) 5-4, (수) 2005,
(수한) 2018

병자호란, 인조 삼전도의 치욕을 겪다

인조는 척화파의 주장에 따라 압록강 하구에 있는 가도
에 주둔한 모문룡에게 지속적으로 식량과 무기를 지원하
고, 군신 관계를 요구하는 청나라의 압박을 묵살했다.

청태종은 11월 25일에 환구단에서 조선 정벌을 하늘에
고하고, 12월 2일에 만주족·몽골족·한족으로 이루어진 10
만 군을 출병시켰다.

청나라군은 12월 9일에 압록강을 건너 의주를 점령하고
14일에 개성에 이르렀다. 한양이 위험에 처하자 세자비, 원
손, 봉림대군, 인평대군은 강화도로 먼저 피신하고, 인조는
강화도로 가는 길이 막히자 소현세자와 함께 14일 저녁에
남한산성으로 피신했다.

12월 16일에 청나라군은 남한산성을 포위하고 인조의
항복을 요구했다. 조선에서는 주전론의 명분만 난무했지 실
제적인 전쟁 대비는 부족했다. 남한산성에는 장기전을 치르
기 위한 식량과 무기가 부족했고, 많은 병사들이 추위와 굶
주림과 죽음의 공포를 이기지 못하고 몰래 성을 탈출했으
며, 지방에서는 지원군이 움직이지 않았다.

이런 가운데 1월 26일에 강화도가 함락되고 왕족들은
포로가 되었다. 인조는 결국 1월 30일에 한강변 송파의 삼

《산성일기》 | 조선 인조 때 쓰
여진 작자 미상의 일기체 수필.
병자호란 발발에서 삼전도의 항
복까지 50여 일 동안 벌어진 당
시의 시대상을 있는 그대로 기
록한 사실문학의 결정체이다.

전도에 나와 청태종에게 항복했다. 이렇게 해서 1636년 12월 9일부터 1637년 1월 30일까지 50일에 걸쳐 벌어진 병자호란은 청과 조선이 군신 관계를 맺는 것으로 끝났다.

병자호란*은 조선이 청나라군에 대응할 만한 아무런 준비도 하지 않은 채 의리와 명분만 내세우다 당한 처참한 결과였다. 2월 8일에 소현세자, 봉림대군, 인평대군은 인질이 되어 청나라의 심양으로 끌려갔다. 2월 15일에 청나라군은 조선에서 철수하면서 50만 명에 이르는 조선 백성을 포로로 끌고 갔다. 이는 요동의 농토 개발에 동원하려는 목적이었다.

척화를 주장하던 홍익한, 윤집, 오달제는 3월 5일에 심양에서 처형을 당했다. 병자호란은 임진왜란의 전후 복구사업이 마무리 되지 않은 상태에서 이괄의 난, 정묘호란에 이어 백성들에게 말할 수 없는 고통을 안겨준 인조 정권의 역사적 죄악이었다.

만청제국, 명나라 북경을 점령하다

청태종은 1642년 9월에 명나라의 성산, 금주에서 명군 13만을 전멸시키고 승리했으나 이듬해에 병을 얻어 세상을 떠나고 겨우 6세에 불과한 청태종의 아홉째아들 순치제(1638~1661)가 즉위했다. 그리고 누르하치의 열넷째아들인 예친왕 도르곤*이 섭정왕이 되어 명나라 정벌을 이끌었다.

이때 명나라에서는 농민반란군 이자성**이 세력을 확장하여 1644년에 서안(장안)을 점령하고 3월 19일에 북경을

청태종의 능묘인 북릉
정묘호란과 병자호란을 일으킨
청태종의 능묘이다. 누르하치의
여덟째아들인 황태극은 몽골과
조선을 굴복시키고 중국을 정복
하려는 꿈을 키웠으나 그 뜻을
이루지 못하고 북릉에 묻혔다.

함락했다. 청나라의 침입을 막기 위해 산해관을 지키던 오
삼계는 4월 15일에 오히려 도르곤에게 구원병을 요청했다.

청나라군은 4월 22일에 산해관에서 이자성 군대를 격파
하고, 5월 2일에 북경을 차지했다. 도르곤은 패주하는 이자
성 농민군을 평정한다는 명분으로 명나라의 대부분을 점령
하고, 9월 9일에는 북경으로 도읍을 옮기고 중국의 주인이
되었다.

소현세자는 심양에서 인질 생활을 하면서 조선의 부흥을
위한 경험과 방법을 배우고자 노력했다. 그는 청나라가 조
선에 요구하는 지나친 공물과 정치적 압박을 조정하고, 양
국의 갈등을 해소하려는 외교적 노력을 기울였다. 1644년
에는 도르곤을 수행하여 만주족이 세운 청나라가 중국을
지배하는 과정을 직접 체험했다.

1645년에 북경에 머물던 소현세자는 북경에 위치한 이
탈리아 예수회의 대성당을 방문했다. 그것은 야만족이라 멸

시받던 만주족의 청나라에게 조선이 무릎을 꿇은 원인을 찾고자 하는 고뇌에 찬 발걸음이었다.

소현세자는 대성당의 신부이며 순치제에 의해 흠천감(천문대장)을 맡아 시헌력(時憲曆)*을 만든 당대의 최고 과학자 아담 샬(탕약망)**을 만나 유럽 세계와 근대 과학에 눈을 떴다.

아담 샬은 지리학, 역법, 천문학에 뛰어났는데 소현세자가 인질에서 풀려나 조선으로 귀국할 때 《천주실의》, 천구의, 망원경, 현미경을 선물로 주었다고 전해진다. 청나라에서 '조선의 어린 군왕'이란 뜻의 '소군(少君)'으로 불리던 소현세자의 귀국은 조선 정계에 일대 파란을 불러일으켰다.

소현세자가 꿈꾼 조선은 어떤 나라였을까

소현세자의 귀국은 집권 세력인 서인을 두렵게 만들었다. 소현세자는 청나라가 지지하는 미래의 군주였고, 명나라가 망하는 과정을 현장에서 직접 목격한 현실론자였고, 아담 샬에게 서학(예수회)과 천문, 역법, 근대 과학을 배운 개방주의자였기 때문이다.

만주족이 이미 중국의 주인이 되었는데도 여전히 오랑캐라 멸시하고, 멸망한 명나라의 마지막 황제인 숭정제의 위패를 모시면서 사대의리를 고수하던 서인에게 소현세자는 자신들의 지위를 단번에 날려버릴 수 있는 핵폭탄 같은 존재였다.

삼전도의 치욕을 현실적인 부국강병으로 변화시킬 능력

이 없는 인조는 소현세자의 배후에 청나라가 있다는 의심을 떨치지 못하고 결국 서인과 결탁하여 소현세자를 제거하는 데 동의했다. 소현세자는 1645년 2월 18일에 귀국하고 두 달이 조금 지난 4월 26일에 갑자기 세상을 떠났다.

역사학자들은 숭명의리를 고수한 인조가 자신이 아끼던 소용 조씨와 내의원 이형익을 시켜 소현세자를 독살했을 것으로 보았다. 《인조실록》 6월 27일자에 소현세자의 몸이 흑색이었고 검은 천으로 얼굴을 덮었으나 7공에 피가 맺혔다는 기록을 그 근거로 삼는다.

소현세자의 부인인 강빈도 이듬해 3월 15일에 소용 조씨에 대한 저주 사건과 인조 독살설에 연류된 모함을 받고 사사되었으며, 두 명의 아들도 유배지인 제주도에서 의문의 죽음을 당했다.

서인들은 소현세자의 죽음과 강빈 옥사 이후 임진왜란, 병자호란의 양란을 초래한 역사적 책임을 모면하기 위해 더욱 사대의리, 소중화, 북벌론과 같은 명분론을 내세워 학문의 다양성, 민생 경제 우선, 상공업 진흥, 토지 제도 개혁, 청나라를 인정하는 현실론을 공격했다.

소현세자의 죽음은 조선이 서양 문물과 청나라의 발전에 문화적 충격을 받고 실리적 측면에서 부국강병을 할 수 있는 기회를 잃어버리고 성리학● 독재와 붕당으로 빠지게 되는 결정적 계기라는 점에서 뼈아픈 역사적 사건이다.

●**조선 중·후기 유학 경향**
인조 시기(사대의리), 효종 시기(북벌론, 민생론), 현종 시기(산림정치, 예론), 숙종 시기(환국 정치), 영·정조 시기(탕평정치), 순조 시기(세도정치, 삼정문란), 조선 말(위정척사)
(검) 2-1

만주족, 그들은 누구인가?

만주족은 다종족 연합 국가인 고조선의 주민이었던 숙신이 그 뿌리이다. 여러 부족의 연합체인 숙신족은 백두산을 중심으로 흩어져 살았다. 부여 시기에는 읍루, 고구려와 발해 시기에는 물길, 말갈족으로 불린 우리 역사의 일부였다. 고려시대에 여진족으로 독립한 이들은 금나라(1115~1234)를 세워 만주와 북중국을 지배했다.

조선시대에 들어와 여진족은 송화강 유역의 해서여진(호륜 4부), 흑룡강 유역의 야인여진, 두만강 유역의 장백산여진, 그리고 요동 지역의 건주여진으로 나위어 명과 조선을 사이에 두고 무역과 수렵, 등거리 외교를 하면서 성장했다. 임진왜란이 일어난 16세기 말에 건주여진의 추장인 누르하치가 주변 여진족을 모두 통합하고 1616년에 만주 신빈의 홍경성(혁도아랍)에서 후금을 세웠다.

1618년 누르하치는 명나라에 대해 7대한을 내걸고 전쟁을 선포했으며, 이듬해에 싸르후전투에서 명군을 대파하고 요동을 차지했다. 1625년에 심양으로 천도한 후금은 2년 뒤 정묘호란을 일으켜 조선을 견제하고, 차례대로 요서와 몽골을 정복했다. 1636년에 청태종은 만몽 연합국가의 황제에 올라 국호를 청, 종족명을 만주족으로 고쳤다.

본래 여진이란 족명은 약하고 여리다는 멸시의 칭호였으나 만주는 티베트 불교의 숭배 대상인 문수보살을 뜻한다. 국호인 '청'은 동방(靑 = 백두산)에서 일어났다는 뜻이다. 그런데 음양오행에서 명나라의 불(火)은 후금의 금(金)은 물론이고 새로운 국명인 청(靑 = 나무 목과 같음)도 누르는 기운이므로 여기에 물(水)을 더하여 맑을 청(淸)이라 하고, 족명도 물이 가득찬 만주(滿洲)로 했던 것이다. 국명과 족명이 모두 명나라를 이기겠다는 표현이었다.

병자호란을 전후하여 조선에서 제기된 척화론과 주화론의 내용은 무엇이며, 각각의 주장에 담긴 타당성과 논리적 모순은 무엇인가?

Point 1 인조반정, 이괄의 난, 명나라의 농민 반란, 정묘호란, 병자호란으로 이어지는 긴박했던 국제 정세를 바탕으로 후금에 대한 조선의 여러 정치적 입장을 가려낸다.

Point 2 척화론의 이념적 성향과 그 내용을 알아내고 주화파를 주장한 사람들의 분포와 그들의 정치적 입장도 조사하여 양자의 장단점을 해석한다

Point 3 당대의 입장과 오늘의 입장에서 척화론과 주화론이 갖는 견해와 의미, 타당성을 구분해 비교하고 각각의 주장에 따른 역사의 결과를 예측한다.

공부를 더 하고 싶다면

《정묘 병자호란과 동아시아》(한명기 지음, 푸른역사)
만주족이 세운 후금을 미개한 오랑캐라는 관점으로 인식하는 순간부터 객관적인 상황 파악은 어려워진다. 다행히 가치중립적인 관점과 국제 정치의 시각에서 정묘호란과 병자호란을 다루고 있기에 당시의 시대 상황에 가까이 다가갈 수 있게 한다.

《산성일기》(작자 미상, 서해문집)
후금과 조선이 벌인 병자호란에 대한 살아 있는 당대의 관찰 기록이다. 남한산성에 들어가 50여 일을 버티며 전쟁이라는 참혹하고 고통스런 현실 앞에서 패배자가 겪어야 하는 고뇌와 결단, 내부 다툼, 변절과 충절 등의 속내를 가감 없이 기록한 사실문학의 금자탑이다.

《글로벌 CEO 누르하치》(전경일 지음, 삼성경제연구소)
누르하치는 여진족 출신으로 후금을 세운 북방대륙의 영웅이었다. 누르하치는 역사의 주도권에서 멀리 벗어나 있던 변방세력이었고 비주류 세력이었지만 개방성과 포용성을 무기로 17세기 청제국 창건의 기반을 닦을 수 있었다.

9장
조선 후기, 붕당의 시대

조선 후기는 붕당의 논쟁이 난무하던 시대이다. 양란이 끝나고 서인은 북벌을 내세운 산당과 민생론을 내세운 한당으로 나뉘어 논쟁했다. 예송 논쟁도 집권 세력인 서인과 그 정적인 남인이 왕권과 신권을 놓고 다투던 붕당투쟁이었다. 숙종은 환국이라는 방식으로 신권을 제약하고 왕권을 강화했다. 영조는 붕당의 폐해를 없애고자 완론탕평을 실시했다. 정조 시대에는 대동법과 균역법의 시행, 광작의 활성화로 토지 겸병이 촉진되고 자본주의적 상업이 발달했지만 소농들은 토지를 잃고 소작농으로 전락했다. 이때 토지 문제를 제기한 중농학파와 상공업을 중시한 중상학파의 실학 사상이 등장했다. 중농학파와 중상학파의 학문적 성과가 집약된 곳이 정조가 건설한 수원화성이었다. 그러나 개혁을 주도한 정조가 죽고 특정 가문이 정치와 경제 권력을 장악하고 국정을 농단하는 세도정치가 시작되었다. 역사의 격변기에 변화의 흐름을 읽지 못한 지식인들은 오히려 역사의 반동이 된다는 진리처럼, 세도정치는 조선의 앞날에 드리운 먹구름이었고 그 속에 조선을 수탈하고 식민지화하려는 외세의 총칼이 번득이고 있었다.

새로운 시대를 꿈꾸는 개혁 세력

조선 후기에 이르러 성리학적 이념 독재와 사회적 모순의 극복을
토지 개혁이나 상공업 진흥에서 구하려는 실학과 서양의 학문,
종교 사상인 서학을 배우려는 움직임이 일어났다. 또한 전통 사상에서
현실의 고통을 이겨내려는 동학도 꿈틀거렸다. 근대 사회를 지향하는
조선의 용틀임은 이처럼 내적 역량을 준비했다. 문제는
조선 내부의 기득권 세력과 외세의 침략이었다.

| 18~19세기경 전후의 세계 |

18~19세기경, 조선과 청나라는 문예부흥에 성공하여 크게 발전했으나 19세기 초에 이르러 내정 개혁에 실패하면서 급격히 쇠퇴했다. 일본은 도쿠가와 막부의 쇄국 정책으로 외국과의 교류를 끊었으나, 하층 무사를 중심으로 막부 체제를 무너뜨리는 명치유신을 성공시켰다.

아랍의 오스만제국과 인도의 무굴제국은 성장 동력을 잃고 유럽 열강의 침략에 시달렸다. 서유럽에서는 자본주의와 산업혁명, 부르주아 시민혁명이 일어났고 이를 바탕으로 산업 자본주의, 제국주의가 성장하여 식민지 쟁탈에 나서기 시작했다. 곧 아프리카, 동남아시아, 동북아시아는 제국주의의 각축장이 되었다.

네덜란드, 영국, 미국, 프랑스에서는 계몽 사상의 영향으로 자본가가 주도하는 시민혁명이 일어나 근대 시민국가를 세웠다. 독일과 이탈리아는 여전히 통일국가를 이루지 못했다. 러시아는 유럽식 개혁을 도입하고 북해, 카스피해, 시베리아, 중앙아시아로 세력 팽창을 시도했다.

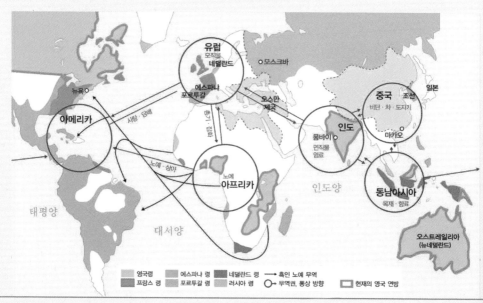

우리나라 ▼	주요 연표	▼ 세계
	1644년	명, 청에게 멸망
하멜 제주도 표착	1653년	
제1차 나선 정벌(1658 제2차 나선 정벌)	1654년	
효종 북벌 좌절	1659년	
이이, 성혼 문묘 종사	1681년	
	1688년	영국 명예혁명
	1689년	영국 권리장전 발표, 청-러시아 네르친스크 조약 체결
기사환국, 남인 집권	1689년	
갑술환국, 서인 집권	1694년	
	1701년	프로이센왕국 성립
	1703년	러시아 피터 대제 유럽식 근대화 추진
대동법, 전국 시행	1708년	
백두산정계비 세움	1712년	
을사처분, 노론 집권	1725년	
이인좌의 난	1728년	
영조, 완론탕평 실시	1729년	
균역법 시행	1750년	
	1757년	몽골 최후의 유목 제국 준가르칸국 건륭제에 의해 멸망
	1765년	와트 증기기관차 발명, 산업 혁명 시작
	1776년	미국 독립 선언(7월 4일)
	1789년	프랑스대혁명, 인권 선언
정조, 신해통공 실시	1792년	
수원화성 축조 시작	1794년	
신유박해	1801년	
	1804년	프랑스 나폴레옹이 황제로 즉위
	1806년	신성로마제국 해체
홍경래의 난(~1812)	1811년	
	1815년	빈 체제(~1848) 성립
	1821년	그리스, 오스만제국과 해방 전쟁(~1832)
	1848년	마르크스, 〈공산당 선언〉 발표
	1851년	중국, 태평천국의 봉기
	1853년	크림전쟁(~1856)
최제우, 동학 창시	1860년	
진주 민란	1862년	

중국 북경의 자금성 천안문

러시아 피터(표토르) 대제

프랑스 인권선언서

백두산정계비

서울 충무로의 균역청 역사표석

수원화성

1

붕당정치, 선비들의 배반

한 줄로 읽는 우리 역사

양란의 책임을 회피한 사대부들은 당쟁에 돌입했다. 효종은 북벌을 추진했으나 당시의 과제는 민생 안정이었다. 현종 시기의 예송 논쟁도 권력을 놓고 벌인 이념 투쟁이었다. 숙종은 신권을 누르고자 환국 정치를 시도했다. 이때 서인은 노소 분당을 했다.

병자호란이 끝난 뒤 조선의 집권 세력인 서인은 경제 회복과 민생을 우선시하는 한당(漢黨)과 숭명의리와 북벌을 주장하는 산당(山黨)으로 나뉘어졌다.● 한당은 대동법의 시행을 강력하게 주장했고, 산당은 북벌을 최우선으로 주장했다. 심양에서 인질 생활을 했던 효종의 즉위는 산당에게 호재였다.

북벌론자인 효종은 학문적 스승인 송시열과 함께 북벌을 추진했다. 그러

백두산 천지 | 백두산은 조선과 만주족의 성산이다. 숙종 시기인 1712년에 조선과 청나라는 백두산 천지에 국경비인 백두산정계비를 세웠다.

나 부국강병을 바탕으로 하는 효종의 군사적 북벌론과 명분을 중요시하는 송시열의 이념적 북벌론은 지향하는 바가 달랐다. 송시열을 영수로 하는 산당의 북벌론은 멸망한 명나라를 붙들고 숭명의리를 내세우는 이념적 집권 논리에 불과 했다. 현실과 명분이 조화를 이루지 못하는 결론은 반드시 비극으로 끝나게 마련이다. 드디어 명분론에 매몰되어 민생을 도외시하는 선비들의 배반이 시작된다.

효종, 북벌과 나선 정벌을 추진하다

인조는 소현세자가 죽자 1645년 6월에 귀국한 봉림대군을 서둘러 세자로 책봉했다. 1649년에 인조가 세상을 떠나자 봉림대군이 효종(1649~1659)으로 즉위했다. 국내에 세력 기반이 약한 효종은 호서 산림의 거두인 김장생의 문인들인 김집, 송시열, 송준길, 이유태, 권시, 이경석 등을 정계로 불러들였다.

인조 시기에 서인은 반정공신인 공서파(功西派)와 인조반정에 참여하지 않은 청서파(淸西派)로 양분되었다.●

효종 시기에 이르러 공서파는 김자점, 변사기의 낙당(洛黨)과 원두표, 이행진, 이시해의 원당(原黨)으로 나뉘었고, 청서파는 명분을 중시하는 호서 산림의 산당과 민생 경제 우선을 주창하는 김육, 신면의 한당으로 나뉘었다.●●

효종은 명분론과 사대의리론을 내세우는 산당의 지지를 받아 청나라를 공격하는 북벌을 준비했다. 하지만 민생을 중시하는 정통적인 관료 계층인 한당은 명분을 중시하는 산당의 정국 운영에 반대하고 대동법 실시 등의 현실 문제를 우선해야 한다며 북벌을 반대했다.

한당의 중심 인물인 김육은 무오사화에 희생당한 김식의 5세손으로 사림의 정통을 계승한 서인계 사대부였다. 효종 6년인 1654년에 영의정이 된 김육은 대동법●의 전국적 실시를 강력하게 주장했다.

그러나 산당의 영수인 송시열●이 지주층의 이익을 대변하며 대동법 시행을 강력하게 반대하자 효종은 마지못해 충청도, 전라도에서만 대동법을 실시했다.

효종이 북벌●●을 추진하려던 이유는 청나라에 인질로 끌려갔던 지난날의 치욕을 갚아야 한다는 개인적인 문제와 더불어 북벌군을 양성하여 친위 세력으로 만들고, 이를 바탕으로 신권을 누르고 왕권을 강화하려는 것이었다. 이와 달리 송시열의 북벌론은 사대의리를 실천한다는 명분론을 내세워 민생 경제를 앞세우는 한당을 누르고 정국을 주도하는 것이 목적이었다.

효종은 훈련대장인 이완과 함께 강력하게 북벌을 추진했다. 군비와 훈련이 어느 정도 무르익던 1654년에 청나라는 흑룡강에 나타난 러시아(나선)의 남하를 막기 위해 조선에 원병을 요청했다.

효종은 북벌 계획을 숨기고 이때 양성한 조총 부대의 위력을 시험하기 위해서 함경도 병마우후 변급에게 조총군 100명과 초관 50명을 선발하여 보냈다. 조선군은 송화강변 의란에서 러시아군과 교전하여 7일 만에 패퇴시키고 제1차 나선 정벌●●●●을 승리로 이끌었다.

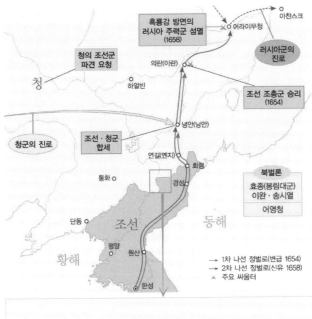

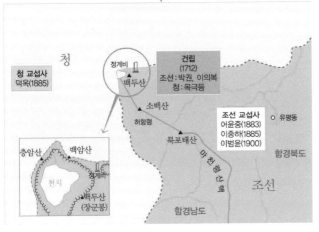

▶ **1·2차 나선 정벌과 백두산 정계비**

효종의 북벌 시기에 양성된 조총 부대는 청의 요청으로 나선정벌에 나서 러시아 군대를 격파했다. 이후 청은 발상지인 만주를 지키려고 조선과 국경 조약을 맺고 백두산정계비를 세웠다.

●●● **나선 정벌**

북벌 추진(효종)으로 군사력 강화, 청의 출병 요청, 러시아의 남하를 저지, 변급(제1차)과 신유(제2차)가 활약 (수) 2003

●● **나선 정벌**

효종 시기에 청나라의 원병 요청을 받아들여 연해주, 흑룡강 방면으로 남하하는 러시아 군대와 치른 전쟁. 한자로 러시아를 아라사, 로서아, 나선이라고 하므로 나선 정벌이라고 한다.

4년 뒤인 1658년에 청나라가 재차 원병을 요청하자 조선은 혜산진 첨사 신유에게 조총군 200명과 초관 60명을 이끌고 송화강이 흑룡강과 만나는 어라이무청과 하바로프스크 등지에서 러시아군을 맞아 제2차 나선 정벌을 승리로 이

붕당 시기의 정치 개요

왕과 정치 현황		재위 연도	주요 사건		
			사건명	연도	내용
인조	사대의리	1623~1649	이괄의 난	1624	인조반정의 논공행상 문제로 이괄의 반란
			정묘호란	1627	조선의 친명 정책으로 후금의 태종 침략
			병자호란	1636	명나라 공격 위해 후방의 조선을 침략
효종	북벌 정국	1649~1659	산당 한당 논쟁	1654	북벌론(산당)과 민생론(한당)의 격돌
			제1차 나선 정벌	1654	변급 조총 부대, 의란에서 러시아군 격퇴
			제2차 나선 정벌	1658	신유 조총 부대, 흑룡강에서 러시아군 격퇴
현종	산림정치 예송 논쟁	1659~1674	기해예송	1659	효종 상례에 복상 문제, 남서 논쟁(서인 승리)
			갑인예송	1674	효종 비 상례에 복상 문제, 남서 논쟁(남인 승리)
숙종	군강신약 환국정치	1674~1720	갑인환국	1674	현종 묘지명 사건, 송시열 제거, 남인 집권
			경신환국	1680	삼복의 난, 남인 축출, 서인 집권
			문묘 종사	1681	성혼과 이이 문묘 종사, 서인의 정통성 확인
			노소 분당	1683	서인이 노론(송시열)과 소론(윤증)으로 분당
			기사환국	1689	송시열 사사, 인현왕후 폐비, 남인 집권
			갑술환국	1694	장희빈 폐위, 인현왕후 복위, 서인 집권
			대동법 실시	1708	대동법 전국적으로 실시, 후기 문예부흥의 기반
			백두산정계비	1712	조청 국경 조약, 압록강과 토문강(송화강)을 국경으로 정함
경종	신임옥사	1721~1724	정유독대	1717	세자인 경종의 대리청정, 1721년 경종 즉위
			신축옥사	1721	연잉군(영조) 대리청정 요구한 노론 정계 축출
			임인옥사	1722	노론의 경종 시해 음모 사건, 노론 4대신 옥사
영조	신임의리 탕평정치	1724~1776	을사처분	1725	노론 4대신 무죄 천명, 노론 집권
			정미환국	1727	노론이 왕에 당론 요구, 이에 소론 집권
			무신당의 난	1728	소론과 남인, 영조에 반대하는 이인좌의 반란
			기유처분	1729	신축옥사 충의, 임인옥사 불의= 분등설 채택
			탕평책(완론탕평)	1730	노론과 소론의 당쟁 해소, 탕평책 실시
			신유대훈	1741	경신처분(1740) 후 노론 무죄, 탕평책 무산
			균역법	1755	양역사정청에서 군포를 감하는 균역법 실시
			을해옥사	1755	나주 벽서 사건으로 소론 처벌, 노론 집권
			임오화변	1762	소론에 동정적이던 사도세자를 죽임

끌었다.

나선 정벌의 승리로 자신감을 얻은 효종은 1659년 4월, 공론을 이끄는 송시열에게 독대를 청하고 북벌 단행을 요구했다.

당시 남중국에서는 청나라에 저항하는 남명 정부가 세워져 명나라의 부흥운동을 이끌고 있었으며, 동남해 연안 의 하문, 금문에서는 해상 군벌 정성공●이 반청운동을 지휘하고 있었다. 효종은 조선이 북벌을 감행하면 남명 정권●●과 해상 군벌 정성공이 호응하고 전국에서 민중 봉기가 이루어져 승리할 수 있다고 판단했을 것이다.

그러나 송시열은 효종의 정책에 사사건건 제동을 걸며 반대했고, 이는 효종에게 충격으로 다가왔다. 그리고 두 달 뒤 효종이 갑자기 세상을 떠나면서 북벌은 중단되었다.

현종, 산림정치●●●와 예송 논쟁●에 휘말리다

현종(1659~1674)은 봉림대군(효종)이 청나라에 인질로 있던 1641년에 심양에서 태어났다. 부인은 청풍 김씨 김육의 손녀이자 김우명의 딸인 명성왕후이다.

이때 중앙 정계에서는 서인계 산당과 남인의 예송 논쟁이 불붙었다. 표면상으로는 상복의 문제였지만 예송 논쟁의 실상은 사대부와 군주의 예법은 같다는 신권론을 주장하는 서인과, 왕권의 신성한 법통을 앞세워 왕이 어진 신하를 뽑아 정치를 하는 택현론(擇賢論)을 제기하는 남인의 이념 논쟁이었다.

1659년에는 효종의 상례에 어머니인 자의대비의 상복을

● 정성공
정성공은 일본 나가사키에서 해상 무역을 했던 정지룡과 일본 여인 사이에서 태어났다. 1661년에 네덜란드의 식민지였던 대만(타이완)을 수복하고 항청복명(抗淸復明)의 근거지로 삼았다. 정성공이 죽고 그의 아들과 손자가 항쟁을 지속하여 한때는 오삼계 등이 일으킨 삼번의 난에 합류하여 세력을 일으켰으나 1683년에 청나라에 굴복했다.

●● 남명 정권
1644년에 명나라가 망한 뒤 일부 왕족과 유신들이 중국 남부에 세운 지방 왕조(1644~1662)로, 명나라 부흥운동을 일으켰으나 실패했다. 효종의 북벌은 조선과 남명이 연합하면 가능성이 있다고 보고 추진한 면이 있었다.

●●● 산림정치
국왕이 재야의 산림을 초청하거나 그들의 의견을 경청하여 국가의 공론으로 삼고, 이를 바탕으로 정국을 운영하는 정치 방식이다. 반정으로 즉위한 인조는 정통성을 강화하고자 산림을 특별히 우대했고, 효종 때는 산림이 북벌을 위해 대명의리론을 앞세워 공론을 만들었다.

● 예송 논쟁
기해예송 : 현종 시기(1659), 효종 상복 문제, 핵심은 신권론(서인)과 왕권론(남인), 서인(사서례, 군신동례, 일년복), 남인(왕조례, 왕자례부동사서, 삼년복), 일년복 채택, 서인 정권 수립

갑인예송 : 현종 시기(1674), 효종 비상복 문제, 핵심은 신권론(서인)과 왕권론(남인), 서인(군신동례, 9개월복), 남인(왕조례, 1년복), 1년복 채택, 남인 정권 수립

(검) 3-1, (검) 5-고, (검) 50-기본, (수국) 2008

삼년복으로 하느냐 일년복으로 하느냐를 놓고 논쟁이 벌어졌다(기해예송●).

서인계 산당(송시열)은 신하들이 군주를 선택할 수 있다는 택군론(擇君論)에 입각하여 효종은 차남에서 선택된 군주이니 사대부의 예법에 따라 차남의 상례에 준거한다는 논리로 일년복을 주장했다.

한편 남인(윤휴, 허목, 윤선도)은 왕권법통설을 바탕으로 왕위를 계승하면 그것이 적장자이므로 효종이 혈통상으로는 차남이지만 왕통으로는 적통이라는 논리로 삼년복을 주장했다.

현종은 송시열의 권위와 산림의 공론을 무시할 수 없어 결국 산당의 손을 들어주고 《경국대전》에 의거하여 일년복으로 결정했다.

1663년 11월, 명분론자들인 서인계 산당에게 일격을 가하는 사건이 일어났다. 청나라 사신을 모화관에서 맞이해야 하는 수찬 김만균이 사대의리에 따라 영접을 거부하자 현실론자들인 서인계 한당이 공직자의 윤리를 들어 김만균을 공격한 것이다.

송시열이 부당함을 강조하며 산림을 충동질하자 여기에 찬성하는 준론파와 반대하는 완론파로 나뉘어 공의와 사의를 놓고 격렬한 다툼이 벌어졌다. 현종은 효종의 법통을 부정한 송시열에게 반감을 갖고 있었기에 공의를 주장한 완론파의 손을 들어주어 김만균을 당일로 파직시켰다.

1674년에는 공교롭게도 효종 비인 인선왕후가 2월 23일에 세상을 떠나고 시어머니인 자의대비가 여전히 생존해 있었다. 이번에는 자의대비가 며느리의 상례에 일년복을 할 것인지, 아홉 달 동안 입는 대공복(大功服)을 할 것인지 논쟁이 벌어졌다(갑인예송).

처음에 예조에서는 일년복을 올렸는데 갑자기 서인의 입장인 대공복으로 바뀌었다. 상례가 진행되던 7월 6일에 남인에서 상례복의 잘못을 건의하는 상소를 올렸다.

현종은 7월 29일에 외척인 김석주와 남인의 허적, 이하진, 이옥, 권대운 등을 끌어들여 일년복으로 결정하고, 서인의 영수인 김수항을 정계에서 축출했다. 남인과 김석주에게 남은 일은 뿌리 깊은 서인 세력을 일망타진하는 것이었다. 그런데 현종이 8월 18일에 갑자기 세상을 떠나면서 그 계획은 숙종 시기로 미루어졌다.

숙종, 환국정치*로 정국을 주도하다

숙종(1674~1720)은 14세의 어린 나이에 왕위에 올랐지만 뚜렷한 주관과 정치 식견이 있는 군주로, 이른바 군약신강(君弱臣强)의 국면을 군강신약으로 뒤바꾸었다.

숙종은 태생적으로 송시열을 미워했다. 숙종이 태어났을 때 하례식에 송시열이 오지 않았는데, 그것은 효종의 상중에 숙종이 잉태되어 예법을 지키지 않은 비례(非禮)한 원자라는 이유 때문이었다.

9월에 숙종은 산림의 위세를 무시할 수 없어 현종의 묘지명을 송시열에게 위촉했다. 그러자 진주 유생 곽세건이 효종을 서자라고 해도 좋다는 왕통부정론자인 송시열에 맡기는 것은 부당하다며 상소했다.

● **숙종의 환국정치**
갑인환국(1674, 갑인예송, 남인 정권), 경신환국(1680, 허견 역모 사건, 서인 정권), 기사환국(1689, 인현왕후 폐위, 남인 정권), 갑술환국(1694, 숙빈 최씨 독살 사건, 서인 정권)
(검) 9-고, (검) 51-심화

숙종은 이를 빌미로 외척인 김석주에게 묘지명을 맡기고, 현종의 행장을 대제학 이단하에게 쓰라 하면서 송시열이 예를 잘못 정했다(오정례)라는 문구를 반드시 기록하라고 지시했다. 이 사건으로 예송 논쟁을 주도한 서인과 송시열은 도덕성에 치명타를 입었다.

12월 13일에 현종의 장례가 끝나자 남천한, 이옥, 목창명 등 남인들이 들고 일어나 군주를 능멸한 송시열과 서인을 공격했다. 서인들은 중앙 정계에서 대거 축출되고 허적, 허목, 윤휴, 권대운, 오시수, 민암, 이하진, 이원정 등 남인들이 중용되어 인조반정 이래 42년 만에 갑인환국(1674)●으로 서인 정권이 무너지고 남인 정권이 들어섰다.

숙종은 1675년 7월에 왕의 권위와 효종의 법통을 부정한 송시열을 함경도 응천으로 유배를 보냈다. 15세 군주가 75세 산림의 거목을 무너뜨린 것이다.

서인은 숙종의 왕권 강화에 위기의식을 느끼고 이를 돌파하기 위한 방편으로 호론(湖論)과 낙론(洛論)으로 나뉘어 호락 논쟁●이라고 부르는 인물성동이론(人物性同異論)을 제기했다.

겉으로 보기에는 사람(인)과 사물(물)의 성품은 같은가(낙론, 성동) 다른가(호론, 성이)를 놓고 벌인 이념 논쟁이지만, 실상은 만주족이 세운 청나라의 중국 지배를 심정적으로 인정하느냐 못하느냐는 문제이자 서인의 당론을 결집하는 수단이었다.

낙론은 사람과 사물, 그리고 오랑캐라 멸시하는 만주족의 청나라도 조선과 마찬가지로 모두 우주의 기운을 받은 동일한 존재라는 인물성동론을 주장한 이간, 김창엽 등의

● 갑인환국
갑인예송(1674)에서 승리한 남인은 현종의 급사로 권력 탈환에 실패했지만, 갓 즉위한 숙종이 서인(송시열)을 축출하고 남인에게 조정을 넘겼다. 이로부터 남인은 42년 만에 집권 세력이 되었다.

● 호락 논쟁
인물성동이론, 호론(호서, 인물성이론), 낙론(한양, 인물성동론)
(검) 1-3, (검) 2-2

주장에 동조한 한양 일대(낙하) 학자들의 견해이다.

낙론은 상대적인 관점에서 세상을 보자는 현실을 인정하자는 견해이므로 오랑캐인 만주족도 당연히 중화의 주인이 될 수 있다는 논리로 발전했고, 이러한 흐름은 훗날 청나라의 문물을 수용하자는 북학파, 개화 사상으로 이어졌다.

호론은 사람과 사물이 각기 다르게 우주의 기운(이)을 받는 존재라는 인물성이론을 주장한 한원진, 윤봉구를 따르는 호서(충청) 지역 학자들의 견해이다. 이는 북벌론의 연장선에서 청나라는 오랑캐, 금수와 같은 존재여서 조선과 다르다는 관점으로, 조선만이 중화를 계승한다는 소중화의 논리로 굳어졌고, 훗날 위정척사 사상으로 이어졌다.

숙종은 호락 논쟁과 같은 서인들의 내부 투쟁, 서인과 남인의 당쟁 등을 적절하게 이용하여 군약신강을 군강신약의 국면으로 바꾸는 노련하고 고단수인 환국정치●를 운영했다.

1680년에는 경신환국●●이 일어나 집권 세력이 남인에서 서인으로 바뀌었다. 이때 남인은 허적, 권대운을 영수로 민희, 민암, 오시복, 김덕원 등의 탁남과 허목, 윤휴, 오정창, 오시수, 이원정, 이하진 등의 청남으로 나뉘어 내부 투쟁을 벌였다.

노련한 정치가였던 외척 김석주는 강력했던 산당(송시열)을 몰락시킨 경험을 살려 이번에는 비대해진 남인 세력의 성장을 막고자 서인과 결탁했다. 영의정 허적이 사사로이 왕실의 천막을 사용했다는 기름 천막 사건과, 허적의 서자인 허견이 인조의 셋째아들 인평대군의 세 아들(복창군, 복선군, 복평군)과 역모를 꾸몄다는 허견 역모 사건을 일으켜 남인계 탁남의 영수인 영의정 허적을 제거하고 남인을 정계에서 축출했다.

장희빈 묘소 | 서삼릉에 자리 잡은 장희빈의 묘소이다. 장희빈은 남인에 속한 중인 여자로 궁녀에서 왕비까지 오른 입지전적인 인물이다. 숙종의 환국정치와 당파에 희생당했지만 아들 경종은 왕위를 이었다.

송시열과 윤증, 노론과 소론으로 분당*하다

● **서인의 노소 분당**
삼전도 비문(이경석), 사서집주 문제(윤휴), 윤선거 비문, 효종 세실 문제, 노론(송시열, 명분론), 소론(윤증, 실리론)
(검) 4-고, (검) 5-고, (검) 8-고

● **불천위**
사대부나 왕실의 예법에 따르면 4대를 제사 지내는 4대 봉사(四代奉祀)가 원칙인데, 공훈이 높거나 학문, 도덕이 뛰어난 인물은 신주를 사당에 두고 계속 제사를 모신다. 이를 불천위라고 하며, 불천위를 모시는 사당은 부조묘라고 한다.

서인들은 이런 와중인 1681년 9월에 이이와 성혼의 문묘 종사를 성공시켰다. 사림에게 문묘 종사는 자신들의 학문적 정통성을 보장받는 일이었다. 또한 송시열은 사대 의리의 명분을 세우고자 효종 세실의 불천위(不遷位)*와 태조 이성계의 존호가상(尊號加上)**을 제기했다. 이를 계기로 서인들은 오히려 현실 문제를 놓고 크게 분열하기 시작했다.

송시열의 인식 논리에 반대한 사람들은 같은 서인 계열이면서 송시열의 주자(주희) 교조화에 반대한 윤휴, 윤휴를 사문난적으로 몰아가는 송시열의 견해에 동조하지 않은 윤

통명전 영천 | 창경궁 통명전 뒤쪽에 있는 우물로, 숙종과 숙빈 최씨가 운명적으로 만난 곳으로 알려져 있다.

선거, 태조의 존호가상에 반대한 박세채, 송시열과 동반 출사를 거부한 윤증이 있었다.

급기야 윤증은 1) 서인과 남인의 화해, 2) 외척인 광산 김씨, 청풍 김씨, 여흥 민씨 정권 축출, 3) 탕평 실시를 요구하는 신유의서를 작성하고 스승인 송시열과 결별했다. 드디어 서인은 송시열을 지지하는 노론과 윤증을 변호하는 소론으로 나뉘었다.

숙종은 정국이 서인들의 다툼과 분쟁으로 쏠리자 1689년에 기사환국●●●을 단행하여 서인들을 정계에서 축출하고 남인 정권을 세웠다.

사건의 발단은 남인계의 장희빈이 1688년 10월 27일에 아들(경종, 이윤)을 낳자 숙종이 이듬해 1월에 서인들의 반대를 무릅쓰고 원자로 삼은 것이었다. 그런데 송시열이 2월 1일에

●● **존호가상**

군왕에게는 묘호, 능호, 연호, 시호와 함께 왕의 업적을 찬양하기 위해 신하들이 올리는 존호가 있는데 보통 4자로 구성되어 있다. 이 중에서 후대에 특별한 사건이나 평가가 달라지면 4자씩 존호를 계속해서 덧붙여 나가는데 이를 가상(加上)이라 한다. 태조 이성계의 존호는 지인계운성문신무(至仁啓運聖文神武)이다.

●●● **기사환국**

숙종 15년(1689)에 서인(송시열)이 장희빈의 아들을 원자로 책봉하는 것에 반대하자 서인을 축출한 사건이다. 이때 남인이 권력을 탈환했고 서인 계통인 인현왕후가 폐비되고, 희빈이 왕비가 되었다.

백두산 장백폭포 | 백두산정계비에 따르면 천지에서 유일하게 흐르는 송화강은 조청 국경의 경계이다. 장백폭포에서 흐르는 물은 이도백하가 되고, 이 강이 송화강의 원류이다.

상소를 올려 이를 지적하자 숙종은 2월 8일에 송시열을 제주도로 유배하고 6월 7일에는 정읍에서 사약을 내렸다.

그리고 서인의 영수인 김수항, 김수흥을 내치고 남인인 민암, 권대운, 김덕원, 목래선, 민종도, 유명현, 여성제를 끌어들여 남인 정권을 세웠다. 3월 18일에 성혼과 이이가 문묘에서 축출되고, 4월 23일에 인현왕후 민씨가 폐비되었다.

1694년에는 다시 서인 정권이 들어서는 갑술환국[●]이 단행되었다. 3월 23일에 서인계 노론의 김춘택, 한중혁, 유복기가 폐비 복위운동을 하다 적발되자, 남인 우의정 민암은 서인 제거를 위해 가혹하게 옥사를 처리했다.

●**갑술환국**
숙종 20년(1694)에 숙빈 최씨의 독살설을 계기로 남인이 퇴출 당하고 서인이 재집권한 사건이다. 왕비 장씨는 희빈으로 강등되고, 인현이 왕비로 복권되었다.

위기를 느낀 서인들은 3월 29일에 김인에게 숙빈 최씨 독살설을 고변토록 했다. 당시 인현왕후의 궁녀였던 숙빈 최씨가 숙종의 아이를 임신하고 있었는데 이를 시기한 왕비 장씨가 독살을 꾸몄다는 내용이었다.

숙종은 4월 1일에 갑자기 비망기를 내려 남인인 민암을 죽이고, 권대운, 목내선, 김덕원을 유배했다. 그리고 남구만, 박세채, 윤지완을 등용하여 서인 정권을 세웠다. 왕비 장씨는 희빈으로 강등되었고, 인현왕후는 복위되어 궁궐로 입궁했으며, 숙빈 최씨는 연잉군(영조)을 낳았다.

갑술환국이 일어나고 7년이 지난 후, 왕후에서 빈으로 강등된 희빈 장씨는 취선당 서쪽에 신당을 세우고, 복위한 인현왕후가 죽기를 저주했다는 고변으로 일어난 신사의 옥(무고의 옥)으로 결국 사사되었다.

숙종은 1708년에 함경도와 평안도를 제외한 조선 전역에 대동법을 실시했다. 대동법은 광해군 원년인 1608년부터 무려 100년이 걸린 경제 개혁과 사회 개혁의 완성으로, 민생 안정을 도모하는 정책임과 동시에 왕과 민의 직접적인 소통을 통한 신권 제약의 성과였다.

또한 숙종은 1712년에 만주족의 청나라와 국경 조약을 맺고 백두산정계비**를 세워 간도를 조선의 영토로 만드는 성과도 이루어냈다.

● 백두산정계비
1712년(숙종)에 설립, 동쪽은 토문강, 서쪽은 압록강 경계, 목극등(청나라 대표), 박권(접반사), 간도 영유권 근거, 간도협약으로 영토 상실(1909)
(검) 3-1, (검) 3-5, (검) 4-4, (검) 5-4, (검) 6-고, (검) 49-기본, (수) 2007

● 백두산정계비
1712년에 세워진 백두산정계비는 조선과 청나라의 국경 조약에 의해 세운 비로, 비문에 의하면 서쪽은 압록강, 동쪽은 토문강(송화강)을 경계로 하고 있다. 이에 따르면 오늘날 간도 지방은 조선의 영토가 된다. 당시 청나라 대표(오랍총관)는 목극등, 조선 대표(접반사)는 박권이었고, 백두산에 오른 사람은 목극등, 이의복, 조태상, 김응헌이었다.

호락 논쟁은 무엇을 말하는가?

호락 논쟁은 효종 때의 북벌론과 민생론, 현종 때의 예송 논쟁에 뒤이어 노론에 속한 사대부들이 인간과 사물의 본성은 같은가 다른가를 두고 벌인 논쟁이지만 실상은 만주족을 어떻게 보느냐 하는 문제였다. 호론은 여전히 만주족은 오랑캐에 불과하다는 입장이었고, 낙론은 그들의 실체를 인정하자는 견해였다.

숙종(1674~1720) 시기에 만주족의 청나라는 강희제(1661~1722)라는 걸출한 군주에 의해 문예부흥을 이룩하고 완전하게 중국의 정복자가 되었다. 이에 숭명의리를 고수하던 집권 서인들은 오랑캐라 업신여기며 심정적으로 거부하던 만주족에 대한 이념적인 재정립이 필요하게 되었고, 이로써 호락 논쟁이 시작되었다.

호론은 사람과 사물이 각기 다르게 우주의 기운을 받는 존재라는 인물성이론(人物性異論)을 주장한 한원진의 의견을 따르는 호서(충청도) 학자들의 견해이다. 호론은 청나라가 오랑캐나 금수와 같은 존재로, 중국을 정복했다 할지라도 결코 중화로 받아들일 수 없는 대상이며, 중화 계승은 조선만이 가능하다는 것이었다. 이러한 견해는 훗날 위정척사파의 사상으로 이어졌다.

낙론은 사람과 사물의 본성은 같으므로 만주족의 청나라도 조선과 마찬가지로 모두 우주의 기운을 받은 존재이며, 따라서 그 실체를 인정하자는 인물성동론(人物性同論)이었다. 낙론이라 칭하는 것은 이를 주장한 이간의 견해에 동조하는 학자들이 주로 한양 일대(낙하)에 살았기 때문이다. 낙론의 견해는 훗날 청나라의 문물을 수용하자는 북학파의 사상으로 이어졌다.

효종의 북벌 정책은 현실적으로 실현 가능성이 있었을까?
북벌에 담긴 정치적 의도는 무엇이었을까?

Point 1　병자호란 이후 조선의 정국을 살펴본다. 청나라에서 귀국한 소현세자가 갑자기 죽음을 맞은 이유도 알아본다. 또한 사대부들이 느끼는 현실 문제의 우선순위도 점검한다.

Point 2　산림을 대표하는 송시열과 효종의 북벌론에서 차이점과 같은 점을 찾아보고, 어떤 이들이 민생 경제 회복을 우선시했는지 생각해본다.

Point 3　현실적으로 북벌이 가능했는지, 아니면 어떤 정치적인 의도가 있었는지 분석한다. 후대에 북학파의 영수였던 박지원이 《허생전》을 통해 북벌을 비판한 이유도 비교한다.

공부를 더 하고 싶다면

《조선 성리학 지식권력의 탄생》(김용헌 지음, 프로네시스)
주자학의 나라, 백성의 이익을 위해 목숨 걸기보다 자신이 추구하는 가치와 이념에 몰두했던 사대부들. 이들 사대부들이 정도전, 정몽주, 조광조, 이황, 조식, 이이 등 여섯 명을 말머리로 삼아 문묘 종사라는 명분을 앞세워 지식 권력을 추구하는 과정이 생생하게 그려진다.

《송시열과 그들의 나라》(이덕일 지음, 김영사)
《조선왕조실록》에 3천 번 이상 이름이 거론되는 노론의 우두머리, 산림의 영수, 사림의 신화로 자리 잡은 송시열의 가치와 이념을 쾌도난마의 시각으로 분석했다. 송시열이 꿈꾸었던 조선은 진정 백성의 나라였던가, 아니면 권력을 독점한 사대부의 나라였던가.

《열녀의 탄생》(강명관 지음, 돌베개)
도덕과 충효의 윤리를 내세운 가부장제의 나라 조선에서 지배권력은 열녀라는 여성상을 만들어낸다. 그리고 타인에게 귀감이 되는 삶과 가치라는 상징 조작이 가해지고 열녀가 탄생한다. 이런 과정을 보노라면 마치 당대로 돌아가 한 편의 연극을 만난 듯하다.

2

영조, 노론 벽파와 탕평책

한 줄로 읽는 우리 역사

경종은 신임옥사를 단행하고 소론 정국을 세웠다. 경종이 급사하고 노론의 지지를 받아 즉위한 영조는 탕평책®을 시도했으나 집권 노론들은 신임의리를 내세워 결국 탕평책을 무력화시켰다. 이때 소론에 동정적이던 사도세자가 임오화변으로 죽임을 당했다.

경종(1720~1724)과 영조(1724~1776)가 재위했던 18세기 중반, 세계는 정치·경제·문화가 가장 융성한 문예부흥의 전성기였다. 이 무렵 청나라는 농업생산력이 급속하게 성장하여 동아시아의 강국으로서 최대 전성기를 누렸다.

실질적인 중화제국으로 정착시킨 강희제(1661~1722), 공포 정치와 숙청을 통해 전제왕권을 수립한 옹정제(1722~1735), 만주족 르네상스를 이룩한 건륭

임오화변의 현장 창경궁 통명전 | 임오화변은 사도세자가 아버지인 영조에게 죽임을 당한 사건으로, 창경궁 통명전은 그때의 역사 현장이다. (사진 © 연합뉴스)

제(1735~1795)로 이어진 청나라는 세계에서 가장 부유한 경제 대국이었고 문화 대국이었으며 군사 대국이었다.

서양에서는 유럽사의 변방에 속하던 여러 나라가 신흥 강국으로 등장했다. 영국의 식민지였던 미국이 자유·평등·박애의 정신을 바탕으로 독립국을 세웠고(1776), 유럽의 후진국이라 멸시받던 러시아는 네바강 하구에 상트페테르부르크를 건설하고 유럽 문화를 받아들이는 창구로 삼아 동유럽의 최강국으로 발전했다. 신성로마제국에 속한 작은 공국이었던 프로이센은 프리드리히 빌헬름의 치세에 힘입어 독일을 통일하는 세력으로 급성장했다.

영국은 증기 기관이 발명되고 산업 혁명이 일어나(1775) 세계의 공장이 되었으며, 프랑스에서는 루소의 혁명 사상에 영향을 받아 프랑스대혁명이 일어나(1789) 세계 역사상 처음으로 시민이 역사의 주체가 되는 민주공화국이 등장했다.

17세기에 해상을 제패한 네덜란드는 100여 년에 걸쳐 해상 교역이 꾸준히 발전하여 18세기에는 은행, 보험, 주식회사, 증권거래소 등을 갖춘 세계에서 가장 체계적인 상업 자본주의를 꽃피웠다.

● **탕평책(蕩平策)**
붕당정치는 상대를 인정하고 비판과 견제를 통해 정국을 운영하는 정당정치의 일환이었다. 그러나 양란 이후 붕당의 대결이 격화되자 영조 시기에 이를 해결하기 위해 내놓은 정책을 탕평책이라 한다

● **탕평채(蕩平菜)**
탕평채는 영조가 당색을 의미하는 여러 채소를 한 그릇에 넣어 탕평정치를 실현하는 의지를 표현한 궁중음식이다. 청포묵, 쇠고기, 녹두싹, 미나리, 물쑥 등을 한 그릇에 담고 여기에 간장, 참기름, 식초로 버무리고 황백 지단, 김, 고추를 가늘게 채를 썰어 고명으로 얹어 낸다.

소론 정국의 경종, 신임옥사를 일으키다

경종(1720~1724)은 장희빈의 소생으로, 소론의 지지를 받은 군주였다. 3세 때인 1690년에 세자가 되었으나 노론인 송시열이 반대했다. 갑술환국으로 남인 정권이 몰락하고 서

인(노론)이 집권하고 연잉군이 탄생(1694)한 일련의 사건은 경종에게 위기였다.

1701년 8월 14일에 인현왕후가 병마에 시달리다 세상을 떠났는데 그것이 장희빈의 저주 때문이라는 숙빈 최씨의 고변으로 10월 8일에 장희빈은 숙종의 명에 의해 죽임을 당했다. 세자에게 더 이상 보호막이 없어진 때에 노론의 정적인 소론이 세자의 후견인으로 등장했다.

숙종은 정유독대(1717)를 통해 노론의 이이명에게 병약한 세자의 후사는 연잉군으로 할 것을 부탁하고, 독대 직후에 세자에게 대리청정을 시켰다. 이것은 대리청정●을 빌미로 세자의 무능을 부각시켜 폐세자를 시키려는 숙종의 음모였다. 하지만 세자는 무리수를 두지 않으며 3년을 버티고 숙종이 세상을 떠나자 왕위에 올랐다(경종).

1721년에 노론은 숙빈 최씨의 아들인 연잉군을 왕세제(王世弟)로 책봉하는 데 성공했다. 그런데 10월에 이르러 노론 조성복이 왕세제의 대리청정을 주문했다.

경종은 소론과 노론의 정쟁을 지켜보면서 대리청정을 하교했다 거두는 일을 수차례 반복했다. 12월 6일에 소론 강경파 김일경이 대리청정을 제기한 조성복과 이를 강행한 노론 4대신을 불경, 불충의 역모죄로 공격했다.

경종은 이에 신축옥사(1721)를 일으켜 노론의 영의정 김창집, 좌의정 이건명, 판중추부사 조태채, 영중추부사 민진원을 축출하고, 소론인 김일경을 이조참판으로 임명하여 소론 정권을 수립했다.

1722년 3월 27일에 소론 목호룡이, 김창집의 손자인 김성행 등 노론의 자제들이 궁궐의 내시, 궁녀와 결탁하여 3급수

●**수렴청정, 대리청정, 섭정**
수렴청정(垂簾聽政)은 어린 군주를 위해 모후인 대비나 할머니인 왕대비가 막후에서 정치를 돕는 행위를 말하며, 대리청정(代理聽政)은 왕세자, 또는 왕세제에게 군주 훈련을 시키기 위해 업무를 대리시키는 것을 말한다. 섭정(攝政)은 군주의 부친이나 숙부 등이 임금의 업무를 간섭 하거나 통제하는 것을 일컫는다.

로 경종을 죽이려는 음모를 고변했다.

3급수란 자객을 보내는 대급수, 독약을 타는 소급수, 숙종의 전교를 위조해 경종을 폐위시키는 평교수를 말한다. 경종은 임인옥사(1722)를 일으켜 170여 명에 이르는 노론 인사를 죽이거나 유배했다.

신축옥사와 임인옥사를 합해 신임옥사라 하는데 노론 4대신이 모두 죽임을 당해 노론은 엄청난 타격을 입었다. 하지만 노론의 희망인 연잉군(영조)이 여전히 왕세제로 건재하고 있었기에 노론에게는 단지 봄을 준비하는 겨울일 뿐이었다.

1724년 8월, 병약한 경종이 자리에 눕자 왕세제 연잉군이 게장과 생감을 보냈는데 그것을 먹은 경종이 복통을 일으켜 닷새 만에 세상을 떠났다. 그리고 마침내 노론의 군주인 연잉군이 죽음의 고비를 넘기고 왕위에 올랐다.

하지만 소론들은 경종이 연잉군에게 독살당했다고 여기고 영조의 군주권에 도전했다. 사림들의 붕당과 정쟁은 이제 당파의 문제를 넘어 왕위 계승 문제에 생사를 건 전쟁으로 비화되었다.

영조, 노소 정쟁의 틈에서 완론탕평을 시도하다

세계사의 도도한 변화의 물결은 영조와 정조가 지배하는 조선에도 불어왔다. 조선의 영조(1724~1776)●는 어머니가 궁중에서 잡일을 하는 무수리 출신인 숙빈 최씨이다.

●영조의 개혁 정책
탕평책, 산림 부정, 서원 정리, 이조전랑 개혁, 균역법, 삼심제, 《속대전》 편찬
(검) 2-4, (검) 4-4, (검) 6-3, (검) 9-4

숭문당 | 영조가 과거에 급제한 선비들과 담소를 나누거나 여러 신하들과 국정을 논하던 역사적인 건물이다. 현판의 글씨는 영조의 친필이다

모계의 낮은 신분과 혈통으로 인한 지나친 자괴감은 영조를 고집스러운 외골수의 성격으로 만들었다. 결코 신하들에게 휘둘리지 않겠다는 군주로서의 자존심도 강했다.

영조는 즉위와 함께 당쟁을 막기 위해 탕평책을 제시했지만 노론은 받아들이지 않았다. 1724년 11월에 노론의 영수 민진원이 유배에서 풀리고, 1725년에 1월에 소론의 이세최, 주원명이 축출되고 노론의 정호, 민진원, 이관명이 삼정승에 발탁되어 노론 정권이 세워졌다.

3월에는 신임옥사로 죽은 노론 4대신은 죄가 없다는 처분이 내려져(을사처분), 노론은 무죄의 명분을 얻고 영조는 왕통의 합법성을 얻었다.

영조는 노론의 끈질긴 소론 공격을 무마하려고 노력했으

나 노론은 영조에게 당론 선택을 강요했다. 1727년 4월에 영조는 노론과의 타협을 거부하고 소론 유봉휘, 조태구, 최석항을 끌어들여 환국을 단행하고 소론 정권을 세웠다(정미환국).

이런 가운데 오히려 소론 강경파인 호남 박필현과 남인 강경파인 호서 이인좌, 영남 정희량이 연합하여 경종의 복수를 거사의 명분으로 무신당을 결성하고 1728년 3월 15일, 소현세자의 증손인 밀풍군(이탄)을 왕으로 추대하며 반란을 일으켰다.

무신란(이인좌의 난)은 비록 총사령관 오명항이 이끄는 토벌군에게 진위에서 대패하여 진압되었으나 영조는 군왕의 정통성을 부정하는 반란에 충격을 받고 어느 당파도 믿을 수 없다는 판단 아래 탕평책을 강력하게 추진했다.

1729년 8월 18일, 영조는 홍치중이 제안한 분등설(分等說)●을 받아들이는 처분을 내렸다(기유처분). 분등설이란 신축옥사(건저대리)는 충의(忠義)이고, 임인옥사(삼수역옥)는 불의(不義)라는 구분으로, 이를 바탕으로 노론과 소론 모두에게 출사의 명분을 준 것이다.

이에 따라 영조는 조문명, 송인명, 조현명, 박사수, 이광덕과 같은 탕평파를 기용하여 1) 노소 정당의 화해, 2) 서원 건립 제한, 3) 이조전랑의 통천권 폐지, 4) 전랑의 당파별 순번제, 5) 같은 당파의 혼인을 금하는 동색금혼법, 6) 당파별로 인사를 뽑는 탕평과 실시, 7) 당파별로 관리를 균등하게 등용하는 쌍거호대, 8) 죄를 함께 묻는 양치양해를 실시했다.

그러나 영조의 탕평책●●은 신축옥사와 임인옥사가 정당하다는 신임의리를 고수하는 노론의 반대와 신하들의 당색

●분등설
경종의 죽음과 영조의 즉위를 둘러싼 붕당 간 대결이 심해지자 노론과 소론의 과거 행위를 충(忠)과 역(逆)으로 나누어 이들 붕당에게 모두 출사의 명분을 주고 관직을 공평하게 분배하려는 탕평 논리이다. 이에 따라 기유처분이 내려졌다.

●●영조의 완론탕평 정책
붕당 간의 극심한 대결을 완화하고, 붕당 간의 타협과 공존을 모색하는 탕평 정책으로 쌍거호대, 동색금혼법, 양치양해와 같은 정책이 시행되었다.
쌍거호대 : 인재를 등용할 때 한쪽의 붕당이 관직을 독점하지 못하도록 양쪽의 인물을 각각 천거하여 붕당 간 견제와 균형을 맞추려는 정책.
동색금혼법 : 붕당 간의 혼맥을 막고자 같은 당파끼리 혼인을 금지하는 정책.
양치양해 : 붕당 간에 처벌을 받거나 상훈을 받는 일이 생기면 공평성을 유지하기 위해 양쪽에게 모두 주는 정책.

●영조의 완론탕평
노론과 소론을 조정, 산림의
공론 불인정, 서원정리, 이조
전랑 혁파, 군제개혁(균역법),
정치개혁(쌍거호대, 양치양
해, 동색금혼법), 탕평채 유
행, 성균관 앞에 탕평비 설립
(검) 3-4, (검) 5-3, (검) 6-4,
(검) 50-기본, (수) 2000, (수
한) 2019

을 조정하는 느슨한 선에 그친 완론탕평●에 불과하여 성공할 수 없었다. 1739년에 영조는 노론계 유척기, 김재로, 조상경을 등용하고, 1740년 6월 13일에 김창집과 이이명을 신원시켜 결국 임인옥사가 잘못된 옥사임을 천명하는 경신처분(1740)을 내렸다. 1741년 9월 24일에는 1) 건저대리는 경종의 하교이며, 2) 임인옥사는 무죄로 수사 자료(국안)는 소각한다는 신유대훈(1741)을 내렸다.

이로써 노론은 도덕성을 회복하고 영조는 정통성에 하자가 없다는 판정을 받았다. 결국 탕평책은 영조와 노론의 노련한 정치에 소론, 남인 탕평파가 면죄부를 주는 선에서 실패의 길로 갈 수밖에 없었다.

사도세자, 임오화변으로 당쟁의 희생이 되다

●전랑통천권
이조전랑이 홍문관, 사헌부, 사
간원 등 3사에서 왕에게 간쟁하
거나 신하들을 탄핵할 수 있는,
대간을 선발할 수 있는 통청권
(通淸權)을 말한다.

●●한림회천권
실록의 사초를 담당하는 예문
관의 한림들이 투표로 후임을
뽑아 사초의 비밀을 유지하려는
제도이다. 한림은 정9품으로 직
급은 낮으나 역사 기록을 다루
는 사관을 겸하기 때문에 붕당
간에 서로 차지하려고 했다. 이
것의 혁파는 탕평 정책의 일환
이며 국왕과 재상 중심의 위계
질서를 세우려는 의도였다.

영조는 1741년부터 노론의 정치적 우위를 바탕으로 탕평책을 강하게 추진했다. 서원의 증설이 불허되고, 전랑통천권●과 한림회천권●●이 혁파되었다.

1750년에는 공납의 폐단과 함께 백성들의 원망이 되는 군역법(軍役法)의 개정에 나서 농민들의 군포 부담을 2필에서 1필로 줄여주는 대신, 반감된 군포 수입은 결작미, 어염선세, 은여결세, 선무군 관포로 보충하게 하는 균역법(均役法)●●을 시행했다.

1755년 1월에 소론 강경파의 벽서 사건이 일어나 탕평정치는 위기에 처했다. 나주에서 지평을 지낸 윤지가 필묵계를 조직하고, 나주 객사인 망화루에 영조의 치세를 부정하고 군사를 일으킨다는 벽서를 붙인 것이다. 2월에 영조는 윤지를 친히 심문하고 관련자인 소론 박사집, 박찬신, 유수원, 신치운 등을 사형에 처했다(을해옥사).

영조는 3월에 종묘에 나가 선왕들에게 경종의 즉위 이래 발생한 사건들은 모두 소론에서 비롯되었다고 선언했다. 이로써 정국은 완벽하게 노론의 세상이 되었고 탕평책은 공식적으로 무너졌다. 영조는 이때부터 노론, 소론, 탕평당을 멀리하고 정국 안정을 외척에 기대었다.

이 중에서 사도세자의 부인인 혜경궁 홍씨의 부친 홍봉한

●● 균역법
영조 때(1742) 시행, 군역 제도 개혁, 4개 대안(유포론, 호포론, 구전론, 결포론), 호포론과 결포론으로 군제 개혁, 특징(군포 감면, 결작미 징수, 부족분은 어염선세 등으로 보충), 선무군관포 (일부 양반) 부과
(검) 1-3, (검) 2-2, (검) 2-3, (검) 5-3, (검) 6-고, (검) 9-3, (검) 47-심화, (검) 51-기본, (검) 52-심화, (수국) 2010

군역의 폐단을 해소하기 위한 4대 방법론

유포론(遊布論)	호포론(戶布論)	구전론(口錢論)	결포론(結布論)
• 군역 기피자 색출 • 타협적 개혁론	• 가호-양반의 군포 • 약한 개혁론	• 개인-양반의 군포 • 강한 개혁론	• 토지 결수의 군포 • 중도적 개혁론

형성	• 조선 초기, 향촌은 지방군을 편제하여 스스로 지키는 자수자방, 수도는 중앙군을 편제 • 양인개병제로 양반과 평민이 모두 군역을 부담, 노비들만 잡역에 봉직함 • 조선 중기에 이르러 방군수포제(대병제), 군적수포제(양반의 군역 면제) 등 폐단 발생
원인	• 임진왜란 시기인 1593년에 납속책과 공명첩을 발행, 양반의 군역 면제 증가 • 신분제의 변동에 따라 양반의 증가, 평민들의 군역과 군포 부담 증가 • 임진왜란 이후 5군영 체제로 평민들은 납포군이 되어 군포 부담 증가
경과	• 인조, 효종 시기에 군역의 폐단을 해소하기 위한 군역변통론 제시 • 1702년(숙종 28) 군영의 숫자를 줄이는 군제변통론(소변통) 실시 • 1742년(영조 18) 양역사정청을 설치하여 호포론과 결포론으로 군역 개혁 • 1751년 균역청 설치, 농민들의 군포를 2필에서 1필로 감하는 균역법 실시
특징	• 군포 경감 : 농민들은 군포를 2필에서 1필로 감면 • 결작미 징수 : 황해도, 평안도를 제외한 전국 토지에 1결당 미곡 2두 부과 • 나머지 세수 부족분은 어염선세, 은여결세, 선무군관포로 보충
영향	• 결작미 문제 : 양반과 전주는 부과액을 소작인에게 전가, 군포 김면의 효과가 소멸 • 선무군관포 문제 : 재산이 많은 양인들은 선무군관이 되어 병역 기피의 수단 • 고종 시기에 흥선대원군이 모든 양반들에게 군포를 받는 호포법 실시

융릉 | 사도세자의 능묘이다. 정조 시기에는 현륭원이라 했는데 훗날 고종이 사도세자를 장조로 추존하면서 능호를 융릉으로 바꾸었다.

가문과 영조의 계비로 들어온 정순왕후의 집안인 김한구 가
문이 노론계 척신으로 부상했다. 이런 가운데 1762년 5월
22일에 역모를 고변한 나경언의 품에서 사도세자의 비행을
기록한 문서가 발견되었다.

영조의 유일한 아들이었던 사도세자(장조)●는 영조와 영
빈 이씨의 소생이다. 영조와 정빈 이씨 사이에는 효장 세자
(진종)●●가 있었으나 10세에 요절했다.

사도세자는 영조가 16년 만에 다시 낳은 아들이었는데
어려서부터 경종을 받들던 소론계 나인들에게 길러졌다. 성
장하면서 아버지 연잉군(영조)이 경종을 독살했다는 의심을
가졌으며 탕평당보다는 경종을 지지한 강경 소론파의 견해
에 동조했다.

영조는 이때부터 사도세자의 정치적 색채(당색)와 타협이

어렵다고 느꼈으며 부자의 감정은 더욱 나빠졌다. 노론은 사도세자가 즉위하면 소론이 집권할 것을 경계했다.

영조는 노론의 대대적인 상소가 빗발치자 드디어 임오화변(1762)을 일으켰다. 사도세자를 7일 동안 뒤주에 가둬 아사시킨 것이다. 이는 아버지가 아들을 죽이는 권력의 비정함과 정치의 냉혹함을 보여준 조선 최대의 비극이었다.

이때 모후인 영빈 이씨는 영조에게 적극적으로 동조했고, 혜경궁 홍씨는 남편을 적극적으로 변호하지 않았다. 11세였던 세손 이산(정조)이 할아버지 영조에게 부친의 구명을 간청했으나 받아들여지지 않았다.

혜경궁 홍씨는 자신의 출생과 시집온 일, 사도세자의 사건에 홍씨 가문은 죄가 없다는 변명을 기록한 일기체 궁중문학인 《한중록》(1795)을 남겼다.

《한중록》 | 혜경궁 홍씨는 서인 노론에 속한 가문으로 소론에 동정적인 사도세자에게 시집왔다. 남편인 사도세자의 죽음을 비롯해 궁중에 얽힌 이야기를 기록한 대표적인 한글체 궁중문학이다.

영조와 정조의 탕평책 비교

	영조의 완론탕평책	정조의 준론탕평책
국왕의 역할	간접적인 조정자이자 관리자	직접적인 중재자이자 통제자
시행 목적	당파의 대결과 정쟁 완화	당파를 초월한 인재 등용으로 붕당 타파
시행 내용	-동색금혼법 -탕평과 설치 -쌍거호대 : 여러 당파의 인재 등용 -양치양해 : 쌍벌제	-계몽군주론(만천명월주인옹) -초당적 정국 운영 -남인 독상제(채제공 건의) -오회연교(1800. 5. 30)

균역법이란 무엇인가?

조선 초기에 군역은 양반과 평민이 모두 책임지는 양인개병제였다. 그런데 중기에 이르러 큰 전쟁이 없자 병역을 대납하는 방군수포제가 실시되었고, 1541년에는 중앙 정부가 군포를 받아 지방에 분배하여 군사를 고용하는 군적수포제로 바뀌었다. 이때 양반은 군역이 면제되었고 평민도 재력이 있으면 군역을 피할 수 있게 되었다. 병역의 비리와 군포의 폐단은 이때부터 시작되었다.

이후 임진왜란이 일어나 국가 재정이 부족해지자 정부가 일정한 곡물을 바치면 양반이 되는 납속책과 공명책을 대량으로 발행하여 양반의 비율이 급증하고 병력 수는 감소했으며 군포를 납부하는 양민들의 고통이 가중되었다. 이러한 군역의 폐단을 해소하고자 인조와 효종은 유포론, 호포론, 구전론, 결포론과 같은 군역변통론을, 숙종은 군영의 숫자를 줄이는 군제변통론을 시행하려 했지만 양반의 반대로 무산되었다.

영조 때인 1751년에 이르러 군역 기피자를 색출하여 군포를 받는 유포론이나 양반 개인을 기준으로 군포를 받는 구전론은 제외하고, 가호를 단위로 양반에게 군포를 받는 호포론과 토지 면적에 따라 양반에게 군포를 받는 결포론을 절충한 균역법이 시행되었다. 이에 따르면 양반은 여전히 군역이 면제되었고, 평민은 군포가 2필에서 1필로 줄었고, 지주에게는 황해도와 평안도를 제외한 전국의 토지에 1결당 미곡 2두를 부과하는 결작미가 징수되었다. 또한 부족한 세수는 어염선세, 은여결세, 선무군관포 등으로 채웠다.

하지만 지주전호제의 토지 제도에서 결작미나 평민 지주의 군포는 대부분 소작농에게 전가되어 군역의 문제는 여전히 삼정 문란의 하나로 위력을 떨쳤고, 결국 철종 시대에 민란이 일어나는 원인이 된다.

조선시대의 붕당정치에 대해 오늘날의 정당정치와 비슷하다는 주장과 내부의 극심한 권력 투쟁이었다는 부정적 인식이 공존한다. 그렇다면 영조와 정조는 왜 탕평책을 실시했을까?

Point 1 선조 시기에 붕당이 발생한 역사적 배경을 알아보고, 임진왜란 전후로 동서 분당, 동인의 남북 분당, 그리고 서인의 노소 분당이 일어난 요인도 알아본다.

Point 2 선조 이후의 붕당의 주요 논쟁을 열거하고, 이들 논쟁의 과정과 결과, 그리고 영향 등을 알아본다. 그리고 긍정적 요인과 부정적 요인을 찾아본다.

Point 3 영조와 정조의 탕평책을 비교하고, 각각의 특징을 당시의 시대 상황과 연결하여 분석한다. 그리고 탕평책의 성공 여부도 고찰한다.

공부를 더 하고 싶다면

《우리 문화재, 한국사를 만들다》(오정윤, 주정자 외 지음, 한국역사인문교육원)
한국의 대표적 문화유산인 수원화성, 천상열차분야지도, 직지, 상감청자, 첨성대, 장수왕릉, 현금, 비파형동검, 반구대암각화 등의 역사적 의미, 문화적 가치, 상징과 미학 등을 역사적, 인문적, 예술적 관점으로 소개한다.

《사도세자의 고백》(이덕일 지음, 휴머니스트)
영조와 정조 시대에 이룩한 문예부흥의 이면에는 불행했던 사람들의 삶과 눈물이 있다. 당쟁의 희생물로 역사에 기록된 사도세자는 왜 아버지 영조에게 죽임을 당해야 했는가. 실증적 추리 기법으로 역사 속에 일그러진 사도세자의 진면목을 되살려놓고 있다.

《왕을 낳은 후궁들》(최선경 지음, 김영사)
조선의 정치권력에서 왕과 신하의 양자 구도를 깨는 것이 있다면 차기 왕이 될 왕자를 낳은 후궁의 존재일 것이다. 단종, 광해군, 경종, 영조, 사도세자, 순조의 어머니가 바로 후궁이었다. 이들의 삶과 존재를 통해 조선의 역사를 맛깔스럽게 전개시키고 있다.

3

개혁군주 정조와 조선의 르네상스

한 줄로 읽는 우리 역사

사도세자의 아들인 정조는 규장각에서 정약용, 박제가 등 친위 세력을 양성하고, 물류와 유통의 중심 도시인 수원에 화성을 축조했다. 육의전을 제외한 시전 상인의 독점 판매를 폐지하는 신해통공을 단행하고 상공업을 진흥시켰으며, 군왕이 정국을 주도하는 준론탕 평책을 실시했다.

정조의 시대는 문예부흥의 시대였고 실학의 시대였다. 53년간 왕위에 있었던 할아버지 영조의 노련한 정치를 배우며 성장한 정조는 강력한 신권을 행사하는 노론 벽파에 맞서, 군주가 신하를 가르치고 이끈다는 준론탕평책●을 실시하여 정국의 주도권을 장악했다.

이 시기에는 경제적으로 숙종이 전국적으로 실시한 대동법의 영향과 혜택을 누렸고, 생산물의 물동량이 늘어나고 상업 활동이 어느 때보다 활성화되

수원화성 장안문 | 수원화성은 반계 유형원이 처음 제안하고, 정조대왕이 기획했으며, 감독 채제공, 설계 정약용의 합작으로 실학 사상이 집대성된 군사과학 성곽이다.

면서 사실에 근거한 학문적 풍토가 널리 유행했다.

실학의 '경세치용 실사구시' 정신은 토지 문제를 해결하여 국가를 부유하게 만들자는 중농학파와, 상공업을 진흥시켜 청나라의 발전을 따라야 한다는 북학파로 발전했다.

사상적으로는 소중화(小中華)** 이론이 점차 조선적인 내용으로 변모했는데, 동아시아에서 명나라가 멸망하고 성리학의 전통을 유지하는 땅은 조선이 유일하다는 자부심의 표현이었다. 정선은 소중화의 조선을 화폭에 담아내는 진경산수의 기풍을 탄생시켰으며, 이광사는 서체에서 중국 명필의 모방을 벗어난 동국진체(원교체)***를 완성했다.

성왕론, 정조가 선택한 계몽 군주론

정조(1776~1800)는 영조의 손자이고 사도세자의 아들이다. 1759년(8세)에 왕세손에 책봉되고, 1762년에는 아버지인 사도세자가 임오화변으로 죽자 영조의 장자로서 일찍 세상을 떠난 효장세자의 양자로 입적되었다. 영조는 세손(정조)을 노론의 공격으로부터 보호하기 위해 대리청정을 주문했다.

노론 외척 가문인 풍산 홍씨(홍봉한)의 부홍파(시파)와 경주 김씨(김구주)의 공홍파(벽파)는 세손의 대리청정을 반대했다. 세손의 외종조부인 홍인한은 1) 동궁은 노론이나 소론을 알 필요가 없으며, 2) 동궁은 이조판서나 병조판서를 알 필요가 없으며, 3) 동궁은 조정의 일들을 알 필요가 없다는 삼불필지설을 제기했다.

● 준론탕평책

국왕이 붕당의 중심 인물을 장악하고, 우열론에 입각하여 당파를 벗어나 인재를 고루 등용하여 붕당의 폐해를 없애려는 정조의 탕평 정책이다.

●● 소중화 의식

소중화는 청나라에 몸을 굽혔지만 마음은 굴복하지 않았으며, 명나라가 망했으니 이제 조선만이 남아 성리학을 지킨다는 의식이다. 이에 따라 사대부들은 망한 명나라의 연호인 숭정과 임진왜란 때 조선에 원병을 보낸 만력제를 기리는 만동묘를 세워 숭배했다.

●●● 동국진체

원교 이광사가 완성한 서체로 원교체라고도 한다. 이서-허목-윤두서-윤순-이광사로 이어지는 서체의 전통이 동국진체로 완성되었다. 이 서체는 자획이 씩씩하고 웅장하며, 전체적인 유려함과 조선의 자연에 잘 어울리는 단아함을 특징으로 한다.《연려실기술》을 저술한 이긍익은 이광사의 아들이다. 아래 사진은 원교 이광사의 동국진체인 대흥사 대웅보전 현판이다.

홍인한의 정조에 대한 삼불필지설(1775)

내용	의미
1. 동궁은 노론이나 소론을 알 필요 없다	당인으로 불인정
2. 동궁은 이조판서나 병조판서를 알 필요 없다	인사권의 불관여
3. 동궁은 조정의 일들을 알 필요 없다	통치권의 불인정

● 정조의 준론탕평
성왕론 제시, 군주가 정국 주도권 행사, 척신과 환관 제거, 소론과 남인 등용, 초계 문신 제도, 각신 선발, 장용영 설치, 문체반정, 서얼 등용
(검) 6-고, (검) 9-고

● 군신동치
조선은 사대부의 나라이고 군주는 사대부의 대표이므로, 국가는 군주와 사대부가 동시에 통치해야 한다는 서인 노론의 주장이다. 택군론(擇君論), 천하동례와 함께 율곡의 신권정치 이념을 상징한다.

●● 천하동례
국왕과 사대부는 예법이 같은 동격이라는 논리이다. 현종 시기의 예송 논쟁에서 서인이 주장한 예론이기도 하다.

●●● 성왕론
정조의 자작 호 가운데 하나인 '만천명월주인옹(萬川明月主人翁)'은 '수많은 냇물에 비친 밝은 달의 주인 늙은이'라는 뜻이다. 명월은 임금의 덕이고 만천은 백성이다. 따라서 백성을 위한 군주라는 자신의 성왕론을 상징한다.

이때 소론계 서명선, 노론계 홍국영, 정민시, 김종수는 동덕회(同德會)를 만들고 세손의 정치적 입장을 지지했다. 1775년 12월에 대리청정이 결정되고 영조는 이듬해 3월에 세상을 떠났다.

정조는 당파 대결을 왕이 간접적으로 조정하는 완론탕평을 지양하고 군주가 정국을 주도하여 당파의 시비를 명백히 가리는 준론탕평●을 시도했다.

집권 세력인 노론(벽파)은 군주와 신하는 조선을 함께 통치하는 사대부라는 군신동치(君臣同治)●의 논리, 군주와 신하는 동일하게 유교의 예의를 실천하는 사대부라는 천하동례(天下同禮)●●를 주장했다. 이를 바탕으로 군주는 도덕적 이상을 유지하고 정치는 신하들에게 위임하는 것이 마땅하다는 성학론을 내세웠다.

이에 대해 정조는 노론의 예학적 군주론(천하동례)을 배제하고 학식과 덕망을 갖춘 군주가 민과 직접 소통하며 정치를 이끄는 성왕론(聖王論)●●●을 내세웠다. 스스로가 성왕(聖王)을 자처하고 백성의 군사(軍師)임을 천명하며, 성왕은 폭넓은 재량권을 가진 능동적인 개혁정치가라고 했다.

즉위 초의 국정 운영 방침에서 개혁의 필요성을 강조한 뒤 신하들의 반대를 물리치고 재위 기간 내내 여러 분야의

개혁을 추진한 것은 바로 이 같은 맥락으로 이해할 수 있다.

정조는 1777년 9월에 외척 세력인 부홍파(북당)와 공홍파(남당)를 제거하고, 1779년 9월에 최측근으로 세도 가문을 형성한 홍국영을 축출했다. 또한 준론탕평을 위해 노론계 청명당(보수파), 소론계 준론파(중도파), 남인계 청남파(진보파)를 끌어들여 탕평당을 만들고 왕권 중심의 시대를 만들었다. 이제 정조의 권위에 도전할 수 있는 세력은 노론 벽파와 정순왕후만 남았다.

준론탕평, 정조가 정국의 주도권을 잡다

정조는 조선의 시급한 문제를 농업 발전과 상공업 진흥에 두고 개혁적인 중농학파와 중상학파를 두루 기용했다.

1776년에 왕실의 도서관인 규장각을 친위 세력 양성기관으로 삼고 중농학파인 채제공, 정약용과 같은 개혁적인 인물을 발탁했고, 1779년에는 서얼들도 벼슬을 할 수 있게 입법화한 '서류소통절목'을 마련하여 서얼 출신의 박제가, 유득공●, 이덕무, 서이수 4명을 규장각 검서관에 임명했다. 이들은 박지원을 영수로 하는 중상학파(이용후생파)의 실학자들로, 상공업 진흥을 통한 민생 안정에 중점을 두었다.

또한 1781년에는 각신(閣臣)●을 선발하고 초계문신(抄啓文臣)●● 제도를 통해 발탁한 138명에 이르는 인물들을 중앙 정계에 포진시켰다. 1785년에는 왕 직속 친위 부대인 장용영을 설치하여 왕실의 무장력을 강화했다.

●유득공
《발해고》와 《경도잡지》 저술, 노론 서얼 출신, 북학파, 남북국시대 주장, 규장각 검서관
(검) 1-4, (검) 9-초, (검) 2-3, (검) 9-초

●각신
조선시대에 학술과 문서를 담당한 홍문관, 예문관, 규장각의 고위직 관리를 말한다. 각신은 대학사로 존경을 받고 승진을 보장받는 청요직이었다. 정조는 각신을 통해 왕권 강화와 친위 세력 구축, 개혁이념을 수혈받았다.

●●초계문신
정조가 정약용, 홍석주 등 당하관 문신 가운데 학문과 인품이 뛰어난 인재를 규장각에 소속시켜 직무를 면제시키고 학문을 연마시킨 제도이다. 조선 전기의 사가독서제를 계승했다.

창덕궁 부용지 주변에 세워진 규장각(2층 건물의 1층)
규장각은 왕실 도서관의 성격을 지닌 관청으로, 역대 국왕의 글씨와 책을 수집하고 보관하였는데, 정조가 이를 개혁기구로 개편하여 학문 연구와 도서 편찬을 맡기고, 실력 있는 관리들의 공부를 배려하여 친위 세력으로 양성했다. 이곳 출신들은 세종의 집현전, 성종의 홍문관처럼 정조의 개혁을 뒷받침했다.

●육의전
경시서(감독청), 한양 종로에 소재, 독점판매권(금난전권), 구한말 황국중앙총상회 결성
(검) 51-심화, (수) 2004

●●신해통공
남인 채제공이 시행, 시장통제권 완화, 금난전권 폐지, 시장독점권(도고 상인)의 약화, 사무역의 증가, 민영 수공업 발달, 사상의 활동(경상, 래상, 송상, 유상, 만상)
(검) 1-3, (검) 2-3, (검) 3-2, (검) 3-3, (검) 6-3, (검) 9-3, (검) 47-심화, (검) 51-심화, (수) 2006, (수한) 2021

●●●조선 후기 농사법
논농사는 이앙법(직파법 탈피), 밭농사는 고랑 파종 견종법(이랑 파종 농종법 지양), 수리 시설 확충, 시비법 개선, 노동집합체(두레) 등장, 농기구 개종
(검) 6-고, (검) 7-3, (검) 50-심화, (수) 1999

정조는 사회 개혁에도 착수해 1778년에 도망간 노비를 끝까지 추적하는 노비추쇄법을 폐지하고, 1791년에는 북학파(백탑파)와 남인의 영수인 채제공의 건의를 받아들여 육의전●을 제외한 시전 상인의 독점판매권인 금난전권을 폐지하는 신해통공●●을 발표했다.

선대제와 장시, 근대적 자본주의의 싹이 움트다

정조 시대는 자본주의의 싹(맹아)이 움트는 시대였다. 1708년(숙종 34)에 전국적으로 실시된 대동법과 1750년(영조 26)에 군포의 문제를 해결하기 위해 실시한 균역법은 조선 사회의 안정에 크게 기여했고, 관청은 필요한 물품을 공납이 아닌 입찰제로 바꾸어 수공업의 발달을 촉진시켰다.

농사법●●●에서도 이앙법이 널리 보급되어 생산력이 급증

했으며, 부농층인 지주들에 의해 광작(廣作)●이 확대되어 곡물을 상품화하여 이윤을 추구하는 기업농이 나타났다.

상업이 발달하는 과정에서 매점매석을 하거나 유통을 장악하여 자본과 이윤을 독점하는 거대 상단이 형성되기도 했다. 만상을 대표하는 임상옥과 제주도 여성 상인인 김만덕, 경주의 최부자와 같은 부상, 부농의 출현은 역사적인 우연이 아니었다.

신해통공(1791) 이후에는 한양 시전 상인들의 독과점이 해제되면서 한양으로 향하는 상단들이 크게 증가했다. 특히 만상(의주 상인), 유상(평양 상인), 송상(개성 상인), 경상(한양 상인), 래상(동래 상인), 그리고 보부상단 등의 성장이 두드려졌다.

이때 실용적인 지도가 만들어져 교통을 이용하기가 편해졌고, 주요 길목과 나루에는 주막이 들어섰다. 각지의 읍촌에서는 정기적인 장시(場市)●가 활성화되어 농산물과 수공업 제품이 거래되었다.

도시에서는 품삯 노동자가 출현하고, 연희를 전문으로 하는 광대패(사당패)가 전국적으로 형성되었다. 수공업과 농업에서 재부를 획득한 소비층이 늘어나면서 한글 소설, 민화●●, 도자기의 수요도 급증했다.

또한 공납을 대신하는 공인(貢人)들은 입찰제 실시에 따라 우수한 제품을 납품하여 막대한 이익을 창출하고, 이때 축적된 자본으로 상품의 원료를 미리 사서 공장에 제공하고 노동과 상품을 지배하는 선대제를 실시했다.

선대제는 유럽의 자본주의가 형성되는 시기에 나타난 대표적인 노동과 상품의 지배 방식으로, 조선도 이미 자본주

● 광작
조선 후기에 부농들이 토지를 사들이고 넓은 경작지를 운영하던 방식을 말한다. 광작의 확대로 소농이 몰락하고 지주와 소작인의 관계도 사회적 예속 관계에서 자본에 의해 규정되는 대립 관계로 전환되었다.

● 장시
자본주의 맹아, 소도시에 개설, 지역 상단(사상)의 발달, 농업생산력의 확대, 보부상의 증가, 상품경제의 발달, 오일장 활성, 예인 집단(사당패)의 활동, 상업 중심지 형성
(검) 2-1, (검) 4-3, (검) 5-고, (검) 9-3, (검)47-기본, (검) 49-심화, (검) 50-기본, (수) 1998

●● 조선 후기의 미술
민화의 유행, 김홍도, 신윤복, 조영석, 장승업, 진경산수화, 정선
(검) 47-심화, (검) 49-기본, (검) 51-심화, (수한) 2019

의의 맹아(싹)가 들어섰음을 보여주는 사례이다.

조선의 지배층이 아직 농업에 기반한 성리학적 질서에 머물러 있었다면 이미 농민들은 새로운 사회로 나아가는 변화를 주도하고 있었다.

수원화성, 정조 개혁의 꽃인 실학의 도시

●정약용
경기 출신 남인 실학자, 서학에 관심, 토지 개혁 주장(여전제), 서양 과학 수용(성제, 수원화성), 신유박해(강진 유배),《마과회통》(종두법), 실학 완성(《경세유표》《목민심서》《흠흠신서》)
(검) 2-4, (검) 2-5, (검) 8-3, (검) 9-4, (검) 48-기본, (수) 2006

정조는 수원을 조선의 물류 중심으로 만들어 새로운 도읍으로 삼아야 한다는 주장이 담긴 유형원의《반계수록》을 바탕으로, 조선의 농업과 상업이 결합되어 물류가 활성화되는 새로운 유통도시를 준비했다.

《반계수록》은 이익의 손자인 이가환을 거쳐, 동지이자 벗인 정약용●에게 넘어가고, 결국에는 정조의 손에 이르러 화

건축 실명제
수원화성은 모든 공정이 기록으로 남겨졌다. 특히 구간마다 책임을 지는 건축 실명제를 실시했다. 모든 과정은《화성성역의궤》에 남겨졌다.

화성행궁 봉수당 | 봉수당은 정조가 돌아가신 사도세자와 어머니 혜경궁 홍씨의 회갑연을 치른 곳이다. 정조는 화성 능행과 회갑연을 통해 억울 하게 세상을 떠난 사도세자를 복권시켰다.

려한 꽃을 피운 것이다. 정약용에게 화성의 설계를 준비시키고 채제공에게는 축조의 감독을 맡기면서 계몽 군주의 도시는 역사 앞에 모습을 드러냈다.

정조는 자신의 구상을 구체화하기 위해 1794년 노론의 영수인 김종수를 은퇴시키고, 예학의 의리를 주도하는 주체는 산림이나 당론이 아니라 군주가 되어야 한다는 군주도통론(君主道統論)●을 선언했다. 이는 명분과 의리를 독점한 노론 벽파에게 충격이었다.

정조는 성왕론과 군주도통론을 현실에서 구현하기 위해 정통성에 걸림돌이 되었던 사도세자의 명예 회복에 나서서 1789년에 양주에 있던 사도세자의 능묘를 수원으로 이장했다.

1794년에는 새로운 농업과 상공업의 중심지이자 정조의

●**군주도통론**
학식과 덕망이 있는 군주가 붕당을 주도한다는 준론탕평의 주요 이념이다. 조선 후기에 집권 세력이었던 서인은 재야의 공론을 모아 정치에 반영하는 산림 정치를 추구하고 이를 바탕으로 천하동례, 군신동치의 이념을 주장했는데 정조는 산림무용론을 내세워 붕당의 의리는 사욕이며 당리라고 폄하했다.

건릉 | 건릉은 정조의 능묘이다. 부친인 사도세자의 능묘를 이곳 수원으로 옮기고 정조는 사후에 그 곁에 묻히고 싶은 소망을 이루었다.

●**수원화성 축조**
실학 사상에 따른 농업과 수공업을 결합한 신흥도시 건설. 유형원이 《반계수록》에서 수원 유통 도시 건설을 제시, 채제공과 정약용(성제)이 활약, 사도세자의 신원, 집권 세력인 노론의 경제 권력을 견제하는 목적, 전통(석축)과 서양 기술(전축) 접목, 《화성성역의궤》 제작, 세계문화유산 등재, 거중기 사용
(검) 1-4, (검) 2-1, (검) 2-2, (검) 2-6, (검) 4-4, (검) 47-기본, (검) 49-심화, (수) 2005

●**격쟁**
백성이 임금이 지나는 길에서 징이나 꽹과리를 치며 억울한 사연을 호소하는 일.

●●**가전상소**
국왕이 행차할 때 가마 앞에서 직접 올리는 상소문.

이상(계몽군주)을 실현하는 신흥 도시인 수원화성●을 축조하기 시작했고, 1796년 9월 10일에 어머니 혜경궁 홍씨의 회갑연을 화성행궁 봉수당에서 거행했다.

정조의 수원 능행차는 겉으로는 어머니의 잔치였지만, 사실상 억울하게 죽은 아버지의 회갑연이었고, 아들이 아버지에게 바치는 명예 회복의 다른 방식이었다.

정조는 이곳에서 자신이 노론계 신하들이 죽인 사도세자의 아들임을 천명하고, 이제 조선은 신하들의 나라가 아닌 군민(君民)의 나라임을 표방한 폭탄선언을 했다. 능행 중에 자유롭게 거행된 격쟁(擊錚)●과 가전상소(駕前上疏)●●는 태종의 신문고 제도를 이어받은 제도로, 국왕이 백성과 직접 소통하는 장치였다.

정조는 1800년 5월 30일에 신하들에게 오회연교(五晦

筵教)●●●를 선포했다. 이는 노골적으로 임오년에 사도세자를 죽인 죄를 시인하라는 항복요청서였다. 노론 벽파에게 사도세자의 죽음은 임오의리였지만 정조에게는 임오화변이었다.

　그러나 6월 28일, 정조는 갑자기 병이 나서 세상을 떠나고 말았다. 이에 11세에 불과한 순조(1800~1834)가 즉위하

●●● 오회연교
군주가 5월 그믐날의 경연에서 신하들에게 내리는 명령.

실학의 발생과 발전

실학의 발생	발생 배경	① 유학(주자 성리학)의 공리공론과 권위의 실추 ② 양란으로 인한 생활 경제의 빈궁 ③ 신분 질서의 변화 ④ 서학과 북학의 전래 ⑤ 청대 고증학의 발달		
	실학의 3대 특성	① 근대성:근대 지향의 성격 ② 민중성:민본주의적 경향 ③ 민족성:주체적인 자각		
실학의 발전	분야	중농주의 실학	중상주의 실학	고증주의 실학
	학파	경세치용학파	이용후생학파	역사문화학파
	연구 목적	유교적 이상국가 실현	복국국가 실현	사실 고증 추구
	대표 인물	유형원, 이익, 정약용	유수원, 홍대용, 박지원, 박제가, 이덕무	김정희, 이규경, 김정호, 지석영
	중점 사항	-토지 제도 개혁 중시 -농촌 경제 안정	-부국강병 -상공업 진흥 중시	-역사, 문화, 지리에 대한 실증적 연구 중시 -전통문화, 민족문화 경향
	특징 및 발전 과정	-17세기 말에 형성 -이념적으로 복고(또는 상고)주의 경향 -토지 제도(농민)의 개혁에 치중 -토지의 분배(자영농, 국유제)에 관심	-18세기 말에 형성 -이념적으로 근대주의, 미래 지향 -상공업 진흥을 통한 민생 안정 -생산력의 증대(농업의 전문화, 기술화)	-19세기 중엽에 형성 -이념적으로 고증, 경험, 사실주의 경향 -실증적인 학문 기풍을 지향 -애국, 애족, 민족문화 자긍심 높임
	공통점	① 성리학을 허학이라 비판하고 사실을 추구함 ② 민족의 역사, 문화에 대한 자긍심이 강함 ③ 정치적 야당, 비주류, 소수 세력에 속함 ④ 조선 사회의 변화에 대한 대안을 추구함		

고, 노론 벽파의 후견인인 정순왕후가 수렴청정을 하면서 일부의 소론과 남인을 완전히 숙청하고 노론벽파와 시파의 세상을 만들었다. 이로써 정조가 추구했던 개혁의 꿈은 물거품이 되고 말았다.

중농학파와 중상학파, 실학이 가는 길

정조 개혁●의 바탕에는 실학이 있었다. 실학은 주자 성리학의 공론(空論)에 반대하는 학문적인 경향을 일컫는 용어이다. 주자 성리학이 우주와 인간의 심성 등을 연구하여 실제로 백성들의 삶을 윤택하게 하는 데 별다른 효용이 없는 허학(虛學)이라면, 실학이란 사실적인 일에서 옳음을 구하고, 이로움을 만들어 백성들의 생활을 두텁게 해야 한다는 '실사구시(實事求是) 이용후생(利用厚生)'의 참다운 학문이란 견해이다.

실학은 임진왜란이 끝나고 폐허로 변한 조선 사회의 문제를 해결하려는 학문적 기풍에서 시작되었다.●● 역사 지리를 실증적으로 연구하여《동국지리지》를 지은 한백겸, 백과사전 지식을 집대성한《지봉유설》의 저자 이수광은 실학의 선구자에 해당된다.

17세기 중반에서 18세기까지는 실학이 꽃을 피운 시기였다. 토지 개혁●●●과 유통의 중요성을 내세운 유형원의《반계수록》은 중농학파●●●●의 뿌리를 형성했고, 유수원의《우서》는 중상학파●●●●●의 기원이 되었다.

중농학파는 경세치용학파로 분류하며, 유형원에서 기원

하여 이익과 정약용에 이르러 완성되었다. 이들은 주로 경기 지방에서 농촌 생활을 하던 경험이 풍부한 남인계 실학자들로, 지주전호제*에 따라 자영농의 몰락을 사회 모순의 기본으로 인식하여 토지 제도의 개혁을 부르짖었다.

유형원은 《반계수록》에서 균전론을 주장했고, 《성호사설》을 지은 이익은 한전론을 내세웠고, 정약용은 《경세유표》에서 여전론을 발표했다. 하지만 중농학파가 주장한 토지 개혁은 막대한 토지를 소유한 지주와 사대부들의 반대로 성공할 수 없었다.

중상학파는 이용후생학파라고 하며 백탑파로도 부른다. 소론 강경파에 속하는 유수원이 이론적인 시원을 밝혔으며, 청나라를 왕래하던 박지원, 홍대용, 박제가 등 서인 노론계들이 주축을 이루었다.

하지만 이들은 서인 노론에서 배척된 야인들이거나 차별 받은 서자 출신이 대부분이란 점에서 노론의 당론이나 정책과는 전혀 관계가 없는 인물들이었다.

●●●● **중농학파**
남인의 개혁 사상, 토지 제도에 중점, 정치 개혁 주장, 중심 인물(유형원, 이익, 정약용 등), 신서파를 형성, 천주교(내세 신앙, 인간 평등)
(검) 1-4, (검) 3-4, (검) 3-6, (검) 7-3

●●●●● **중상학파**
북학파의 개혁 사상, 청나라 문물 수용, 《우서》(유수원)가 기원 , 박지원이 중심 인물, 규장각 검서관(박제가 등), 연행사(박지원, 박제가, 홍대용, 이덕무)
(검) 2-3, (검) 4-초, (검) 5-초, (검) 8-고, (검) 47-심화, (검) 50-기본, (수한) 2020, (수) 1995

● **지주전호제**
민전을 소유한 농민이 농사를 짓지 않고 소작인에게 대여하여 생산량을 분배하는 제도이다. 이때 토지 소유자는 지주, 소작인은 전호라고 하며, 분배는 반씩 나눠 갖는 병작반수제였다.

중농학파를 대표하는 3인의 토지 개혁론

균전론 **(유형원)**	① 《반계수록》에서 주창 ② 신분에 따라 차등 있게 토지를 재분배, 조세와 병역도 재조정 • 토지의 차등 분배, 한계는 신분제 인정
한전론 **(이익)**	① 《성호사설》에서 주창 ② 일가의 생활 유지 가능한 영업전(永業田)을 주고 매매는 금지 • 나머지 토지는 매매가 가능, 토지 매매 허용
여전론 **(정약용)**	① 《경세유표》, 촌락을 일여로 삼고, 여를 단위로 토지 분배 ② 집단농장 제도의 성격(정전제로 완화됨) • 급진적 개혁론으로 당시 조선의 현실에서는 한계
공통점	① 중농주의적 제도 개혁 ② 사회 문제 해결을 토지 개혁에 둠

북학파들은 상공업과 기술 발달의 부진을 사회 모순의 근본 원인으로 보고 청나라 문물의 수용과 상공업의 발전, 기술의 혁신을 주장했다.

특히 북학파의 영수였던 박지원은 기행문인 《열하일기》와 《허생전》《호질》《양반전》과 같은 풍자소설을 통해 사대부의 허구와 부패를 비판하고 상공업의 진흥을 부르짖었다. 박

▼ **학술 활동과 실학의 발전**
양란을 겪은 뒤 성리학의 관념을 벗어나 실사구시를 강조하는 실학이 등장했다. 중농학파는 토지 개혁, 중상학파는 상공업 진흥, 고증학파는 실증적 연구를 중요시했다.

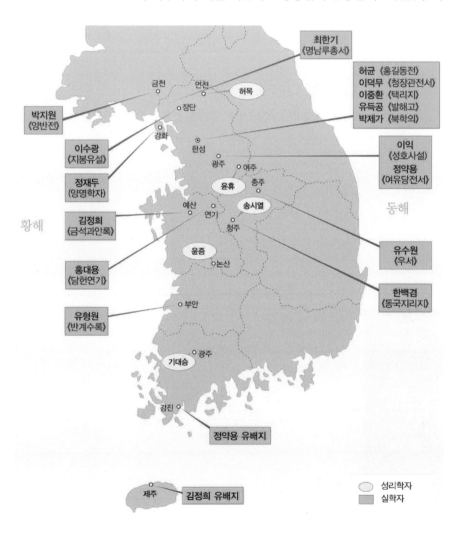

최한기
《명남루총서》

허균 《홍길동전》
이덕무 《청장관전서》
이중환 《택리지》
유득공 《발해고》
박제가 《북학의》

박지원
《양반전》

이수광
《지봉유설》

정재두
(양명학자)

김정희
《금석과안록》

홍대용
《담헌연기》

유형원
《반계수록》

이익
《성호사설》

정약용
《여유당전서》

유수원
《우서》

한백겸
《동국지리지》

금천 연천 허목
장단
강화
한성
광주 여주
윤휴 충주
예산 송시열
연기
청주
윤증
논산
부안
광주
기대승

황해
동해

강진
정약용 유배지

제주 김정희 유배지

○ 성리학자
□ 실학자

전동성당과 윤지충 순교상 | 남인에 속한 윤지충은 천주교를 받아들이고 제사를 거부했다. 조선 최초로 순교한 윤지충을 기념하여 전동성당이 세워졌다. 역설적으로 맞은편에는 이성계의 영정을 모신 경기전이 있다.

제가는 《북학의》를 지어 북학파의 중상 이론을 체계화했다.

정조의 죽음과 개혁의 좌절은 중농학파와 중상학파로 대별되는 실학의 몰락을 가져왔다. 세도정치 아래서 실학파의 사회 개혁 요구는 극심한 탄압을 받고 지배층으로부터 배제되었다.

이때부터 이념적인 문제에서 탈피하여 사실적인 방법으로 학문을 연구하는 기풍이 퍼지기 시작했다. 이를 고증학파(考證學派)●라고 하는데 대표적인 인물은 김정희이다.

실학은 비록 현실적인 혁명 이론으로 발전하지 못해서 조선을 바꾸는 단계에는 이르지 않았지만, 봉건제 사회의 문제점을 해결하려는 구체적인 실천과 더불어 민족적, 민중적 경향성을 형성하여 근대의식을 지향했다는 점에서 중요한 역사적 의의를 가진다.

●**조선 후기 무역 발달**
실학 사상(북학파, 상공업 중시), 장시(18세기, 5일장), 포구 상업(세곡, 소작료 운송), 대청 무역(개시 무역, 후시 무역), 대일 무역(왜관 무역, 은과 구리), 화폐 유통(상평통보 전국 유통, 동전 발행 지연으로 전황 발생)
(검) 2-2, (검) 5-3, (검) 5-고, (검) 48-기본, (검) 49-심화

●**고증학파**
고증학파는 역사문화학파라고도 한다. 역사, 문화, 지리에 대한 실증적 연구를 중시하는 실학자들로 김정희, 이규경, 김정호, 지석영 등을 꼽을 수 있다. 사회 모순과 현실 개혁을 외면하는 학문적 경향에 치우친 역사적 한계를 지녔다.

중농학파의 토지 개혁론

　중농학파는 경세치용학파로, 임진왜란과 병자호란 이후에 광작과 지주 전호제의 확산에 따른 자영농의 몰락을 사회 모순의 기본으로 인식하여 토지 제도의 개혁을 주장한 실학파이다. 이들은 주로 유형원, 이익, 정약용 등 농촌 생활 경험이 풍부한 남인계 실학자들이었다.

　유형원(1622~1673)은 《반계수록》에서 균전제를 주장했다. 균전제는 토지를 모두 국가의 소유인 공전(公田)으로 삼고 실제로 경작할 수 있는 농민들에게는 신분에 따라 차등 있게 토지를 재분배하여 경제적 몰락을 막고, 이를 바탕으로 조세와 병역도 재조정하자는 내용이었다.

　이익(1681~1763)은 《성호사설》에서 농민 일가(一家)를 기준으로 생활 유지와 세습이 가능하고 매매는 불허하는 영업전을 일정하게 배당하고, 나머지 토지는 매매를 허용하는 한전제를 주장했다. 영업전 지급을 핵심으로 하는 한전제는 일시에 토지의 균형을 맞추기보다는 점진적으로 토지 균등 분배를 추구한 온건한 방식의 토지 개혁 이념이었다.

　정약용(1762~1836)은 《경세유표》에서 촌락을 1여(一閭) 로 삼아 토지의 공동 소유, 농사의 공동 생산, 수확의 공동 분배를 추구하는 여전제를 주장했다. 집단농장 제도 성격의 이 토지 개혁은 개인이 토지를 임의대로 매매할 수 없어 집단소유권이 보장되고, 노동량에 따라 수확량이 분배되므로 노동 의욕을 북돋는 장점이 있으나 당시에는 급진적 정책이었다.

　중농학파 3인의 토지 개혁론은 비록 당대에 실현되지는 않았지만, 임술민란과 갑오농민전쟁을 통해 농민들이 요구하는 반봉건 토지 개혁으로 수용되었다. 나아가 정약용의 여전제는 100여 년이 지나서 북한의 협동농장, 중국의 인민공사에 지대한 영향을 끼쳤다.

정조가 실학과 개혁의 상징으로 수원화성을 축조한 까닭은 무엇일까?

Point 1   먼저 성리학의 주의 주장을 고찰하고, 조선이 갖는 문제점의 해답을 토지 개혁, 상공업 진흥, 실증적 인식에서 구하려는 실학이 왜 등장하게 되었는지 알아본다.

Point 2   정조 즉위 전후의 정국은 어떠했는지 생각하고, 반계 유형원이 수원화성을 유통도시로 기획하게 된 역사적 요인과 철학적 이념이 무엇인지 살펴본다.

Point 3   정조가 수원화성을 축조하며 얻을 수 있는 정치적 포석, 경제적 실리, 사회 문화적 의도가 무엇인지 꼼꼼하게 정리하고, 수원화성의 문화사적 가치도 되새겨본다.

공부를 더 하고 싶다면

《정조의 화성 행차 그 8일》(한영우 지음, 효형출판)
정조대왕의 화성 행차는 임오화변으로 죽은 사도세자를 복권시키고자 하는 정조의 정치적 승부수였다. 8일 동안에 벌어진 정조의 화성 행차를 의궤에 근거하여 절차, 행렬, 여러 행사, 인물, 의복 등 당시 조선의 문화 그대로 재현하고 있다.

《박제가와 젊은 그들》(박성순 지음, 고즈윈)
서울 종로 한복판에 위치한 탑골의 백탑은 대표적인 서민 문화 공간이자 지식인들의 모임장소였다. 이곳에서 상공업의 진흥을 통한 조선의 개혁을 꿈꾸었던 북학파가 탄생했다. 박제가와 그의 젊은 친구, 선배, 스승 등 여러 인간 군상의 멋과 생각을 지면에 펼쳐놓는다.

《조선 사람들 혜원의 그림 밖으로 걸어 나오다》(강명관 지음, 푸른역사)
혜원의 그림이 세상의 눈을 휘둥그렇게 만든 조선 후기는 신분 질서가 무너지고 민중이 성장하는, 그야말로 변혁의 시대였다. 단원, 오원, 관아재(조영석)와 함께 조선을 대표하는 혜원의 그림을 통해 살아 숨쉬는 민중의 삶과 정서를 느낄 수 있다.

세도정치, 망국으로 가는 길

한 줄로 읽는 우리 역사

노론은 신유박해를 일으켜 개혁적 실학파를 제거하고, 비변사를 중심으로 세도정치를 시작했다. 탐관오리와 삼정의 문란으로 백성의 고통은 가중되고, 진주 민란과 같은 백성의 저항이 거세졌다. 최제우는 동학을 창시하고 시천주 사상을 내세워 차별 없는 세상을 부르짖었다.

계몽군주를 꿈꾸었던 정조의 죽음은 조선에서 위로부터의 개혁이 좌절되었다는 것을 의미한다. 주자 성리학이 관념적인 이념 논쟁과 당파 이익으로 민생을 도외시하고 자신들의 정권 이익에 빠졌을 때 실사구시, 이용후생의 학풍을 주도한 실학도 학통의 미비, 지지 기반의 부족으로 시대를 이끄는 이념으로 발전하지 못했다.

다산 초당 | 정약용은 1801년에 신유박해로 18년의 유배 생활을 시작했는데, 특히 강진에 다산 초당을 짓고 초의선사와 교유했고, 이곳에서 구상한 생각은 《목민심서》《경세유표》《흠흠신서》로 집약되었다.

영조와 정조 시대에 상공업이 발달하고 신분 질서가 해체되었지만 농민들이 역사를 이끌어가는 주체 세력이 되기에는 아직 경제력과 정치적 각성이 부족했다.

정조가 죽고 나서 노론 세력은 남인, 소론, 시파 세력에 대한 공격에 나섰다. 공서파인 노론은 급진, 온건 개혁 세력이 천주교를 믿거나 긍정한다는 이른바 신서파라고 몰아세우고 정계에서 축출했다. 견제 세력이 사라진 중앙 정계는 수구 세력이 세도정치●●를 하는 결정적인 계기가 되었다.

●세도정치
세도정치는 조선 순조-헌종-철종 3대 60여 년간 안동 권씨, 풍양 조씨, 안동 김씨 등 특정한 가문이 비변사를 중심으로 군권을 장악하고 권력과 이권을 독점한 정치를 말한다. 세도정치의 가장 큰 폐해는 매관매직이었다. 매관매직이란 관직을 사고파는 부정 행위이다.

●세도정치
비변사 장악, 유력 가문의 권력 독점, 삼정의 문란, 천주교 박해, 이양선 출몰, 전국적 농민 반란, 풍수비기 유행, 동학 출현, 홍경래의 난(서북 차별 반대), 삼정이정청 설치
(검) 2-4, (검) 5-3, (검) 6-고, (검) 9-초, (검) 9-4, (검) 47-심화, (검) 49-기본, (검) 52-기본, (수) 2006

순조 시대, 세도정치에 도전하는 홍경래

순조(1800~1834)는 종조와 수빈 박씨 사이에서 1790년에 태어났다. 정조가 세상을 떠나자 11세에 즉위했으며, 영조의 왕후였던 증조할머니 대왕대비 정순왕후가 수렴청정을 했다.

1800년 10월에 정조의 국상이 끝나자 정국을 주도한 노론 벽파의 김한구, 김관주, 심환지는 정순왕후와 함께 정적인 남인, 소론, 그리고 노론 시파(서유란)를 정계에서 내쫓았다.

노론 벽파는 1801년에 천주교를 신봉한다는 구실로 남인들을 제거하는 신유박해(신유사옥)●●를 일으켰다. 이때 남인의 이가환, 권철신, 홍낙민, 정약전 등 실학파들이 사형을 당했고, 정약용은 강진으로 유배되었다. 이때 남인들은 중앙 정계에서 완전히 축출되고 말았다.

순조는 1803년부터 친정에 들어가 점차 왕권을 세우고 민생을 돌보는 일에 집중했다. 1807년부터 재상 김재찬의

●●천주교 박해 사건
신해박해(1791, 진산사건), 신유박해(1801, 신서파), 기해박해(1839, 세도정치), 병인박해(1866, 대원군)
(검) 4-3, (검) 7-고, (검) 8-초, (검) 9-4, (검) 9-고, (검) 48-심화, (검) 50-기본, (검) 50-심화, (검) 52-심화

▶ 홍경래의 난과 농민 항쟁
정조의 개혁이 무산되고 세도정
치와 삼정의 문란으로 백성의
고통은 가중되었다. 홍경래는
서북인의 차별에 반발하여 난
을 일으켰고, 이를 계기로 전국
적인 농민 항쟁이 줄을 이었다.

백두산

동해

정주
홍경래의 난
홍경래(1811)

이필제의 난
(1871)

한성

민란의 대비책
삼정이정청 설치(1862)
탐관오리 숙청
암행어사 파견

개령 민란
김규진(1862)

갑오농민전쟁
전봉준(1894)

영해

진주 민란
이계열(1862)

개령

전주

고부 민란
(1894)

고부

진주

황해

이재수의 난
(1901)

제주

청

의주

태천

조선

용천

선천

다복동

개천

서해

철산

곽산 정주

송림

박천

안주

순천

평양

★ 전투 지역
── 홍경래 군의 진격로
▨ 홍경래 난군의 점령 지역

보좌를 받아 지방에 암행어사를 자주 파견하여 민정을 살피고, 《만기요람》을 편찬하여 통치의 기본을 세우고, 젊은 친위 세력을 양성하여 왕권을 강화하는 작업을 주도했다. 하지만 1809년에 일어난 대기근은 국가 재정과 농민들의 삶을 뿌리째 흔들었다.

그 와중에 1811년 12월 18일, 평안도를 기반으로 홍경래●●가 서북인에 대한 차별 철폐와 안동 김씨 정권 타도, 그리고 도참설에 근거한 진짜 군왕의 추대를 명분으로 농민 반란을 일으켰다. 1812년 4월 19일, 본거지인 정주성이 함락되면서 홍경래의 난은 비록 실패로 끝났지만 왕권에 가한 타격은 엄청났다.

● **홍경래**
평서대원수, 우군칙과 기병, 가산 다복동, 지역차별 철폐, 정주성 점거
(검) 49-심화, (검) 51-기본, (검) 52-심화

● **홍경래의 난 평가**
홍경래 난은 1) 서북 지역 차별의 해소, 2) 10여 년에 걸친 치밀한 준비, 3) 체계적인 지휘부의 구성, 4) 토착 관리의 비리 고발 등 정치 구호는 있었지만 1) 토지분배, 2) 신분해방, 3) 새로운 국가건설과 같은 사회 개혁 구호가 부족한 것이 한계였다.

초의선사의 부도탑 | 초의선사는 대흥사와 백련사를 무대로 다산 정약용, 추사 김정희와 함께 조선 후기의 문화계와 호남 예술계를 주도했다. 오늘날 녹차의 부흥은 초의선사의 공이 크다. 부도탑은 대흥사에 있다.

순조는 결국 처가인 안동 김씨(김조순) 세도 가문에게 정국의 주도권을 넘기고 말았다. 순조의 장인인 김조순과 이조판서 박종경 등 노론 시파가 집권하면서 이른바 60년 세도정치가 시작되었다.

세도 정치는 법 제도의 절차에 의한 공적인 통치를 부정하고, 특정 가문이 권력을 독점하고 인사권과 병권을 장악한 현상을 말한다. 조선 후기의 세도정치는 의정부의 권한을 약화시키고 비변사●를 중심으로 행정, 언론, 군사를 장악했다.

순조는 1827년에 과단성 있고 똑똑한 효명세자●에게 대리청정을 시켜 세도정치의 국면을 바꾸려고 노력했다. 효명세자는 북학파의 영수인 박지원의 손자 박규수와 친하게 지내며 홍석주, 김정희 등을 중용하여 개혁에 대한 의지를 굳건히 세우고 외조부인 김조순 일파를 견제했다. 그러나 대리청정을 한 지 4년 만에 세상을 떠나 그의 개혁은 물거품이 되었다.

삼정의 문란과 이양선의 출현, 헌종의 선택

헌종(1834~1849)은 순조의 손자이고, 효명세자(문조)와 신정왕후(조대비)의 아들이다. 4세 때인 1830년에 왕세손이 되었으며, 8세 때인 1834년에 헌종으로 즉위했다. 나이가 어려 할머니인 순원왕후 김씨가 수렴청정을 했다.

이때 벽파인 풍양 조씨 세력은 시파인 안동 김씨의 김유

●비변사
중종 때 설치(여진, 왜구 대비), 왜란으로 강화(3포 왜란, 을묘왜변), 임진왜란 때 상설기구로 국정에 군사 문제, 후기에 국정 중심(의정부 대체), 의정부와 6조의 약화, 왕권제한에 결정적 역할, 세도정치의 집권 기반
(검) 3-2, (검) 9-고

●효명세자
조선 제23대 왕 순조의 세자. 1812년 왕세자에 책봉되었으며, 조만영의 딸을 맞아 혼인을 하고 헌종을 낳았다. 1827년부터 대리청정을 한 지 4년 만에 죽었다. 헌종이 즉위한 뒤에 익종(翼宗)으로 추존되었고, 대한제국이 출범한 뒤 고종에 의해 다시 문조익황제(文祖翼皇帝)로 추존되었다.

영화 〈자산어보〉
흑산도 유배객 정약전과 흑산도 어부 창대의 만남을 통해 현실에 뿌리를 내린 삶이 개혁이라는 해답을 던지는 2021년 작품으로 감독은 이준익, 주연은 설경구, 변요한이 맡았다.

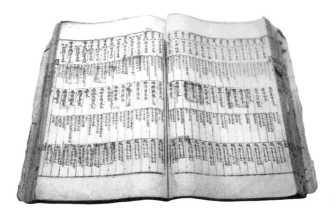

조선시대의 양안(토지대장)

근이 천주교를 믿고 세례를 받은 사실을 빌미로 세도권력을 빼앗고자 기해박해(1839)를 일으켰다. 이때 정하상, 유진길 등 118명이 순교했다. 세도권력은 안동 김씨에서 조대비 가문인 풍양 조씨로 넘어갔다.

순조는 1841년에 이르러 친정을 시작했으나 세도정치 아래서 전정(田政), 군정(軍政), 환정(還政)이라 부르는 삼정(三政)*의 문란은 더욱 심해졌다.

● **삼정의 문란**
세도정치에 기인, 양반 수 증가로 세수 감소, 평민의 군역과 세금 부담, 군정 폐단(백골징포, 황구첨정, 족징, 인징 등), 환곡 폐단(늑대, 탄정, 반작 등), 전정 폐단(은결, 진결, 도결 등)
(검) 1-4, (검) 5-3, (검) 5-고, (검)48-심화, (수) 1999, (수) 2003, (수) 2008

조선 후기 삼정의 문란

국가 재정 수입	제도의 내용	문란의 내용
전정(田政)	• 1444년(세종 26) 제정된 공법(貢法)에 의해 전분 6등법과 연분 9등법에 준한 전세를 부과하여 징수하는 수취 행정	• 불공정한 양전과 연분 • 삼수미, 공미 등 세목 증가
군정(軍政)	• 군적에 따라 번상병을 뽑고 보포를 정급하여 주는 병무 행정 • 15세기 말부터 번상병들이 보포를 내고 군역을 면제받는 관례가 생겨난 뒤 군포를 부과하여 거두는 수취 제도로 변질	• 군역 면제 증가로 군포 부족 • 황구첨정, 백골징포 등
환정(還政)	• 춘궁기에 농민에게 식량과 씨앗을 빌려주었다가 추수한 뒤에 돌려받는 구빈과 비축을 겸한 행정	• 환곡미의 환수율 저하 • 십일취모법 시행

천주교도 순교 터, 해미읍성 | 조선 후기에 천주교는 아산, 서산 등을 중심으로 충청도에서 크게 퍼져나갔다. 해미읍성은 이순신이 청년 장교 시절에 근무했던 곳이고, 조선 후기에 많은 천주교도들이 순교한 곳이다.

전정은 조세를 부과하는 수취 행정인데, 세금의 기준이 되는 양안(토지대장)이 엉터리로 작성되고, 삼수미와 공미 등의 여러 세목이 만들어져 백성을 수탈했다.

군정은 군포를 국가에 바치는 병무행정인데, 죽은 사람도 내고(백골징포), 달아난 이웃의 것을 대신하고(인징), 어린 아이에게도 부과하고(황구첨정), 친척이나 가족에게 떠넘기는 (족징) 등의 문제가 심했다.

환정(환곡)은 춘궁기에 농민에게 식량과 씨앗을 빌려주었다가 추수한 뒤에 돌려받는 빈민구제법인데, 원곡의 양을 속이거나 원곡 손실을 보전한다며 십일취모법(什一取耗法)●을 시행하여 여러 이자를 붙여 돌려받는 등의 폐단이 속출했다.

또한 순조 시기에 특히 황해도, 충청도, 전라도 등 여러 곳에 이양선(異樣船)●●이 출몰하여 민심이 동요하고 정국이

매우 불안했다. 헌종 12년(1846)에 당시 세도를 쥐고 있던 헌종의 외조부 조만영은 이양선의 출몰에 따른 사회 불안을 잠재우고자 6월 5일부터 9월 20일까지 천주교도들에게 서양 선박을 불러들였다는 죄목을 씌워 탄압했다(병오박해).

이 사건으로 우리나라 최초의 김대건 신부를 비롯하여 천주교도 9명이 순교했다. 그해에 조만영이 세상을 떠나고, 3년 뒤 헌종이 후사 없이 세상을 떠나자 풍양 조씨의 세도는 다시 안동 김씨에게 넘어갔다.

철종, 임술민란과 동학의 출현

철종(1849~1863) 이원범은 전계 대원군 이광의 셋째아들이다. 조부 은언군은 사도세자와 숙빈 임씨의 둘째아들로 정조의 이복동생이다. 헌종은 본래 덕흥대원군의 손자인 이하전을 후사로 정했으나, 그의 주변에 노론 벽파가 많은 것을 꺼린 노론 시파 계열의 안동 김씨가 이원범을 낙점한 것이다.

철종은 왕위에 올라 안동의 명문가인 김문근의 여식인 철인왕후와 혼인했다. 자연스럽게 세도권력은 안동 김씨에게 돌아갔고 김문근은 안동 김씨의 제2기 세도정치를 이끌었다.

세도정치 아래서 현실을 비판하고 조선의 운명을 바꾸려는 지식인의 노력은 현저하게 줄어들었다. 다만 실학의 한 흐름인 고증학이 추사 김정희*에 의해 개화되었다.

● **추사 김정희**
추사(완당), 〈세한도〉, 추사체, 북한산 진흥왕비(고증), 문무왕릉비 잔편(고증), 흥선대원군의 스승, 고증학파 형성(김정호의 〈대동여지도〉, 이제마의 사상의학, 지석영의 종두법)
(검) 2-1, (검) 6-고, (검) 7-3, (검) 7-고, (검) 47-기본, (검) 50-심화

용흥궁 | 조선의 26대 임금인 철종이 생활하던 곳으로 강화도에 있다. 임금이 되기 전의 거처를 잠저라고 하며, 즉위했으므로 용흥궁이라 했다.

●**최한기**
최한기는 황해도 개성 출신으로 1825년에 사마시에 급제했으나 벼슬에 나아가지 않고 학문에 전념했다. 북학파인 박지원의 영향으로 서학을 수용하고 김정호와 교유하며 〈대동여지도〉를 그리도록 지원했다. 저서로 《기측체의》《기학》《인정》 등이 있다.

●●**〈대동여지도〉**
김정호가 1861년에 실측과 기존의 지도를 참고하여 만들었다. 휴대가 편리하도록 22장으로 나누었고, 축적과 거리, 경위선을 표시했으며 기호를 사용한 근대식 전국 지도이다. 1985년에 광우당에서 최초로 원본 크기를 발행했다.

추사는 24세 때인 1809년에 청나라 연경에 가서 고증학파인 완원, 옹방강, 조강과 교유하여 실사구시의 학풍을 조선에 심고자 노력했다. 하지만 효명세자가 죽고 곧이어 제주도에 유배된 추사의 꿈은 좌절될 수밖에 없었다.

다만 조선 특유의 서체인 추사체가 이루어지고, 황초령비의 고증, 북한산비의 증명 등 사실에 입각한 실증적 학문은 최한기, 흥선대원군, 김정호, 이제마로 이어졌다.

최한기●는 《기측체의》와 《인정》을 저술하여 현실을 비판하고 사회 개혁을 부르짖었으며, 경험주의적 인식론을 확립하여 근대적 합리주의와 개화 사상을 싹트게 했다.

고산자 김정호는 최한기에게 많은 영향을 받아 사실에 입각하여 〈청구도〉 〈동여도〉 〈대동여지도〉●● 〈수선전도〉를 그

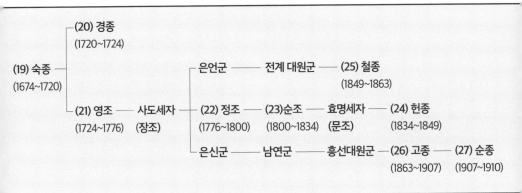

렸고, 지리서인《대동지지》를 펴냈다.

또한 사람의 체질과 성질에 따라 다르게 치료해야 한다는 사상의학서인《동의수세보원》*을 지은 이제마도 대표적인 고증학자의 한 명이었다.

하지만 고증학은 현실을 제대로 인식하는 방법론은 되지만 잘못된 세상을 바꾸는 변혁 사상이 될 수는 없었다. 출구가 없는 농민들에게 고증학은 그저 지식인의 배부른 학문적 사실 추구일뿐이었다.

세도정치 아래서 농민들의 삶은 황폐해졌다. 삼정의 폐단고 지주들의 횡포로 극심한 고통에 시달리던 농민들은 수십 명, 수백 명이 연명하여 관아에 등소(等訴)를 했으나 받아들여지지 않았다. 결국 농민들이 선택한 것은 죽창을 들고 관아로 달려가 무력으로 호소하는 것이었다. 1862년 1월에 경상도 단성에서 환곡의 폐단 시정을 요구하는 농민 항쟁이 시작되었다(단성 민란).

단성 민란은 곧바로 진주로 이어져 23개 면이 동참하여

● 《동의수세보원》
이제마의 사상 의학이 체계적으로 서술된 4권 2책의 의학서이다. 태양인, 소양인, 태음인, 소음인으로 분류한 사상 체질은 후대에 동의학 역사에서 질병 치료와 식생활 등에 획기적인 변화와 영향을 끼쳤다.

진주 민란으로 발전했다. 안핵사 박규수가 내려와 겨우 수습되었으나 여파는 주변으로 퍼져나가 경상도 단성·진주·상주 등 20개 군현, 전라도 장흥·익산·함평 등 37개 군현, 충청도 공주·은진·회덕 등 12개 군현, 함경도 함흥, 황해도 황주, 경기도 광주 등 모두 72개 군현에서 임술민란(1862)●이라 부르는 농민 항쟁이 벌어졌다.

이후 삼정이정청(三政釐正廳)을 설립하는 등의 개혁안을 제시하였으나 여전히 해결책은 보이지 않았다. 사라진 것은 항쟁으로 죽어간 백성의 목숨이었고, 남은 것은 여전히 탐관오리의 수탈과 압박이었다. 이때 농민들에게 구원의 빛으

●임술민란
세도정치에 기인, 지역 토호의 수탈, 초기에 소극적 항거(벽서, 소청), 몰락 양반도 참여, 진주와 단성이 극심 (1862), 환곡 폐단의 폐지, 군포의 균등 주장
(검) 4-3, (검) 7-고, (검) 51-심화, (수) 2004, (수) 2005, (수한) 2020, (수한) 2021

동학의 발생과 사건 전개 일지

시기	사건 전개
1860	최제우가 경주 용담에서 동학 창시
1864	최제우가 사도난정(邪道亂正)의 죄목으로 순교
1871	동학교도 이필제의 난, 교조 신원을 제기
1892. 1	동학교도들이 삼례에서 교조신원운동 전개(삼례 집회)
1893. 2	동학교도들이 광화문에서 교조신원운동(상소 투쟁)
1893. 3	보은 장내리 집회에서 교조신원운동(척왜양 창의)
1894. 1	동학농민이 고부에서 봉기를 일으킴(1. 10~1. 22)
1894. 2	제1차 갑오농민전쟁 발발(2. 25~5. 8):반봉건 투쟁
1894. 5	갑오농민군과 정부군의 전주 화약(5. 8), 집강소 설치
1894. 6	일본군이 경복궁 점령(6. 21), 제1차 김홍집 내각 출범
1894. 6	청일전쟁 발발(1894. 6. 23~1895. 4. 17)
1894. 10	제2차 갑오농민전쟁 발발(1894. 10. 21~1895. 3. 9) : 반외세 투쟁
1895. 10	을미사변:명성황후 시해(10. 11)

로 다가온 것이 동학(천도교)이었다.

1860년에 경주 출신의 최제우(崔濟愚)●가 경주 용담정에서 동양의 전통적인 유·불·선 사상과 기독교를 융합하여 사람은 모두 존귀하다는 시천주(侍天主)와, 사람은 모두 평등하다는 인내천(人乃天)을 표방하며 동학●을 창시했다.

동학은 급속하게 퍼져나가 1862년에 이르면 지역별로 접주 제도가 마련되고 1863년에는 교인이 3천여 명에 이르렀다. 농민들은 드디어 동학을 매개로 세상을 바꾸는 변혁의 주체로 역사에 등장하기 시작했다.

순조, 헌종, 철종이 다스리던 조선은 거센 풍랑 위에 방향을 잃은 나룻배가 떠다니는 형국이었다. 서양 세력과 자본주의 물결은 이미 중국의 남부와 일본에 충격을 주고 있었다.

조선도 외국 열강의 존재를 어렴풋이 알고는 있었지만 그것이 조선의 유교 체계는 물론이고 종묘사직까지 무너뜨리는 폭풍이 될 줄은 그 누구도 예상하지 못했다. 이것이 세도 정치 아래 조선이 안고 있었던 비극의 일단이다.

●최제우
수운 최제우는 1859년에 용담정에서 사람은 모두 한울님을 모시고 산다는 시천주(侍天主)와 사람은 하늘처럼 존귀한다는 인내천(人乃天) 사상을 바탕으로 기독교, 유교, 불교, 전통 사상을 융합한 동학을 창시했다. 1862년에 《권학가》《동학론》을 저술하고 각지에 접소와 접주를 내세워 포교에 나섰다. 1864년에 조정은 동학을 사학(邪學)으로 규정하고 수운을 처형했다.

●동학
최제우가 창시(1860), 시천주와 인내천 주장, 반봉건(토지 개혁, 신분 해방), 반외세(동학 명칭, 항일), 유불선 장점 수용, 몰락 양반과 농민층 신앙, 주요 경전은 《용담유사》《동경대전》
(검) 6- 고, (검) 7-4, (검) 51-기본, (수) 1997, (수) 2004

세도정치란 무엇인가?

세도 정치는 순조(1800~1834) 때 김조순, 헌종(1834~1849) 때 조만영과 김좌근, 철종(1849~1863) 때 김문근 등을 중심으로 안동 김씨, 풍양 조씨 같은 특정 가문이 60여 년 동안 비변사를 중심으로 군권을 장악하고 중앙권력과 경제적 이권을 독점한 정치 현상을 일컫는다.

세도 정치의 권력 기반은 비변사였다. 국초에 국정의 중심은 의정부였으나 임진왜란 이후에는 문무 대신 합의기구인 비변사가 권능을 대체했다. 세도가들은 바로 군권과 비변사를 장악하고 인사권을 마음대로 행사했다. 유능한 인재는 아예 벼슬을 포기하거나 중요한 관직에서 배제되었으며, 관리 선발 제도인 과거도 무력화되었다. 김구가 《백범일지》에서 묘사한 과거장 대리 시험 등의 난맥상은 세도정치가 낳은 한 폭의 부패상이었다.

세도정치 아래서 인사권의 공정성은 사라지고 관직을 사고파는 매관매직이 일반화되었다. 무능하고 부패한 관리들이 돈으로 관직을 사고 출세와 요직을 차지했다. 그러고는 관리 재임 기간에 매관 비용을 충당하기 위해 갖은 명목으로 백성에게서 세금을 강탈했던 것이다.

이러한 탐관오리의 수탈은 곧바로 삼정의 문란으로 이어졌다. 삼정은 토지세에 관한 전정, 군포에 대한 군역, 빈민구제책인 환곡을 말하는데 세도정치 아래서 폐단이 더욱 심해졌다. 농민들은 고향을 버리고 도망가거나 새로운 세상을 갈망하며 천주교나 도참사상에 의탁했다.

세도정치 기간에 일어난 홍경래의 난(1811)과 임술민란(1862)은 농민들의 분노와 저항이 얼마나 거셌는지를 보여주는 증거이다. 1863년에 섭정에 오른 흥선대원군이 비변사 축소, 서원 철폐, 호포제 실시, 토지 조사, 환곡제 폐지, 문벌타파 등 강도 높은 개혁을 단행한 것은 세도정치에 대한 응징이었다.

삼정의 문란과 세도정치의 연관성은 무엇이며, 이것이 조선 후기에 끼친 영향은 무엇인가?

Point 1 조선시대의 토지 제도, 수취 제도 등 여러 경제 정책이 어떠했는지 찾아본다. 특히 조선 후기에 어떤 분야의 제도가 심각한 문제가 되었는지 생각한다.

Point 2 삼정의 내용과 문란의 내용은 무엇인지 점검한다. 그리고 이것이 세도정치와 어떤 연관성이 있는지도 분석한다.

Point 3 삼정의 문란과 세도정치의 폐해가 조선 후기의 사회와 역사에 끼친 영향이 무엇인지 알아보고, 조선 말기에 자주적인 근대화가 좌절되는 요인도 비교한다.

공부를 더 하고 싶다면

《조선의 르네상스인 중인》(허경진 지음, 랜덤하우스코리아)
오늘날 한국 사회에서 가장 각광받는 의료, 금융, 외교, 언론 등은 조선시대에 반쪽 양반이라 천대받던 중인의 활동 무대였다. 조선 후기에 이르러 중인은 실학과 서학의 충격을 받으며 근대로 가는 선구자로 변화했는데, 이들 중인의 삶과 문화와 시대정신을 담았다.

《조선 최대 갑부 역관》(이덕일 지음, 김영사)
조선시대 역관은 외교관이자 첩보원이며 금융업에 국제무역도 하는 선진적 사상가이기도 했다. 역관이 보는 세상, 그들이 추구한 가치, 근대기에 그들의 역사적인 역할 등 이제껏 조명하지 못한 역관에 대한 새로운 접근 방식이 돋보인다.

《고산자》(박범신 지음, 문학동네)
고증학의 계보를 잇는 김정호는 당대의 최고 학문을 자랑하는 최한기와 더불어 조선 후기의 학술계와 문화계를 이끌었다. 근대적인 수준의 〈대동여지도〉를 제작한 고산자 김정호의 삶과 역정을 소설이라는 멋들어진 문체와 이야기로 그려낸다.

《오정윤 한국통사》의 주요한 역사관점 '7'

1. 고조선을 정립하다
동아시아 신석기문화의 원류인 요하문명의 계승자로서 지방분권형 다종족 연합국가인 고조선을 발견하고, 고조선의 중심지, 법률인 범금8조, 시가문학인 공무도하가, 비파형동검 등 고조선의 역사, 강역, 과학, 문화유산 등을 다양한 시각으로 풍부하게 다루었다.

2. 부여사를 찾아내다
고조선 연합국가의 해체 이후에 중부의 위만조선, 남부의 삼한과 경쟁하면서 고구려와 백제, 신라, 가야를 탄생시킨 부여사를 찾아내고, 원부여, 북부여, 동부여, 서부여, 중(졸본)부여, 남부여(백제), 후부여, 소부여(두막루국)로 이어지는 1000년의 역사를 복원했다.

3. 고구려를 발견하다
견제와 균형의 정치미학으로 동아시아의 정치질서를 주도하고, 고구려 150년 전성기(400-551)를 개막한 광개토태왕과 장수왕의 꿈을 설계하고, 백제 무령왕의 해상왕국, 신라 진흥왕의 한강진출, 가야연합 국가의 흥망성쇠 등을 역동적으로 그려냈다.

4. 남북국을 되살리다
세계사에서 가장 치열하게 전개된 살수대첩, 안시성전투, 사비성전투, 평양성전투, 매소성전투, 천문령전투 등 동아시아 100년 전쟁(598-698)의 전개과정과 그 뒤를 이어 등장한 후기신라의 불국토, 발해의 해동성국을 남북국시대 역사의 관점으로 서술했다.

5. 북방민족사를 말하다
고조선과 부여, 고구려, 발해의 역사문화권에서 탄생하고 성장한 흉노족, 선비족, 유연족, 돌궐족, 거란족(요), 여진족(금), 몽골족(원), 만주족(청) 등 북방민족의 역사활동을 한국사의 부속사와 외연사이라는 관점으로 고려시대, 조선시대와 연계하여 기술했다.

6. 민권시대를 그리다
동아시아 근대의 시대정신인 반봉건, 반제국주의(반침략) 항쟁을 줄기차게 실천한 동학농민전쟁, 항일의병전쟁, 항일독립투쟁 등을 충실하게 그려내고, 3·1항쟁, 4·19혁명, 광주민주화운동, 87 민주항쟁, 촛불혁명으로 이어지는 민권쟁취의 역사를 기록했다.

7. 당대사를 설정하다
대한민국의 오늘을 사는 한국인의 삶과 의식에 결정적 영향을 끼친 1980년 광주민주화운동을 당대사의 기점으로 설정하고, 한국의 산업화, 민주화, 통일운동의 역사적 성과와 더불어 서울올림픽, 한일월드컵, 한류와 같은 사회문화적 변화와 성취를 소개했다.

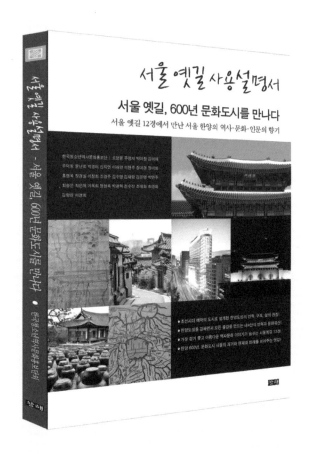

서울 옛길 사용설명서

서울 옛길, 600년 문화도시를 만나다

조선 한양 600년의 역사와 문화와 인문의 향기를 간직한 서울 옛길 12경을
선정하고, 이곳에 숨쉬는 역사콘텐츠, 문화콘텐츠, 답사콘텐츠를
발굴하여 아름다운 스토리텔링으로 저술하고 소개하는
서울인문학 안내서입니다.

궁궐과 왕릉,
600년 조선문화를 걷다

《궁궐과 왕릉, 600년 조선문화를 걷다》는 서울 한양의 문화유산을
대표하는 조선궁궐과 조선왕릉에 관한 역사, 문화, 건축, 과학,
의례, 제도, 상징의 역사콘텐츠, 교육콘텐츠, 답사콘텐츠를
현장감있게 풀어놓은 궁궐과 왕릉 길라잡이 안내서입니다.

새우와 고래가 함께 숨 쉬는 바다

한국인이 꼭 읽어야 할
오정윤 한국통사 2
- 고려시대부터 조선시대

지은이 | 오정윤
펴낸이 | 황인원
펴낸곳 | 도서출판 창해

신고번호 | 제2019-000317호

초판 인쇄 | 2021년 08월 12일
초판 발행 | 2021년 08월 20일

우편번호 | 04037
주소 | 서울특별시 마포구 양화로 59, 601호(서교동)
전화 | (02)322-3333(代)
팩스 | (02)333-5678
E-mail | dachawon@daum.net

ISBN 979-11-91215-17-5 (04900)
ISBN 979-11-91215-15-1 (전3권)

값 · 22,000원

Publishing Club Dachawon (多次元)
창해·다차원북스·나마스테